国家社科基金青年项目"述行理论与文化身份研究"（项目批准号：15CWW003）结项成果

云南省"万人计划"青年拔尖人才项目"马克思主义性别理论研究"阶段性成果

身份麻烦

述行理论与文化身份研究

孙婷婷　著

中国社会科学出版社

图书在版编目(CIP)数据

身份麻烦:述行理论与文化身份研究/孙婷婷著. —北京：中国社会科学出版社，2023.1（2024.8 重印）
ISBN 978 - 7 - 5227 - 0781 - 5

Ⅰ.①身… Ⅱ.①孙… Ⅲ.①文化社会学—研究 Ⅳ.①G05

中国版本图书馆 CIP 数据核字（2022）第 151141 号

出 版 人	赵剑英
责任编辑	王小溪
责任校对	郝阳洋
责任印制	戴 宽

出　　版	中国社会科学出版社
社　　址	北京鼓楼西大街甲 158 号
邮　　编	100720
网　　址	http://www.csspw.cn
发 行 部	010 - 84083685
门 市 部	010 - 84029450
经　　销	新华书店及其他书店

印刷装订	北京君升印刷有限公司
版　　次	2023 年 1 月第 1 版
印　　次	2024 年 8 月第 2 次印刷

开　　本	710×1000　1/16
印　　张	20.75
插　　页	2
字　　数	283 千字
定　　价	99.00 元

凡购买中国社会科学出版社图书，如有质量问题请与本社营销中心联系调换
电话：010 - 84083683
版权所有　侵权必究

序

陆 扬

孙婷婷教授跟我做博士后研究时期，专攻中国20世纪90年代以来的性别研究。当时申请到了国家社科基金的资助，同时出版了一部专著《朱迪斯·巴特勒的述行理论与文化实践》。她在这个领域锲而不舍，耕耘多年，硕果累累。日前婷婷教授又发我她的新著《身份麻烦：述行理论与文化身份研究》的PDF文档，嘱我写一个序。身份，特别是文化身份的问题近年多受人关注，论者蜂起，我来说三道四，难免隔靴搔痒。不过，我对德里达与约翰·塞尔围绕述行理论的论争有过关注，所以可以从这个话题说起。

德里达1971年在蒙特利尔的一次会议上作过一次发言，题目是《签名事件语境》，主题是解构卒于1960年的英国哲学家约翰·奥斯汀的言语行为理论。奥斯汀作为日常语言哲学牛津学派的主要代表，坚信哲学中的许多问题，起因都是对语言的误解，由此倡导言语行为理论，希望以此作为日常语言研究的一个经验主义的基础。它的前提是，如果把语言看作时间和空间中一系列恰当的行为，那么达成清晰的、适如其分的意义，便将不是奢望。奥斯汀因此将言语行为分为两类，一类是通过语言履行行为的"行为句"（performative），一类是传达信息的"陈述句"（constative）。虽然奥斯汀英年早逝，未及更深入地展开他的理论，但是由他开创的言语行为理论很快成为分析哲学中的一个主流，迄至今日，影响未有稍减。

德里达在他的讲演里明确反对奥斯汀称言语行为理论可以导出一个明确语境的思想,他以签名的事件为例,阐示语言具有"重复性",即在不同语境的影响下,语言的潜在意义会相应发生变化。奥斯汀反对这一看法,建议把以往被人不屑一顾的"伪陈述"看作另外一种独立语式。这样就有了两类语句:其一是非真即假、描述一种状态的"有所述之言",即陈述句;其二是无所谓真假,而是完成了某种行为,只有恰当和不恰当之分的"有所为之言",即行为句。陈述句和行为句的划分,一般被认为是给得体的言语行为提供了一种"道德理解",奥斯汀在这一意义上,也被视为道德哲学家。问题在于这里的"道德"容易成为一笔糊涂账。事实是德里达发难奥斯汀,锋芒所向首先就是言语行为与其"意向"之间的对应关系,强调陈述句和行为句之间的分野并不是绝对的,相反,一个句子完全可以亦此亦彼,两者并不是互为排斥的。德里达给了奥斯汀很高的评价,赞赏他对行为句这个"边缘"课题的开发。按照逻辑实证哲学,唯有或真或假描述一种状况的叙述句,才是语言的正宗和规范,而无法以真假来衡量的行为句,不是被看作有缺陷的叙述句,就是干脆被视为旁门左道一类。因此,奥斯汀对行为句的阐发是把这个森严的等级给颠倒了过来,表明行为句不但不是一种失败的叙述句,而俨然是以正统自居的叙述句,反倒成了行为句的一种特殊句式。换言之,德里达在奥斯汀的文字里读出了反仆为主、"边缘"置换成为"中心"的解构主义策略。在尝试从意象、交流、情境和真伪四个方面来解构奥斯汀的行为句理论之后,德里达由此得出的结论是:

> 至少,就上面这四点原因来看,可以说奥斯汀之开拓交流的概念,完全是把它视为一个符号的、语言的或象征的概念。行为句是种本质上并不限于传送某个先已构成之符号内容的"交流",而守护符号内容的是自身的真理目标(作为"存在"去

蔽，或作为合法陈述等值于事物本身的真理）。①

因此，奥斯汀的分析在德里达看来，必然永远需要求诸语境，哪怕是云遮雾障、很难界说清楚的语境。各式各样可能影响到行为句事件的"谜点"，总是殊途同归于奥斯汀所谓的总体语境。而这些谜点之一，就是意识，即说话主体言语行为意向的意识在场。故而行为句的交流再一次成为某一种意向的意义交流，即便此一意义并不指向某一个先在的、外在的事物，或事物的某种状态。这一说话人和听话人的意向和意识在场，意味着一切都包裹在一个统一的意义里面，没有什么能够脱逃，无论是约定俗成的惯例、语词的语法和语义要素，还是"播撒"这样的延异成分。

德里达由此表明他的明确立场：意义的产生不在于它的原生性的语境，相反在于它的可重复性。对此德里达指出，奥斯汀将不规范的"不认真"之言语行为悉尽排除在外，也是把"引用"排斥在外，无论是在舞台上、诗歌里，还是在独白里的"引言"，统统被扫地出门。而"引用"所体现的重复性机制，恰恰是令行为句成其为可能的先决条件。所以一个看起来自相矛盾的必然结果是，一个成功的行为句，用奥斯汀自己的话说，必然也是"不纯粹"的行为句，纯而又纯的行为句其实是不存在的。关于不认真的言语行为，如开玩笑、写诗、舞台上演员的台词等，奥斯汀的解释是，语言在这类场合下，是处在特殊的形态中，用得机智却不认真，是"寄生"在它的正规用法上面的。

德里达最后以三点结论结束了他的这篇著名文章。第一，就像文字一样，交流并不是意义传输的手段，即所谓意向和意义、话语和"意识交流"的交换。我们今天并非如麦克卢汉所说的那样在见证文字的终结，重建一种透明的、直接的社会关系；反之，我们越

---

① Derrida, "Signature Event Context", Peggy Kamuf ed., *A Derrida Reader: Between The Blinds*, New York: Columbia University Press, 1991, pp. 98 - 99.

来越多地看到一种原型文字的历史展开,无论是言语的系统、意识、意义,还是在场,都只是它的效果,必须依傍它来得到分析。第二,主导交流这个概念的语义视野因文字插入进来,变成了无以还原为"多义"的"播撒",文字的阅读无以导出一种阐释学的解码,无以来解码意义和真理。第三,虽然古典的、"哲学的"、西方的这一类文字概念普遍得到了置换,但是旧名称势必要保留下来,这就是"旧词新用法"的全部逻辑。因为传统哲学的二元对立从来就不是两个概念的平等对峙,而总是一高一低,解构主义因此从不标榜中立,而总是通过一种双重姿态、双重科学、双重文字,来颠覆此一二元对立的整个系统。

约翰·塞尔是奥斯汀的学生,作为20世纪70年代崭露头角的美国言语行为哲学家,为自己的老师辩护,义不容辞。塞尔在1977年第1期《雕像》杂志上,刊出《重申差异:复德里达》一文,就奥斯汀的理论同德里达展开论争。塞尔提出,奥斯汀所排斥的"不认真"之言,其实无关紧要:

> 奥斯汀的意思不过是这样:如果我们想知道是什么促成了一个诺言或一个陈述,最好别从戏文中演员在舞台的许诺,或小说中有关小说人物的陈述入手,因为显而易见,这类话语不是许诺和陈述的规范例子……奥斯汀准确地看到,有必要将有关寄生性话语的问题暂时搁置起来,以便先回答逻辑上居先的有关"认真"的话语的问题。[①]

塞尔当仁不让成了英美分析哲学对抗法国新潮理论的代言人。应当说塞尔对奥斯汀的阐释也是哲学界对奥斯汀的普遍理解,但这理解显然并不符合德里达的口味。其实仅从这段答辩我们就不难看

---

① John Searle, "Reiterating the Difference: A Reply to Derrida", *Glyph*, No. 1, 1977, pp. 204 - 205.

出,奥斯汀实际上是回到了与他自己针锋相对的早期维特根斯坦的立场。塞尔认为德里达曲解了奥斯汀的著作。换言之,德里达属于法国哲学极尽抽象的那个悠久传统,与英美哲学严谨的经验主义风格格格不入。德里达的语词游戏和修辞技巧故而好比偷梁换柱,在好几个关键地方曲解了奥斯汀的立场。所以奥斯汀的观点在德里达笔下已经面目全非,差不多同奥斯汀思想的本来面貌全无干系。德里达有心解构奥斯汀的言语行为理论,却偏偏避开了奥斯汀的严谨。另外德里达从奥斯汀文本中抽绎出来的一系列二元对立,诸如言语和文字、语境和可重复性、虚构和非虚构等,其实是子虚乌有,并不见于奥斯汀本人的文本。塞尔承认他并不全部认同奥斯汀的立场,但是,他的认同程度足以使他来认真反驳德里达的阐释。

对于塞尔的指责,德里达答辩说,一切都在文本之中,没有什么可以超越文本,相反,奥斯汀的言语行为是被说话人的意向和语境的无边延伸损害了。奥斯汀说假如听话的人聚精会神于语词的明晰性,那么说话人的意向就能得到传达,但是德里达设身处地自比听话的人,质疑说,恰恰相反,他是分心了,恰恰是那些次要的、侧面的、边缘的、寄生的、边界的成分对他显得如此重要,是许多东西的源泉,比方说快感,同时它们还洞察了某一个文本系统的总体功能。就"文本即是一切"这个典型的解构主义命题而言,文本无疑是取材于它的外部世界,外部必然把印记带到内部来。所以,德里达把塞尔的文本转录为以从 d 到 z 来标段的他自己的文本,以戏拟塞尔指责他对奥斯汀的误解、误读、误释、误用等一切舛误,也就不足为怪了。

耐人寻味的是,塞尔也承认他也有可能因为没有跟随德里达的解构主义逻辑,整个儿误释了德里达。这样一场围绕"舛误"展开的批驳和反驳,显而易见有一个明确的靶子,那就是奥斯汀所追求的言语行为概念的精确性和明晰性,其目的最终是交流。1983 年塞尔又在《纽约评论》杂志上发表了《被颠倒的词》一文。表面上评议乔纳森·卡勒的《论解构》一书,实际上还是针对德里达的思想。

塞尔认为解构批评的招数，归纳起来无非是这样三个步骤：其一，逆转所谓二元对立的等级序次；其二，于作品中找出关键词语，以此为突破口来展示游戏的另外一面；其三，潜心推敲作品的边缘性状。他指责德里达思想混乱，实际上经常在论证过程中歪曲和变易论点，以致由此得出的一系列结论，如言语是文字的一种形式，在场是某种不在，本义即是隐喻义，理解是一种误解，乃至男人是女人的一种形式，等等，看似玄之又玄，说到底却是他思路混淆、表达不清所致，与真正的哲学、语言和科学并不相干。所以奉劝读者在此语言哲学的黄金时代里，还是专心事奉正统的言语行为及其语法，而不必盲目跟风解构。

本书也介绍了塞尔和德里达的分歧。其中我们可以大致见出英美分析哲学，或者说逻辑实证传统同解构主义内省批判哲学的冲突交点所在。但诚如德里达对奥斯汀的解构阅读多少有攻其一点、不及其余的弊病，塞尔对解构理论的反批判，所涉及的也并不是内涵互通的同样范畴。言语行为理论后来在国内的一个通行译法，是"述行理论"。本书作者孙婷婷对此的评价是，这场论争以及德里达的理论，在促进述行理论的范式转换中，具有里程碑式的意义。她引用乔纳森·卡勒《文学理论》(*Literary Theory*: *A Very Short Introduction*) 的说法：德里达的质疑意味着"语言不仅传达信息，而且通过重复已经形成的推论实践，或行事方法而完成行为。从这个意义上讲，语言是述行的。这一点对述行语言后来的发展非常重要"①。

孙婷婷认为朱迪斯·巴特勒是在奥斯汀和德里达的基础上，进一步将述行理论运用到性别身份的考察上来。具体来说，身份政治的核心概念，便是"述行性"，即作为能指的话语，产生了作为所指的身份。语言的述行性，由此转化为文化的述行性。言语行为如何维持主体的存在？存在的主体又如何言说？这两个问题既在性别身

---

① John Searle, "Reiterating the Difference: A Reply to Derrida", *Glyph*, No. 1, 1977, p. 32.

份的探讨中占据核心地位,事实上也是思想史与文学史中的传统问题。一如巴特勒《身体之重》中举的一个例子,女作家薇拉·凯瑟(Willa Cather)为挑战性别命名,不但扮装,而且改其名为威廉(William),进而也给她小说中的女主人公起男性名字,诸如汤米(Tommy)。在巴特勒看来,这引出了齐泽克的分析:命名来自象征界,故以称谓固化身份不足为道,因为一旦失败,就意味着整个象征界危在旦夕。因而厄内斯特·拉克劳会将齐泽克上述理论称为"政治述行理论"。

以巴特勒为契机,本书不厌其详地展开文化身份的讨论。孙婷婷认为,在大卫·哈维概括为"时空压缩"的后现代语境中,本质主义的身份观念,其弊端是显而易见的,因为它抹除了身份的差异性和多样性。她主张以身份的社会建构主义论解释,取代本质主义的固化认同。她尤其欣赏波伏娃对女人的著名论断:女人不是天生为女人的,女人是逐渐变成女人的。女人如此,那么男人呢?我们是不是同样可以说,男人不是天生为男人的,他是逐渐变成男人的?孙婷婷赞成身份的生成多元论,指出它实际上是多种文化实践造成的,是在转瞬即逝之际的效果。故而身份不是一成不变的本质或物质,它具有动态性、建构性的特征。她引用了斯图亚特·霍尔《文化身份/认同的主体》一文中的说法:"身份从来不是单一的,而是建构在许多不同的且往往是交叉的、相反的论述、实践及地位上的多元组合。它们从属于一个激进的历史化进程。"这个过程,霍尔说,也就是述行的过程。对此孙婷婷表示,她读霍尔,感觉有充分理由视身份为文化实践。而结合汉语中对英文 identity 的翻译"身份/认同",孙婷婷发现可以更好地理解身份的建构性与实践性。汉语中"身份"是名词,"认同"则兼有名词与动词的功能;身份是客观描述某种角色或地位的指称,而认同则更加强调主体对自己相关的角色、地位、关系所包含意义的自觉认识和肯定。所以不奇怪,身份是一个心理建构和实践建构的过程。

本着以上认知，本书在理论层面与实践层面双管齐下，集中探讨身份认同的中国话语建构。包括表演与述行的关系、表征与述行的关系，以及整形整容焦虑在中国的兴起、网络暴力、单身风潮、"剩女"和"大妈"的污名化问题、"凤凰男"与"孔雀女"的解构等，不一而足。孙婷婷希望她的努力可以有助于当代中国文化实践研究发出自己的声音，不再跟在西方学者后面，进而反抗"西方凝视"的霸权，摆脱理论话语"被殖民"的危机。总之，让中国学者责无旁贷地在面向世界的同时，也回过头来反思我们自己的过去、现在及未来，梳理我们自身的话语体系。她注意到，在述行理论从发轫到今天走过的半个多世纪的历程中，以及在20世纪末叶兴起的身份话语讨论中，如果说众声喧哗中有什么共同性，那便是对同一性的质疑，以及息息相通于世纪之交的身份认同焦虑。简言之，身份研究背后是消解建构的狂欢，还是充满身份被强权书写的痛苦？她认为拨开大众文化的多元化迷雾，身份研究最终将回到作为主体的"我是谁"，进而解答身份的建构之谜，而述行理论，清晰地为我们揭示了文化身份的生产机制。

说老实话，我对本书的观点和立场并不是完全认同的。朱迪斯·巴特勒针对传统性别定义的解构热情，是不是太自信了一些？比方说，生理或者说自然性别对于我们基因的影响，对于我们身体欲望指向的规束，在文化和社会前赴后继的建构、解构和重构面前，就那么不堪一击吗？这个问题估计非"述行"一语可以简单解决。但是这部改写巴特勒《性别麻烦》的《身份麻烦》，一路阅读下来，确实让我受益良多。孙婷婷秀外慧中、沉静多思，她将她作为一名青年女性，对当代西方性别理论一以贯之的十数年研究，倾注在这本新著之中，相信读者朋友必能同声相应、同气相求，感同身受之余，自有一种怦然心动的默契。

2022年10月31日于上海

目　录

绪论 / 1

第一章　述行理论的范式变迁:从语言到身份 / 19
　第一节　语言哲学范式:述行的兴起 / 19
　第二节　文学述行理论 / 33
　第三节　身份的述行 / 50

第二章　述行与身份策略 / 69
　第一节　身份的兴起 / 69
　第二节　身份策略:权力的运作与反运作 / 82
　第三节　抵抗与承认 / 106

第三章　身份述行的文化实践 / 118
　第一节　性别身份述行 / 119
　第二节　阶级身份述行 / 140
　第三节　国族身份述行 / 164

第四章　身体述行与身份 / 188
　第一节　身体的述行性 / 188
　第二节　缠足:身体的规训与反抗 / 201

第三节　时尚:现代女性的身体表征 / 219

第五章　述行与身份表演 / 241
　　第一节　述行、表演与表征 / 242
　　第二节　社交媒体与自我呈现 / 253
　　第三节　身份焦虑:年龄与阶层 / 268

结语　身份
　　　　——过去与未来 / 296

参考文献 / 302

后记 / 317

绪　　论

一　文化身份研究与述行理论的交汇

20世纪，人文社科领域发生了诸多深刻的变革，这些变革泽及后世。在哲学领域，由于受到索绪尔（Ferdinand de Saussure）与实证主义的启迪，西方哲学逐渐由关注"我们如何知道世界的本质"的认识论转向关注"我们如何表述我们所知晓的世界的本质"的语言论，被称为"语言论转向"。"语言论转向"（Linguistic Turn）最早由维也纳学派的成员伯格曼（Gustav Bergmann）于1964年在《逻辑与实在》（*Logic and Reality*）①中提出，后来罗蒂（Richard Mckay Rorty）1967年出版的论文集《语言学转向——哲学方法论文集》（*The Lingustic Turn：Essays in Philosophical Method*）② 传播了该术语。语言论转向最初的重要推动力是分析哲学。肇始于19世纪末20世纪初的分析哲学运用现代形式逻辑分析语言，努力将该学说的问题说清楚，建立了理想语言学派和日常语言学派。后来日常语言学派中诞生了言语行为论，以奥斯汀（J. L. Austin）出版于1962年的著作《如何以言行事》（*How to Do Things with Words*）为标志。奥斯汀等

---

① Gustav Bergmann, *Logic and Reality*, Madison: The University of Wisconsin Press, 1964.

② Richard Mckay Rorty, *The Lingustic Turn：Essays in Philosophical Method*, Chicago: The University of Chicago Press, 1967.

学者发现说话本身就是在做事，破除了结构主义认为语言结构自带语言意义的观点，这标志着语言哲学开始从注重语言的客体性转向重视语言的主体性以及主体间性。语言论转向被称为哲学史上的"哥白尼"革命，如学者陈嘉映所说，在"语言转向"之后，语言哲学的大部分内容已经和传统的哲学问题重新融合。①

无独有偶，1979年以来，文学理论也出现向外转的趋势。在当代西方文论中，"语言论转向"首先体现在受到结构主义影响的形式主义批评、新批评、读者反应批评等科学主义文论中。而在经历了几种范式变迁之后，西方文论逐渐"向外转"，文学理论也前所未有地关注和重视语境和世界，因而关注身份认同、文化差异以及意识形态话题的文本政治学随之兴起，乃至形成文化研究的热潮。在今天方兴未艾的关于文化差异和身份认同的文本政治学中所形成的文化研究热潮，再次回归了传统哲学问题，这在当代人本主义文论中也有所体现。

与语言哲学和文学理论相融合的传统哲学问题之一，便是"我是谁"的主体之问。笛卡尔坚信的人类主体在我们今天这个时代遭到了质疑，在"上帝之死""人之死"，包括巴特的"作家已死"等诸多现代性"死亡"事件之后，我们看到这样一种时代特征："有一个特点可能确实把我们这个时代与前几个时代区分了开来，这就是人们不再充满自信地谈论固定的长居不变的人类本质、人类主体或个体。"②

在一切坚固的东西都烟消云散后，"生成"这个尼采（Friedrich Wilhelm Nietzsche）式概念在20世纪60年代的法国红得发紫。解构主义和后现代的兴起也让大家逐渐认识建构，而当这种建构触及主体，并且具体到身份建构时，便清晰地成为文化身份研究的重要基础。

---

① 参见陈嘉映《语言哲学》导论第五节，北京大学出版社2003年版。
② [德]恩斯特·贝勒尔：《尼采、海德格尔与德里达》，李朝晖译，社会科学文献出版社2001年版，第11页。

身份建构论的出现基于本质主义的轰然倒塌。在现代主义兴起之后,反本质主义、反霸权、全球化、他者核心化等共同助力取消同一性,也改变了简单的"我与他"的二元对立冲突模式,而变成"我与你"的交流协商框架。正如阿里夫·德里克(Arif Dirlik)所言,新的问题诞生了,新的思维模式也就诞生了:"跨越边界的协商,而不是体现了本质的二元和多元对立;并且,这是一种'非线性'的理解过去的方式。这里还强调文化自治的物质环境问题,作为权力的话语问题,身份的优先权问题,以及性别或种族优先于阶级的问题。"①

在这样的语境中,身份的变动不居已成为显而易见的事实,多数有影响的文化研究者都赞同社会身份和文化身份是流动的、是在历史和现实语境中不断变迁的观点,并达成了这样的共识:身份是话语塑造的产物;现代社会某些特定身份的优先地位引发抵抗和僭越;身份在日常生活的展示中被动态建构。与此同时,身份问题所触及的不仅仅是自我的问题,还是一个"我"与"你"、"我"与"他"的问题。随之而来的身份悖论便是,我们既看到了身份的变动不居,又要试图通过寻求认同来寻找自身的位置,寻求自我。所以,文化研究将身份认同的个人问题作为政治问题来研究,透过身份重新认识权力和霸权等传统问题,最终涉及对启蒙现代性的同一性危机、主体性等问题的重新思考,重新认识身份的"文化性"暨"建构性"。

身份问题勾连历史、当下以及未来。就全世界范围而言,在新的电子传播技术所引起的变化中,如同米勒所说,这些变化包含着"政治、民族或公民身份、文化,以及个人的自我、身份和归属感的改变"②。对于西方人而言,身份问题似乎是一个面对未来的问题,

---

① 谢少波、王逢振编:《文化研究访谈录》,中国社会科学出版社2003年版,第23页。
② 谢少波、王逢振编:《文化研究访谈录》,中国社会科学出版社2003年版,前言第6页。

它背后受网络时代、技术革新等问题的影响，而对于中国人而言，"让中国读者面对关于文化、意识形态、历史、现代性、身份、性别、资本主义，以及大学和知识分子的作用等这样一些问题的争论，等于是'回到未来'的问题，因为在近百年来中国人一直都在努力解决那些问题"①。

然而，尽管身份问题是文化研究的焦点之一，但文化身份研究尚未形成统一理论，发端于语言学的述行理论便成为文化身份研究的重要理论参照。述行理论既解释了身份主体在权力话语的统治下是如何形成与维持的，又探讨了由于主体在生产过程中保持了能动性，因而它既被生产，同时也存在颠覆的可能。自语言行为理论首创者奥斯汀提出"述行"（performative）②概念以来，述行理论已发展成多种话语范式。奥斯汀最早用"述行"概念阐明了语言可以达成行为以及参与行为，有效地探讨了语言的力量及其履行功能，并

---

① 谢少波、王逢振编：《文化研究访谈录》，中国社会科学出版社2003年版，前言第10页。

② "述行"这一概念目前国内有较多译法，较早涉及述行概念的中译本是乔纳森·卡勒《文学理论的未来》（1993）以及《论解构》（1998）等，在这几本著作中译为"述行"。研究奥斯汀的学者杨玉成在 J. L. 奥斯汀的著作中译本《如何以言行事》（2016）当中译为"施行"，张瑜的《文学言语行为论研究》（2009）译为"施为"。2009年，朱迪斯·巴特勒的著作中译本《性别麻烦：女性主义与身份的颠覆》中译为"操演"。受到巴特勒译本影响，述行理论在中国更大范围内传播，目前在国内从事性别研究的不少学者采用"操演"的译法。但从事语言学、哲学、文学理论的学者更多采用"述行"的译法，比如做文学述行研究的学者王建香，著有《当代西方文论中的文学述行理论》（2009）。在安吉拉·麦克罗比《文化研究的用途》中译本里，译者李庆本在书中也采用了"述行"的译法。本书采用"述行"的译法，原因是"述"与"行"较好地贯彻了奥斯汀将"言"与"行"关联的原意，也与后来"述行"理论的发展趋势相吻合，它突出了身份建构的过程性。但"操演"的译法更为突出"身份就是一种表演"，身份述行固然也包含表演维度，在本书第五章将会集中论述，但表演只是其中的一部分，它包含比表演复杂得多的内容。詹姆斯·洛克斯利（James Loxery）在述行理论的总结性论著《述行理论》（Performativity）导言中指出，述行意味着我们"行使"（act）我们的身份（参见 James Loxery, Performativity, Abingdon: Routledge, 2007, p. 3），他的描述也更强调述行的"行动性"而非"表演性"。所以"述行"较之目前同样流传较广的译法"操演"，更能涵盖这个概念所展示出来的身份被"话语"所"述"以及身份的"行动性"等丰富的内容。

深入探讨了语言与现实的互动关系。根植于语言现象学发展而来的述行理论，在现象学的方法论层面为文化身份研究提供了重要启示。在述行的框架中，语言并非在封闭的系统内部运转，述行话语可为我们勾勒语言权力统治的想象性图景。德里达（Jacques Derrida）最早跃出奥斯汀的语言述行，认为述行语有政治效能，并且述行语可通过"重复"（repetition）来约束主体，但"重复"同时也是主体颠覆的源泉。在奥斯汀和德里达的基础上，布尔迪厄（Pierre Bourdieu）进一步研究统治阶级身份的述行机制，用"习性"（habitus）概念有效阐释文化资源如何构建社会性身份。其后，巴特勒（Judith butler）开创性地将述行理论运用于性别研究领域。由此，述行由最初的语言创造事态启发世人认识社会文化如何创造身份。

这样，在走向"政治性"这一点上，文化身份研究与述行理论取得了交汇。今天，文化身份问题通常以"政治性"形式出现，在新社会运动中，女性主义者率先喊出口号"个人的就是政治的"，这个口号寻求将个人身份、个人生活和个人行为的全部问题清楚地纳入政治议程。在今天的文化研究中，斗争和批判经常围绕着性别、阶级和年龄等概念展开，并将身份视为话语建构的产物，在"同一性"与"差异性"的博弈中寻求多元身份认同。而述行理论自身的文化及政治转向则如同李湛忞（Benjamin Lee）指出的，正是通过奥斯汀和述行性问题，法国"语言学转向"的这条路线才遇到了英美的语言哲学。述行性问题使美国、英国、法国和德国的语言哲学方法相互接触，时有碰撞，最终话语似乎产生了其所指，语言述行性成为文化述行性的模式，比如说，断定一个身份就产生了该身份，可能就像同性恋"公开同性恋身份"那样。

二　从语言到政治

在文化身份研究和述行理论的"政治性"转换之后，如果把"政治"视为权力关系的领域，那么正是地缘政治组织的巨大变化促使政治的定义发生了变化，这涉及全球化问题，以及"工业社会"到"后工业社会"等的转型，这些变化导致全世界大多数人的生活、常规政治以及更广泛的权力关系的转型。学者王晓路指出，"以高新技术为代表、以结构性取代为主要标志的现代社会化生产以及随之而来的市场化的条件下，身份的不确定尤为明显和频繁，即当代资本主义条件下的技术机遇与市场机遇两个要素对阶级身份起到了相当大的作用"①。因此，社会分层、身份、种族和性别问题是随着社会结构内在变化的发生而出现的。

正是在这样急剧变迁的环境中，无论是文化身份研究，还是述行理论，都深入主体层面来重新思考身份问题。受解构批评的影响，反本质主义成为认识身份的重要视角，按照这种观点，并没有先在的身份，身份是"暂时地附着在推论实践为我们建构的主体位置上"②，将文化身份的能指与所指相"缝合"（suture）。与此同时，福柯（Michel Foucault）的权力话语让我们清晰地看到主体身份在话语内部如何被生产。述行理论亦有明确的主体建构过程：首先，述行过程中只有行动者，先在主体是缺失的，主体是在述行过程中生成的主体；其次，述行是由权力掌控的一系列行为，权力话语在其中进行分类与排斥，排除异质元素；最后，权力对述行过程并没有绝对的控制力，整个述行过程也包含翻转与颠覆的可能。如此，我们便能看出，身份的生产与现代性主体一样，在建构与解构的过程中动态地生成。除此之外，拉康（Jacques Lacan）的"缝合"和布尔迪厄的"误识"均在一定程度上有利于我们理解身份的可变性及暂时性。

马克思（Karl Heinrich Marx）的阶级分析为我们理解身份的建构与解构提供了一个卓有成效的模型。马克思主义将阶级概念作为

---

① 王晓路：《西方马克思主义文化批评研究》，北京大学出版社2012年版，第168页。
② ［英］斯图亚特·霍尔、保罗·杜盖伊等编著：《文化身份问题研究》，庞璃译，河南大学出版社2010年版，第7页。

关键点，其他诸如种族和性别的范畴必须汇聚并包含在这个关键点上，以便洞察政治变革。马克思主义的这一方法不同程度地渗透在身份话语的考察中，成为分析身份范畴的起点。贝尔·胡克斯（Bell Hooks）曾指出，这种着眼于将性别、种族和阶级结合起来的思考改变了女性主义的思想方向。马克思的阶级分析为身份研究提供了基本概念，随后布尔迪厄的身份结构对马克思作出了一些修正。在布尔迪厄的身份结构中，起根本作用的是资本，但是性别、种族等非资本形式的建构性因素也在起作用。而韦伯（Max Weber）的修正则是，保证身份差异的不仅是惯例和法律，仪式化的禁令也能达到与法律和惯例的作用相同的程度。随后在巴特勒的述行图景当中，外在的社会规训和内在的精神分析式禁令都在起作用。总体而言，目前的身份理论所达成的共识是，身份建构是外在的权力关系和内在的禁令共同作用的结果。

　　但是文化身份研究与述行理论的解构与建构策略不尽相同。文化身份的路径首先是认可常规的社会身份区分，但是这种区分正如乔纳森·卡勒（Jonathan D. Culler）所言，"从全局看，这可能具有重大的意义，但也由此产生了个人被赋予的身份或角色与不同事件和他们生活中的假设之间的距离"[①]，因为它本身包含了个体性和群体性两个相悖的界定以及强制的调和。如今的文化身份研究则通过权力话语等分析不断质疑身份的合理性。述行理论的身份研究路径不同，它首先质疑身份的区隔，巴特勒的研究从最早质疑身份、消解身份，直到最近几年的伦理转向中，逐渐认识到身份的合法性对于主体在社会立足的必须，同时自我的建构与他者之间存在重要关联，因此经历了从"消解"到"建构"，从"抗争"到"团结"的历程。总之，文化身份研究与述行理论殊途同归，在身份问题这一领域之内，无论是其理论，还是其实践起点，均在解构与建构现代性

[①] ［美］乔纳森·卡勒:《文学理论入门》，李平译，译林出版社2013年版，第122页。

主体的过程当中继续现代性启蒙的大业。

三 同一性与差异性的博弈

文化研究将身份认同的个人问题作为政治问题来进行研究，并透过身份重新认识权力和霸权等传统问题，最终涉及对启蒙现代性的同一性危机、主体性等问题的重新思考。目前，文化身份研究尚未有统一的理论，但多数有影响的文化研究者都赞同社会身份和文化身份有流动性，并且在历史和现实语境中不断变迁，最终达成这样的共识：一是身份是话语塑造的产物；二是现代社会某些特定身份的优先地位引发抵抗和僭越；三是身份在日常生活的展示中被动态建构。

而述行理论对身份研究的重要启示之一就在于它的系统性及彻底性。在身份论域，一般的研究者基本上拘泥在具体语境当中考察身份，身份述行理论则背靠哲学传统，深入理论层面系统探讨身份建构策略。身份述行解构策略的彻底在于，它通过语言来反对实在的形而上学，进而质疑身份的建构制度。身份述行提出了两个理论基点：主体被话语言说，并处于生成状态；话语机制仰仗国家意识形态及伦理力量来生产并固化各种身份角色。同时，述行理论是动态发展的过程，并有效呈现了身份的认同与差异之间的悖论。早期的述行理论研究者激进地主张"非身份"和消解身份等。近年来，研究者主要以集体性身份来反抗社会不平等，因此呼吁团结，以重新改写人的规范与定义来实现多元认同。述行理论对文化身份研究的理论贡献主要体现在以下三个方面：一是全面考察了控制身份建构的因素，重视以往的研究所忽略的伦理力量对于身份建构的重要影响；二是修正了身份被权力话语塑造的观点，提出身份主体内在的承认更能确保身份的述行；三是重视大众文化的颠覆力量，关注易装等行为，指出这些行为展示了身份命名的失败，所以身份既是权力话语占有个体的场所，亦是个体反抗和僭越的领地。

此外，述行理论背靠强大的思想传统。述行理论受惠于20世纪文学理论的语言学转向，证明语言的功能并不是单一的。但述行通过语言学又回到了语言学转向的本源：人类学。在文化领域，述行整合了语言学本源以及想象的共同体问题。述行理论开启了主体性和对象性的界限，即话语产生其所指，话语受制于阐释共同体，德曼（Paul de Man）提请我们注意述行让我们看到了话语的物质性。①由此发展出两条主线：一条是语言学转向背后的人类学，另一条是身份是想象体。在文学领域，伊格尔顿（Terry Eagleton）指出，它促使我们思考文学语言的行动性和读者的创造性，文学述行成为一种自我赋权。②而在身份研究领域，如安德森（Benedict Richard O'Gorman Anderson）所言，叙述创造民族身份。③

因而，通过语言学及人类学的互通，述行理论与身份研究之间展开了绝妙的对话。在文化研究领域中，斗争和批判经常围绕着性别、阶级和年龄等概念展开，将身份视为话语建构的产物，并在"同一性"与"差异性"的博弈中寻求多元身份认同。但文化身份研究尚未形成统一的理论，而述行理论既有效解释了身份主体在权力话语的统治下如何形成与维持，又探讨了由于主体的能动性，因而它既被生产，也存在颠覆的可能。

目前，国内学者主要立足于文学、语言学和文化身份几个角度来研究述行理论。其中，语言学和文学角度已有系统研究，语言学领域主要是杨玉成等学者对奥斯汀的专门研究，文学角度较为系统的著作是王建香的《当代西方文论中的文学述行理论》④，其主要是对西方文

---

① Paul De Man, *Aesthetic Ideolog*, Minneapolis: University of Minnesota Press, 1996, p.112.
② 参见［英］伊格尔顿《文学事件》第五章"策略"，阴志科译，河南大学出版社2017年版。
③ 参见［美］本尼迪克特·安德森《想象的共同体：民族主义的起源与散布》，吴叡人译，上海人民出版社2005年版。
④ 王建香：《当代西方文论中的文学述行理论》，中国广播电视出版社2009年版。

论"向外转"的考察。相比之下，目前尚无从文化身份视角系统研究述行理论的专著，但从 2010 年起，身份视角已逐步成为述行理论研究的热点，相关文章数量已近 50 篇。这些研究主要集中于性别研究，以朱迪斯·巴特勒的专人研究为主。此外，王建香、王洁群《阶级身份述行：布尔迪厄社会学理论的言语行为视角》① 等论文涉及了阶级身份，王建会的《种族操演性——族裔文学批评范式研究》② 涉及种族身份研究。然而，尽管国内的相关研究已呈现一定规模，但仍有两个主要缺憾：第一，国内学者总体围绕巴特勒的性别述行理论展开研究，但多将"述行"翻译为"操演"，这虽然突出了身份动态表演的维度，但未能清晰展示话语之"述"与身份之"行"之间的关系；第二，对性别身份之外的阶级、种族等其他文化身份的述行考察还不够系统、深入，未重视述行理论与主体身份建构的根本关联。

与国内相比，国外学者的相关研究较为深入。首先国外学者已意识到述行理论与思维范式变迁的密切关联。比如美国学者苏珊娜·费尔曼（Shoshana Felman）在《文学言语行为：唐·璜和奥斯汀，或两种语言的诱惑》（*The Literary Speech Act, Don Juan with J. L. Austin, or Seduction in Two Languages*）③ 中，就评价奥斯汀对语言和现实惯习的重视有力打破了精神（mental）与肉体（physical）、物质（matter）与语言（language）等二元对立。在打破二元对立之后，述行理论首先促使文学研究者发现文学语言也在创造它所指的事态，正如乔纳森·卡勒所说，文学语言和述行语一样创造角色和他们的行为，并使思想观念得以产生。④ 而罗兰·巴特（Roland Barthes）的

---

① 王建香、王洁群：《阶级身份述行：布尔迪厄社会学理论的言语行为视角》，《国外社会科学》2011 年第 6 期。
② 王建会：《种族操演性——族裔文学批评范式研究》，《国外文学》2014 年第 3 期。
③ Shoshana Felman, The Literary Speech Act: Don Juan with J. L. Austin, or Seduction in Two Languages, trans. Catherine Porter, Ithaca: Cornell University Press, 1983.
④ 参见 [美] 乔纳森·卡勒《文学理论入门》第七章"述行语言"，李平译，译林出版社 2013 年版。

"作家已死"与威廉·维姆萨特（William James）的"意图谬误"和"感受谬误"则为我们呈现了这样的观点：既然作为事件的文学语言具备行动力，那么作者的意图就不能够决定文学事件的意义。其次，由于语言并非在封闭的系统内部运转，因此正如朱迪斯·巴特勒所说，述行话语为我们勾勒了语言权力统治的想象性图景。① 最早指出述行权力维度的是德里达，在《签名·事件·语境》（Signature Event Context）及《在法的面前》（Before the Law）两篇文章中，德里达提出"重复"（repetition）的概念来修正奥斯汀对权力维度的忽视，德里达认为，普遍的可重复性应该被看作语言的规律，正是在不断的复制中，意义偏离了原文本，建构了自己的身份。②

在奥斯汀和德里达的基础上，布尔迪厄对统治阶级身份的述行机制进行了研究，用"习性"（habitus）概念有效阐释文化资源如何构建社会性身份。其后，巴特勒最早将述行理论运用于性别研究领域。从《性别麻烦：女性主义与身份的颠覆》（*Gender Trouble: Feminism and the Subversion of Identity*）③ 到《身体之重：论"性别"的话语界限》（*Bodies That Matter: On the Discursive Limits of "Sex"*）④，巴特勒相继分析了社会性别和生理性别的述行建构。从《安提戈涅的请求》（*Antigone's Claim: Kinship between Life and Death*）⑤ 开始，巴特勒对生命价值等问题进行了探讨。而在《自我的解释》

---

① 参见［美］朱迪斯·巴特勒《性别麻烦：女性主义与身份的颠覆》序（1999），宋素凤译，上海三联书店2009年版。

② Jacques Derrida, "Signature Event Context", in Jacques Derrida, *Limited Inc.*, trans. Jeffrey Mehlman and Samuel Weber, Evanston: Northwestern University Press, 1988, pp. 1 - 24. 《在法的面前》，载［法］雅克·德里达《文学行动》，赵兴国等译，中国社会科学出版社1998年版。

③ ［美］朱迪斯·巴特勒：《性别麻烦：女性主义与身份的颠覆》，宋素凤译，上海三联书店2009年版。

④ ［美］朱迪斯·巴特勒：《身体之重：论"性别"的话语界限》，李钧鹏译，上海三联书店2011年版。

⑤ Judith Butler, *Antigone's Claim: Kinship between Life and Death*, New York: Columbia University Press, 2000.

(*Giving an Account of Oneself*)①及论及"9·11"的《战争的结构：何时为生命悲伤》(*Frames of War: When Is Life Grievable*)②等巴特勒近期的著作中，述行理论被广泛运用于讨论种族主义、反恐等的话题，以及美国与他国之间关系的社会公正等，这实际上已经对"自我"与"他者"的身份共建进行了深入探讨。因而，巴特勒的述行理论以研究性别问题为起点，涉及更为广阔的身份问题，她也因此成为述行理论的集大成者。巴特勒整合前人思想成果，将述行理论视为话语运作的理论，甚至构建为身份的生产机制，控制述行机制的力量主要为两种：他律与自律。巴特勒形象地探讨了权力和律法对人内外兼施的巨大生产力，同时又展示了伦理道德与人的自我治理。

在文学领域，文学述行开启了文学研究的新路径，被认为是与艾布拉姆斯的《镜与灯：浪漫主义文论及批评传统》③当中所提出的作家、读者、世界、文本四个维度发展出来的文学模仿说、表现说、实用说、客观说并列的又一文论和文学批评的视角。费什（Stanley Fish）、德曼和米勒（J. Hillis Miller）等人随后从读者、修辞等维度为文学述行开辟了新的领地。

本书以述行理论及文化身份的述行建构为总体对象，从理论层面考察述行理论的话语范式变迁及身份建构机制，从实践层面观照性别、种族、阶级等文化身份实践与文化身份暴力。基于"述行理论"阐发述行理论的身份维度，在"文化身份"这一点上阐发身份的述行，最后在文化身份实践领域进行了交会。述行理论是基础，从"述行理论"出发，最后落脚于文化身份。第一章主要梳理述行概念的起源及界定；第二章勘察述行与身份策略的共通性；从第三

---

① Judith Butler, *Giving an Account of Oneself*, New York: Forham University Press, 2005.
② Judith Butler, *Frames of War: When Is Life Grievable*, London and New York: Verso, 2009.
③ [美] M. H. 艾布拉姆斯：《镜与灯：浪漫主义文论及批评传统》，郦稚牛、张照进、童庆生译，北京大学出版社 2015 年版。

章开始进入具体的文化实践部分,在文化实践部分,述行理论与文化身份的建构相交会。第三章考察性别、阶级、国族等身份范畴;第四章探讨身份的身体维度;第五章结合新媒体谈身份表演,探讨中国当下的身份焦虑。

全书在写作过程中有两个突出的重点:一是在阐述述行理论及文化身份交会的过程中,巴特勒的述行理论占较大比重。二是在文化实践研究部分,主要基于中国语境进行书写。接下来对这两点进行简单说明。巴特勒是述行理论的集大成者,正是经由巴特勒,述行理论在进入性别研究之后取得了巨大的生命力和影响力。而且在拓展出性别述行之后,巴特勒进一步运用述行理论思考美国的霸权话语、犹太复国等问题,在思考国族身份方面又进一步拓展了述行理论。巴特勒的贡献受到了学界的广泛认可,乔纳森·卡勒在其《文学理论的未来》及《理论中的文学》等著作中高度肯定了巴特勒在述行理论方面的建树。詹姆斯·洛克斯利(James Loxery)在述行理论的总结性著作《述行理论》(*Performativity*)① 中也指出,是巴特勒真正让述行理论成为系统理论的,全书第六章标题即为"巴特勒:成为述行理论"(Being Performative: Butler)。因此巴特勒当仁不让地是述行理论的集大成者,所以贯穿全文。第一章第三节论述身份述行是基于巴特勒的理论,第二章第三节、第三章第一节也主要围绕巴特勒的理论展开,在第三章第三节中,"身份坐标:自我与他者"部分的论述也涉及巴特勒。第五章第一节中关于身体述行的思考也主要来自巴特勒。

在文化实践部分,本书考察的对象主要是中国语境中的历史及现实问题,这基于以下几点考虑。首先是建设自身理论的需求。"述行"的概念虽然早在20、21世纪之交就随着语言哲学以及文学述行理论的传播进入中国,并且近几年随着巴特勒在中国声誉日隆,身份述行的维度也开始广为人知。但无论是在文学还是文化身份等维度,国内对述行理

---

① James Loxery, *Performativity*, Abingdon: Routledge, 2007.

论实践维度的考察大多基于西方的文本。比如研究伍尔夫（Adeline Virginia Woolf）的《奥兰多》、美国电影《蝴蝶君》（*M. Butterfly*）、美剧《人人都爱雷蒙德》（*Everybody Loves Raymond*）等涉及性别、族裔、阶级身份题材的作品，研究对象大多数是外国小说或电影。① 这些研究运用述行理论进行了文学和文化批评，对于述行理论在中国的传播具有重要意义。但是，任何西方理论在中国的介绍与传播，如果不能与中国自身的文学和文化实践发生对接，那么这种理论的生长点将是有限的，也不能实现真正的"视界融合"。

其次是中国文化身份实践的特殊性为述行理论提供了实践参照与新的理论生长点。与西方社会阶层固化、性别实践多样性相比，中国的文化身份实践具有特殊的语境，也表现出与西方社会不尽相同的特征。尤其在大众文化领域，层出不穷的中国式网络流行词"凤凰男""大妈"等，体现出特殊的文化证候。甚至全球性的问题诸如大龄单身女性增加（中国歧视性地称为"剩女"）、明星人设、整容等，也因中国国情的特殊性而体现出更为复杂的文化内涵。一切历史都是当代史，当下流行文化是微观历史的重要组成部分，虽然稍纵即逝，也难以避免大众文化显而易见的狂欢、消费等性质，但深究其中的意涵，破解背后的表征，对于从事文化研究的学者，这是不可推卸的历史重任。譬如20世纪90年代美国文化研究学者对女星麦当娜（Madonna Louise Veronica Ciccone）的研究，这些研究后来成为第三波女性主义的重要资料。②

---

① 如钟标：《从"性别戏仿"到"双性同体"：论"性别操演"理论下〈奥兰多〉的多元性别身份》，硕士学位论文，重庆师范大学，2015年；穆童：《表演的囚徒：〈蝴蝶君〉之跨文化身份操演性解读》，《北京电影学院学报》2019年第10期；何静静：《透析〈人人都爱雷蒙德〉中美国中产群体文化身份的操演性》，《合肥工业大学学报》2019年第2期。

② 参见 Cathy Schwichtenberg, *The Madonna Connection: Representational Politics, Subcultural Identities, and Cultural Theory*, Oxford: Westview Press, 1993。后来在第三波女性主义的重要著作《后女性主义：女性主义、文化理论和文化形态》（*Postfeminisms: Feminism, Cultural Theory and Cultural Forms*）中成为重要的参考资料。

最后，本书对中国问题的分析采用了不少来自海外汉学界的成果。有一些是中国近代史和古代史研究的成果，比如高彦颐（Dorothy Ko）的缠足研究、①曼素恩（Susan Mann）的妇女研究等。②此外还有一些近年来海外华人学者对中国当下文化实践的研究，比如张鹂对中国中产阶层青睐中国洋地名的考察。③这些研究基于西方立场或西方理论来观察中国历史上以及当代的文化实践，这些视野开阔的研究，对于我们总体反思中国的身份述行提供了一个窗口和参照，因此也成为本书研究的重要材料。综上所述，述行理论引入中国并用以分析中国文化实践已有多年历史，是时候总体上总结和观照中国的文化实践，并进一步总结它在中国的发展情况，从中提炼出述行理论的中国品格。

本书的写作分为四个部分，第一部分是绪论。绪论阐发全书基本思路，围绕述行理论和文化研究交汇的语境展开。第一部分"文化身份研究与述行理论的交汇"，探讨在"语言转向"的大背景下，语言哲学转向日常语言的研究，发现了语言的行动性；同一时期，主体建构论被普遍接受，在此基础上身份的建构被重新思考。于是在"一切坚固的东西都烟消云散了"的现代性背景之下，述行理论与文化身份研究站到了一起。绪论第二部分"从语言到政治"，围绕权力与主体的建构问题，深入思考述行理论与文化身份研究的第二个交汇点：权力维度，述行理论后来的发展以及文化身份的建构都凸显权力话语的操控与反操控。绪论第三部分"同一性与差异性的博弈"，探讨述行理论与文化身份结合的新的理论生长点：述行理论回到主体层面，形成系统的建构理论，这一特性对于我们思考文化

---

① ［美］高彦颐：《缠足："金莲崇拜"盛极而衰的演变》，苗延威译，江苏人民出版社 2009 年版。

② ［美］曼素恩：《缀珍录：十八世纪及其前后的中国妇女》，定宜庄、颜宜葳译，江苏人民出版社 2005 年版。

③ Li Zhang, *In Search of Paradise: Middle-Class Living in a Chinese Metropolis*, Ithata: Cornell University Press, 2010.

身份建构具有重大借鉴意义，有助于我们建构系统的身份建构理论，从总体上提升文化身份实践的理论品格。绪论最后阐明全文的逻辑架构。

第二部分为述行理论与文化身份理论的系统梳理，包括第一章和第二章。第一章梳理述行理论谱系，探讨述行理论如何从语言哲学到文学，最终在文化身份领域产生巨大影响，这个过程本身体现了述行与文化身份研究相遇的必然性及其在理论和实践领域的诸多契合。第一节"语言哲学范式：述行的兴起"，勘察述行理论背靠语言行为理论的兴起，结合奥斯汀的学说阐述述行在语言哲学领域的基本内涵，透过德里达与塞尔的论争，辨析述行理论如何跃出语言哲学的范畴并广而传播。第二节"文学述行理论"，探讨文学述行理论的诞生及发展，结合米勒的界定探讨文学述行的基本内涵。第三节"身份的述行"，主要结合述行理论的集大成者朱迪斯·巴特勒的学说，总结述行理论如何添加权力之维，进而深入主体层面解构与建构身份，不仅清晰揭示了权力话语如何运作身份主体，也观照了主体的能动之维。

第二章勘察文化身份理论的关键问题，以述行理论为参照，梳理身份问题的概念及谱系，考察文化身份在权力之下如何运转，反思文化身份建构与僭越的悖论，展示文化身份理论及其实践最终与述行理论的殊途同归。第一节"身份的兴起"，勾勒身份话语兴起的语境及基本内涵。第二节"身份策略：权力的运作与反运作"，考察权力话语如何生产身份，第一部分主要借用福柯的权力模型来理解权力的运转，第二部分通过布尔迪厄分析权力结构的具体化运作，第三部分通过黑格尔主奴辩证法阐释主体与自我的能动性。第三节"抵抗与承认"，首先结合酷儿理论思考消解身份的可能，然后结合霍耐特的"承认"理论及巴特勒对消解身份的反思，辩证地思考目前"消解身份"的诉求在现实中只能是乌托邦，呼吁"团结"与非暴力才是改变身份暴力的可行途径。

第三部分为文化实践，包括第三章、第四章和第五章，在梳理了具有代表性的几个身份范畴之后，结合中国的历史文化语境具体探讨身体述行与身份表演。

第三章运用述行理论观照文化身份领域的具体实践，具体从"性别""阶层""国族"三个领域展开。第一节"性别身份述行"，首先结合"社会性别"（gender）概念勘察性别的社会建构；其次结合精神分析及酷儿理论分析性别的精神建构与生理建构；最后结合汉学家对中国古代史的研究，分析中国古代性别气质的文化建构，多方面、全方位揭示性别被建构的历史与事实。第二节"阶级身份述行"，钩沉了阶级论从马克思到韦伯和葛兰西的发展，重点围绕布尔迪厄探讨阶级述行的理论内涵，结合西方中产阶级以及中国亚文化中的底层表征来探究阶层的文化实践。第三节"国族身份述行"，首先分析了国族身份的建构性，接下来分析国族身份的坐标是在界定"他者"的前提下产生的，进而运用主体间性反对"他者的暴力"。最后结合近代以来通过"现代"与"传统"的中国妇女二元建构来确立国族身份的特殊历史，并且通过当代的网络民族主义探讨中国国族身份确认的特殊性。

第四章讨论身体维度的述行，首先论述身体为何具有述行性，然后从语言暴力最终作用于身体这一角度深入讨论身体的述行，最后结合中国古代的女性缠足以及当代整容现象的个例来探讨身体塑造与身份建构的关联。第一节"身体的述行性"探讨了身体话语在现代性语境中的兴起，身体如何在权力话语中进行述行性建构。第二节"缠足：身体的规训与反抗"，结合国内外的缠足研究，以云南省通海县六一村缠足老人为个案，探讨身体被规训及反抗的可能。第三节"时尚：现代女性的身体表征"，结合近代以来时尚业及身体消费在中国的发展，以整容为个案，思考身体在权力话语下的述行及其自主性。

第五章结合新媒体兴起的时代背景，借助传播学视角，研究在新的社会背景下身份表演的维度。限于篇幅，主要立足于中国现状展开日常生活中的自我呈现。这部分结合当下网红、人设等媒体热点问题，以及更为复杂的"大妈""剩女""凤凰男"等与身份相关的热门词语来观照新媒体语境下中国当代人的身份焦虑及身份述行。

结语是全书第四部分，探讨述行理论对于文学和文化研究的推动意义，反思述行理论的局限，勾勒文化身份研究如何勾连历史、当下及未来，对中国述行理论、文化身份研究的发展及实践进行展望。

第一章 述行理论的范式变迁：
从语言到身份

伴随着语言哲学的范式变迁以及整个人文社科领域的语言学转向，20世纪60年代产生了述行理论，70年代述行理论开始跃出语言学范畴，率先影响到文学理论，随后影响到文化身份研究，经历了几次范式变迁之后，形成蔚为大观的述行理论范式。

第一节 语言哲学范式：述行的兴起

述行理论是随着语言学转向而兴起的。语言学转向肇始于哲学领域，并与西方整个哲学传统的变迁相关。西方哲学的理论关注点曾经经历了三大关键变化：一是在17世纪以前，"世界的本质是什么"是本体论关注的问题；二是在17世纪，"文化如何知道直接的本质"是认识论关注的焦点；三是在20世纪初，"我们如何表述世界的本质"成为语言论关注的核心问题。20世纪的语言学转向渊源复杂，就地域划分而言，以法国为代表的欧洲大陆哲学传统主要受索绪尔影响，英美哲学则更多受惠于维特根斯坦的分析哲学。

在语言学转向的潮流中，正是通过奥斯汀和述行性问题，法国"语言学转向"这条路线才遇到了英美语言哲学。正如李湛忞所分析的,"因为正是在'语言学转向'的温室环境中,跨学科、跨国家的思想流通和交流形成了如此看法:语言研究不仅仅把社会学和人文学完全不同的方法联系起来,而且还为一门新的文化政治学打下了基础,述行性问题使美国、英国、法国和德国的语言哲学方法相互接触,时有碰撞"①。语言学转向基于现代形式逻辑,以分析的方法来研究语言意义一度成为哲学家的首要任务,语言论转向促发的思维范式变迁影响到人文社科诸领域,因此引发了跨学科、跨地域的思维范式革命。

一 语言学转向:语言行为理论的兴起

"语言学转向"(Linguistic Turn)兴起于20世纪60年代,它彻底改变了以往人们对语言与世界关系的认识,即用如何表述世界来真正代替对世界本质的探讨。从语言学转向到述行理论兴起的大致线索为:从关注语言和世界的整体联系,到走向日常语言学,进而发展出言语行为理论。其中涉及几大关键人物:索绪尔、维特根斯坦、奥斯汀。所以语言转向经历了从维特根斯坦、语言哲学到语言行为论的这样一个历程。

推动语言论转向的两个关键人物是索绪尔和维特根斯坦。索绪尔反对语词和现成事物一一对应的关系,他认为语言和现实是从整体上相联系的,这种思考对后人的影响集中地反映在代表语言符号本身的"能指"和对应事物的"所指"这两个关键概念上,后来被广泛运用于人文学科领域。最先影响到20世纪60年代的结构人类学,很快便传播到文学、语言学和哲学研究之中,最终导致了文化研究、新历史主义和解构主义等当代文化分析形式的兴起。语言学转向的思维方式使结构主义者和后结构主义者、解构主义者和普遍

---

① [美]李湛忞:《全球化时代的文化分析》,杨彩霞译,译林出版社2008年版,第10页。

主义者、建构主义者和基础主义者的争论至少达成这种共识：语言对于社会和文化分析至关重要。①

维特根斯坦的影响主要来自他的后期著述。他在《哲学研究》中提出"意义即使用"，并指出语言的功能是反应而不是反映。另外，维特根斯坦还明确了词语是坐落在环境和形式中的，它的意义在于"生活形式"，而不是仅仅连接语词和所指。这意味着维特根斯坦充分认识到语言只有作为生活的一部分才能被理解。并且，一种语言有意义在于这种语言体现了我们对世界的理解，而不仅仅在于各个语词之间的联系和定义。维特根斯坦的这个观点深刻地指出了语言和现实间存在的深刻关联，而且这种关联是整体性的，并非几个词语之间的关联。因此在语言和现实的整体关系这一点上，维特根斯坦和索绪尔站到了一起，将推动人文社科诸领域的跨学科发展。学者陈嘉映指出，维特根斯坦关于自然理解的思想（反逻辑语言主义），"其意义远远超出狭义语言哲学的领域，是对西方哲学具有根本意义的转向"②。

所以，受到索绪尔和维特根斯坦的启发，哲学的主要工作开始由"认识事物本质"转向概念思辨，语言转向因此发生。语言哲学作为语言转向的重要产物，它探讨了两个主要问题：其一，语言和世界的关系；其二，语言或语词的意义问题。这个转向最大的意义首先是深刻揭示了语言与现实的整体关联，这让我们看到"语言意义"不是客观存在的，而是人为赋予的，因此语言哲学研究回归生活世界，开始研究人的赋义行为。沿着这条路线，奥斯汀发现了说话本身就是在做事的"言语行为论"，指出"动嘴"即"动手"，因此话语的意义取决于受话者的行为，出自发话者与受话者之间的言行互动。这样一来，语言就不再只是一个孤立的行为，而是在说

---

① ［美］李湛忞：《全球化时代的文化分析》，杨彩霞译，译林出版社2008年版，第4页。

② 陈嘉映：《语言哲学》，北京大学出版社2003年版，第212页。

话者、受话者以及现实之间形成了合力。王寅指出，奥斯汀此举"破除了结构主义把意义视为语言结构自身就有的观点，标志着语言哲学开始从注重语言的客体性转向重视语言的主体性以及主体间性"①。

总体而言，语言学转向与语言哲学及日常语言学派的兴起密切相关。狭义的语言哲学特指分析哲学传统的语言哲学，于19世纪末20世纪初从分析哲学的母体中诞生。分析哲学与现象学—解释学、实用主义一起并列为20世纪三大哲学传统。分析哲学运用现代形式逻辑分析语言，努力将该说的问题说清楚，于是建立了理想语言学派和日常语言学派。其中，日常语言学派的兴起在语言学转向中扮演了标志性的角色。它始于维特根斯坦后期提出的"语言游戏论"（Theory of Language Game）、"意义用法论"（Theory of Meaning-in-use），主要代表有奥斯汀、塞尔（J. R. Searle）、格莱斯（Herbert Paul Grice）、斯特劳森（Frederick Strawson）等。日常语言学派也称语言分析学派或日常语言分析学派，他们批评逻辑语言学派的高度形式化，并与后期维特根斯坦一样回到语言的"生活形式"，也就是在逻辑层面回到自然语言的分析。"第二次世界大战"后，日常语言学派进入了全盛时期。

奥斯汀是日常语言学派中牛津学派的代表，并且他进一步发展出言语行为理论，奥斯汀更愿意称之为"语言现象学"，它深入地探讨了语言的行动力。奥斯汀的整个哲学由语言现象学方法、言语行为理论和对传统哲学问题的语言分析组成，并且奥斯汀区分了语言现象学与语言分析的差别，他指出，语言现象学方法考察的是"什么时候我们会说什么话，在什么情况下我们会什么词"②，研究者杨玉成认为，这种考察"所注意的不仅是我们的话（或语词），它还关

---

① 王寅：《语言哲学研究：21世纪中国后语言哲学沉思录》，北京大学出版社2014年版，第31页。

② 转引自杨玉成《奥斯汀：语言现象学与哲学》，商务印书馆2002年版，第15页。

注说话的境况以及我们用语词意指的东西,即关注语言之外的实在或现象"①。所以,比起其他更重视语言问题的分析哲学家,奥斯汀更重视"实在问题"。他虽然也隶属于分析哲学领域,但是他的影响也遍及现象学、解释学传统。

二 奥斯汀:述行的语言维度

述行理论是言语行为理论的核心概念,它的发展和范式变迁经历了跨国、跨学科的转换。奥斯汀在哈佛大学举行威廉·詹姆斯讲座时,强调了述行性概念在哲学上的重要性。奥斯汀是从德国逻辑学家戈特利布·弗雷格(Gottlob Frege)那儿获取这种思想的,正是奥斯汀把弗雷格的著述译成了英文。法国语言学家埃米尔·本维尼斯特(Émile Benveniste)在法国罗伊芒特召开的一次会议上见到了奥斯汀,后来把奥斯汀的这些思想在法国进行传播。在法国,通过皮埃尔·布尔迪厄和雅克·德里达的著作,这些思想成为结构主义和后结构主义辩论的一个关键部分。在美国,奥斯汀的学生约翰·塞尔让言语行为理论成为完全成熟的理论。

在德国,哈贝马斯(Jürgen Habermas)利用这种理论创造了普遍语用学。同时,言语行为理论在文学研究和文化研究中成为热点,并激发了保罗·德曼、雅克·德里达、朱迪斯·巴特勒和斯拉沃热·齐泽克(Slavoj Žižek)等思想家。

在《如何以言行事》(*How to Do Things with Words*)一书中,奥斯汀系统阐述了述行概念。奥斯汀认为,语言可以分为两种话语形式,即述愿话语(Constative Utterance)和述行话语(Performative Utterance)。述愿话语用来判断真假,一般是陈述句的形式;而述行话语有合适(felicities)、不合适(infelicities)之分,一般是指通过语言达成某种行为。奥斯汀最广为人知的述行例子是婚礼。在

---

① 转引自杨玉成《奥斯汀:语言现象学与哲学》,商务印书馆 2002 年版,第 15 页。

婚礼上，牧师问到新郎新娘双方是否愿意结合，当新郎新娘都说"我愿意"（I do）时，从宗教的意义上说，他们就当众宣布正式结为夫妇。奥斯汀运用这个例子来阐释话语的行动性（doing），即语言不仅是有"说"的效力，并且说出的语言可能会导致一个行动的发生，产生实际的后果。

奥斯汀在进行了述行和述愿的区分之后，还根据"说话"与"做事"的关系来对言内语言行为（illocutionary）和言前语言行为（perlocutionary）进行了区分。他认为言内语言行为如光是说"射杀她"，这句话不一定有后果，只是一个陈述，也就是"说点什么"（saying something）；而言前语言行为则不同，比如"要求我射杀她"，这句话有强烈的宣示意味，意味着要"履行"（perform）某个动作。这样可以看出，言前语言行为是一种语效的判断，它表示说什么事即将发生，通常根据听者、说话者或其他人的意见感觉、想法以及行动会产生随之发生的效果。比如"让我站起来"是"以便进行检查"这样的句子所显示的，言前语言行为的效果可能由预先设计的意图所造成。①言内语言行为相当于说出某个具有具体意义的语句（包括含义和所指的语句）；言前语言行为则主要是做陈述、提疑问、下命令、发警告、做许诺，等等，它通过以话语施事的力量来说出某个语句。②

奥斯汀从多个角度阐释了述行话语的行动功能。"述行"（performative）的词源"perform"本就与行动相关，它是"action"的动词形式。所以从语法和意义上来看，述行话语除了执行"说"（saying）的功能以外，它也在执行一个动作。此外，述行话语还有另外一个重要特征，即参与性，比如当新娘新郎在婚礼上说"我愿意"这句话的时候，这表示"我不是在描述一个婚礼，而是参与其中"，③

---

① J. L. Austin, *How to Do Things with Words*, Oxford: Oxford University Press, 1980, p. 102.
② 参见杨玉成《奥斯汀：语言现象学与哲学》，商务印书馆2002年版，第81—82页。
③ J. L. Austin, *How to Do Things with Words*, Oxford: Oxford University Press, 1980, p. 6.

即说话人本人是在实施所表述的内容。同时，奥斯汀规定了述行的条件：第一要在一个合适的情境中；第二要附有确定的对话；第三是意愿通过语言能够被解释，即言说者与受话者都能明白。

在考虑述行话语履行行动的同时，奥斯汀也考虑述行的诸多不适用范围。比如奥斯汀本人曾论及法律问题，他认为述行必须依法行事（act in the law），① 只是没有就法律问题继续深入谈下去。J. O. 厄姆森（J. O. Urmson）补充到不能述行的范围包括言说者的意图没有被听者领会、听者没有去执行或者违反了相关法规等多种情形。② 此外，强制的述行以及非严肃的话语（即在舞台上和自言自语）也属无效范畴，因此奥斯汀明确把文学话语排除在述行语之外。在信息传达方面，表述时的语气及表情的不同都会对表达效果有所影响。这已涉及语言效力所仰赖的情境，即语言与世界的关系问题。奥斯汀晚年也表示述行和述愿之间并不存在根本的差别，述行与述愿之间存在很多交叉，二者的区别完全取决于语境。为了探讨话语的功能而将二者竭力区分很可能是无效行为。

尽管奥斯汀的区分可能有些武断，但在探讨语言和世界的关系方面，奥斯汀为后人提供了新的方向。李湛忞指出，"述行性似乎跨越了主体性和对象化的界限。如果语言不单是描述世界，而是可以创造世界，那么数学、逻辑和自然科学的一个基本前提就受到了侵犯：语言和语言所指对象的独立性，词语和现实之间的独立性。当词语创造了其所指时，人类便有了语言的魔力。在《旧约》开篇，上帝以为万物命名而创世。因此，难怪奥斯汀认为，如果他关于述行性的见解正确的话，那么从希腊时代以来的所有西方哲学都得重新思索"③。

---

① J. L. Austin, *How to Do Things with Words*, Oxford: Oxford University Press, 1980, p. 19.
② J. L. Austin, *How to Do Things with Words*, Oxford: Oxford University Press, 1980, p. 18.
③ [美]李湛忞：《全球化时代的文化分析》，杨彩霞译，译林出版社2008年版，第6页。

奥斯汀的激进主义与他同时代的维特根斯坦同声相应，维特根斯坦也就逻辑和数学的基础问题得出了重新思索西方哲学的结论。同时更与整个现象学思想体系相契合。首先，现象学家的思维框架建立在语言和现实之间，在这个框架中，奥斯汀探讨的语言行动力，打破了横亘在语言与现实之间的二元对立。美国学者苏珊娜·费尔曼（Shoshana Felman）在《文学言语行为：唐·璜和奥斯汀，或两种语言的诱惑》（The Literary Speech Act, Don Juan with J. L. Austin, or Seduction in Two Languages）中评价奥斯汀的述行理论有力打破了精神（mental）与肉体（physical）、物质（matter）与语言（language）等二元对立。① 其次，在现象学中，本质与对象是同一的，事实与本质之间是不可分割的关系，"意义是观念的统一体，不可分割，是说话的人和听话的人所意向的同一对象或同类对象所共有的性质"②。作为语言现象学家，奥斯汀关注的焦点便集中在意图如何在说话人与受话人之间传达，以及如何达到最终的交流目的。

述行理论的集大成者巴特勒对奥斯汀的语言述行理论作出了很高的评价。在关于《令人激动的言说》（Excitable Speech: A Politics of the Performative）的访谈《言语、种族和忧郁症：朱迪斯·巴特勒访谈》（On Speech, Race and Melancholia: An Interview with Judith Butler）中，巴特勒指出，区分言内语言行为和言前语言行为是奥斯汀最大的贡献，通过这种有力而清晰的区分，奥斯汀勾勒了语言权力统治的想象性图景。③ 借助"述行"这个概念，巴特勒将其与福柯的话语观念结合，深入探讨语言所拥有的巨大力量，巴特勒后来在著作《令人激动的言说》当中进一步指出，语言的暴力甚至能直接导致身体的伤害，进一步将"语言"与"世界"紧密相连。

---

① 参见 Judith Butle, *Excitable Speech: A Politics of the Performative*, New York: Poutledge, 1997, p. 11.
② 张首映：《西方二十世纪文论史》，北京大学出版社1999年版，第210页。
③ 参见 Vikki Bell, "On Speech, Race and Melancholia: An Interview with Judith Butler", *Theory, Culture & Society*, 1999, pp. 163-174.

奥斯汀的述行理论诞生以来，语言学界首先受到巨大影响，而哲学界对奥斯汀的评价工作要晚一些。如今，西方学者在语用学方面的著作几乎都要论及他的言语行为理论，而对语言交际理论的研究更是离不开奥斯汀。中国语言学界在 20 世纪 70 年代末就已经注意到奥斯汀，许国璋先生在《语言学译丛》第一辑（1979 年）就已摘译《如何以言行事》一书。① 我国语言学界和哲学界的言语行为理论研究也相当成熟，涂纪亮、陈嘉映等言语行为理论研究专家和学者著书立说，言语行为理论已经进入国内语言学相关教材及课程内容中。

奥斯汀的述行理论自诞生伊始，就一直遇到各方的批判与补充。在"以言行事"的追随者中，塞尔作出了重要的推进和补充。在塞尔这里，"意向性"这个奥斯汀阐述较少的概念显得尤为重要，并且也是语言学界对奥斯汀的重要修正。塞尔指出，语言的重要意义在于理解其意向性和规则，因为言语行为和意向性之间具有不可分割的关系。另外，一些批评者批判奥斯汀的语言述行仅仅关注纯语言层面，因为语言的权威是来自外部。如埃米尔·本维尼斯特就指出，言语的效力不过是制度的授权，它要仰仗外部的权威才能真正达成"行事"的功能，所以语言的效力不仅仅存在于"以言行事的表达式"或者话语本身。

关于语言的外部权威这一点，最重要的批评来自德里达，他认为，奥斯汀和塞尔对文化维度关注不够，并与塞尔发生了正面交锋。这些论争不仅让述行理论实现了从英美分析哲学传统到大陆哲学传统的转换，而且进一步走入了文学和文化研究。

三 德里达与塞尔的论争

乔纳森·卡勒指出，"在述行语的命运中，下一个关键时刻是随

---

① 参见杨玉成《奥斯汀：语言现象学与哲学》，商务印书馆 2002 年版，导论第 1 页注 1。

着雅克·德里达与奥斯汀的论争而到来的"①。德里达首先肯定了奥斯汀对语言具有行动性这一点的洞察。《在法的面前》(Before the Law)一文中，德里达借对卡夫卡《在法律门前》的批评，对奥斯汀的语言具有行动性的观点给予了很高的评价。卡夫卡《在法律门前》讲了一个门卫阻止乡下人进入法律之门的小故事，和卡夫卡的很多小说一样，在门卫和"法"的权威面前，乡下人终究没有达成自己的愿望。德里达指出，卡夫卡的这部小说非常直观地呈现出话语的效力："门实际上是开着的，门卫并不强行挡路，起作用的倒不如说是他的话语，其限度是不直接禁止，而是妨碍、延迟通行，抑制通行。"②

同时，作为解构旗手的德里达，在奥斯汀对述行话语和述愿话语的功能区分中，"读出了反仆为主，'边缘'置换成'中心'的解构主义策略"③。在1971年首发的《签名·事件·语境》(Signature Event Context)④一文中，德里达用"增补"(supplement)的概念来进一步阐释了如何在语言和行动关系的探讨中见出解构的策略。"增补"是在前人意符上的衍生物，18世纪法国哲学家孔狄亚克（étienne Bonnot de Condillac）在《人类知识起源论》⑤中探讨行动（act）和言词（word）之间的关系时，就曾论及语言是行动的增补，这无形中拔高了语言的地位，也在一定程度上展示了语言的行动功能。卢梭曾用"增补"表示"对一个已经完整的统一体的追加物，又表示对某种不足的补充"⑥。而德里达用这个术语来说明符码（code）与空白的辩

---

① ［美］乔纳森·卡勒：《文学理论入门》，李平译，译林出版社2003年版，第103页。
② ［法］雅克·德里达：《文学行动》，赵兴国等译，中国社会科学出版社1998年版，第138页。
③ 陆扬：《德里达与塞尔》，《哲学研究》2006年第11期。
④ Jacques Derriad, "Signature Event Context", In Jacques Derriad, *Margins of Philosophy*, tans. Alan Bass, Chicago: The University of Chicago Press, 1982.
⑤ ［法］孔狄亚克：《人类知识起源论》，洪丕柱译，商务印书馆1989年版。
⑥ ［法］雅克·德里达：《文学行动》，赵兴国等译，中国社会科学出版社1998年版，第43页。

证关系。符码运用"标记"(mark)表征自身,而标记一般能彰显符码的意义,但标记外存在大量空白,这些空白并不仅仅是意义的仆人,往往也能体现其意义,这种思路显然正符合解构思想瓦解传统哲学话语等级系统的需要。

然而,德里达也旗帜鲜明地批判了奥斯汀,他指出述行理论的局限主要体现在奥斯汀仅仅将语言行为看作交流活动,并且在判断语言行为价值时,其标准是根据每一个言语行为是否能够完成交流的目的。所以这种交流要求说话人和听话人的意向和意识均在场,而这种意向式的交流同时也意味着"一切都包裹在一个统一的意义里面,没有什么能够逃脱"①,因而,述行话语的实现必然仰赖语境,德里达由此表示"意义的产生不在于它的原生性的语境,相反在于它的可重复性"②。为了说明这一点,德里达举了著名的签名的例子:

> 签名的效果是这世界上最平常不过的东西。但是这些效果的可能性再一次同时也是它们的不可能性,即它们不可能达成纯而又纯的形态。即是说,为了发挥功能,为了取得合法性,签名必须有一个可予重复、再现和模仿的形式。它必须能够使自身同它生成时候在场的单一意向分离开来。正是这个同一性,在其身份和特性的转化之中,分裂了印鉴。③

"重复"(repetition)成为德里达用以批判奥斯汀的关键概念,德里达认为,普遍的可重复性是语言的重要规律,语言通过不断的复制让意义偏离了原文本,这样便建构了自己的身份。从这个角度而言,符号必须能在各种情况下被引用、被重复。此外,德里达用"重复"概念对增补进行了发展,他认为增补所表征的是一种平等互

---

① 转引自陆扬《德里达与塞尔》,《哲学研究》2006年第11期。
② 转引自陆扬《德里达与塞尔》,《哲学研究》2006年第11期。
③ 转引自陆扬《德里达与塞尔》,《哲学研究》2006年第11期。

补的关系，而重复是一种替换关系。例如签名，它既是重复的，也是个性化和唯一的。

与此同时，"重复"概念也是德里达对"引用"（citation）概念的发展。语言在重复和引用的过程中不断重新建构新身份，正说明了引用的失败。奥斯汀这里，他把交流活动中对他人的"引用"仅仅视为简单的重复，并假定了符号的天然独裁力量，认为合适的述行在法律的框架内总有实现的可能。所以在德里达看来，奥斯汀的述行过于依赖语境，从而假定了言说者的意图完全可以达到封闭传达的效果。在《签名·事件·语境》一文里，德里达对信息交流（communication）进行研究，指出虽然文本及语境限定了交流效果，但这并非决定性的。因为语言表达时的其他因素，如姿势语气等也会对交流效果产生影响。虽然在奥斯汀的著作中也有类似的条件限定，但言说者的意图表达要在理想化的封闭环境中才能达到被受话者完全领会的效果，这自然令述行变成了意图含义，这种理想化的交流境况难以完全付诸现实。德里达指出，"引用"是知识范畴从一个语境挪用到另一个语境，是一个符号费力从它前一种用法中逃离出来的过程，[1] 在知识范畴挪用的过程中，便改写了符号本来的意义，这样行动者（agent）在行动过程中就不断附加新的意义，并同时打上了自己的烙印。

现象学家胡塞尔关于言说的讨论也为德里达引用即失败的观点提供了佐证。在《逻辑研究》[2] 一书中，胡塞尔表明了标记可以在脱离指称的情况下行事：一是言说的客体是独立自足的在场，并且与言说者的意图及接受者的理解无关，比如说"蓝天"。二是所指是不在场的，比如数学符号；假命题，例如圆圈是方的；不合逻辑的语言，比如"绿色要么也是"（the green is either）等情况。德里达指出，这些在文本

---

[1] J. Jacques Derrida, *Limited Inc.*, trans. Jeffrey Mehlman and Samuel Weber, Evanston: Northwestern University Press, 1988, p.12.

[2] ［德］埃德蒙德·胡塞尔：《逻辑研究》，倪梁康译，商务印书馆2015年版。

中普遍存在的引用失败意在说明符码在脱离语境之后也是有效的。

但是，德里达的这番言论引起了言语行为哲学家的不满，塞尔在 1977 年《雕像》杂志上发表《重申差异：答复德里达》一文，首先指责德里达的观点。塞尔认为德里达曲解了奥斯汀，因为奥斯汀是立足于英美经验哲学的立场，他所用的述行语主要基于生活用语的考察，而德里达将其运用于文学语言等来验证奥斯汀的理论，这显然有失偏颇。塞尔反驳德里达："奥斯汀的意思不过是这样：如果我们想知道是什么促成了一个诺言或一个陈述，最好别从戏文中演员在舞台上的许诺，或小说中有关小说人物的陈述入手，因为显而易见，这类话语不是许诺和陈述的规范例子。"① 塞尔以许诺为例，严谨地规定了许诺的八个条件，舞台上的虚造许诺是以生活中许诺的条件性和可能性为基础的，"许诺这样一个言语行为之所以成为可能，是因为存在某种约定俗成的程序、某种可被重复的语式，而舞台上的许诺行为无疑正是这个程序语式的范型所在"②。塞尔认为，德里达颠倒了奥斯汀的论争顺序，将文学话语的重复性拿来作为攻击奥斯汀的靶子，这显然是不合适的。

德里达同年在《雕像》发表了长达 23 节的长文《有限公司 abc》来对塞尔作出回应，针对塞尔的争议和德里达自己的《签名·事件·语境》一文以从 d 到 z 录入来进行阐释。德里达显然不信任历史语境对意向性的维持，并且他在《签名·事件·语境》一文中曾经举尼采的例子：尼采在著书立说之时不可能意想到后来他的言论为纳粹所用。塞尔则在 1983 年在《纽约评论》上发表《被颠倒的词》一文，评论了乔纳森·卡勒的《论解构》，其实，塞尔借此评论再次针对德里达的言论作出批评，指责德里达思想混乱、表达不清。

他们的论争最终在《有限公司》（Limited Inc）一书第二版里呈现。塞尔站在分析哲学的立场排斥德里达的解构之维，严谨地探讨

---

① 转引自陆扬《德里达与塞尔》，《哲学研究》2006 年第 11 期。
② 转引自陆扬《德里达与塞尔》，《哲学研究》2006 年第 11 期。

奥斯汀对语境的限定，而德里达则运用解构的游戏手法，从逻辑和文字层面反驳奥斯汀和塞尔。学者陆扬指出，这场论争实际上也在某种程度上代表了哲学传统对德里达解构的态度。然而，出乎意料的是，这一事件所造成的直接后果是让德里达在文学理论界获得了越来越高的声望。至于背后的深层次原因，拉德姆（David Rudrum）指出，塞尔和德里达的论争所呈现的不只是二人观点的纷争，它背后其实表征了英美与欧洲大陆哲学的鸿沟，正是二者之间巨大的鸿沟让欧洲大陆哲学与文学理论之间建立了联盟。德里达与塞尔的论战结束两年之后，美国耶鲁学派在"1979"宣言里把德里达的著作称为文学批评的"崭新黎明"。[1]

毋庸置疑，这场论争以及德里达的理论在促进述行理论的范式转换中具有里程碑式的意义。乔纳森·卡勒本人在《论解构》中盛赞德里达对语境和重复的强调肯定了一个原则："在引用、重复和框架之中，它是一种新的改变示言外之力的语境特征。"[2] 德里达看到"意义为语境束缚，然语境却是无边无涯"[3]。在卡勒的另一部书《当代学术入门：文学理论》中，他评价了德里达对述行理论发展做出的历史性贡献，并认为德里达强调的"语言不仅传达信息，而且通过重复已经形成的推论实践，或行事方法而完成行为。从这个意义上讲，语言是述行的。这一点对述行语言后来的发展非常重要"[4]。这就是说，述行语本身携带的可重复的行动性，意味着它能够具有能够引发出某些新事物的创造力。

尤其对于后来述行理论的集大成者巴特勒而言，这种重复意味

---

[1] 参见陆扬《德里达与塞尔》，《哲学研究》2006 年第 11 期。
[2] ［美］乔纳森·卡勒：《论解构》，陆扬译，中国社会科学出版社 1998 年版，第 107 页。
[3] ［美］乔纳森·卡勒：《论解构》，陆扬译，中国社会科学出版社 1998 年版，第 107 页。
[4] ［美］乔纳森·卡勒：《当代学术入门：文学理论》，李平译，辽宁教育出版社 1998 年版，第 103 页。

着身份的塑造。并且巴特勒在奥斯汀和德里达的基础上进一步将述行理论运用于性别身份的考察:"奥斯汀感兴趣的是在一个单一的场合下重复某种规则怎样使某件事发生。对巴特勒来说,这是大规模的、强制性的重复中的一个特殊案例,这种重复创造了历史和社会的现实(你成为一个女人)。"① 所以沿着德里达批判的脚步,述行开始了向文学和文化身份研究转向的旅行。在他之后,保罗·德曼(Paul de Man)和希利斯·米勒(J. Hillis Miller)等进一步将解构主义和述行理论结合,形成系统的文学述行理论。

第二节 文学述行理论

经由德里达和塞尔的这一番论争之后,述行理论的影响跃出语言学和哲学领域。自20世纪70年代伊始,如卡勒所言,言语行为理论中的"言语行为""述行"等范畴已"使得"文学的意义和效果成为西方文学和文化理论中的重大议题,② 并且发展出诸多范式。文学述行理论成为新的文论和文学批评的视角,与艾布拉姆斯在《镜与灯:浪漫主义文论及批评传统》当中所提出的作家、读者、世界、文本四个维度发展出来的文学模仿说、表现说、实用说、客观说并列,开启了文学研究新路径。

一 文学述行的产生

文学述行理论虽然后来发展成为系统的理论,但身为述行理论创始人的奥斯汀却几乎把文学话语作为非日常话语,排除出了日常

---

① [美]乔纳森·卡勒:《当代学术入门:文学理论》,李平译,辽宁教育出版社1998年版,第110页。
② 参见王建香《当代西方文论中的文学述行理论》,中国广播电视出版社2009年版,陶东风序言第1页。

言语行为的阵营。在他看来，书面话语、签名和题词等由于不遵守日常言语行为的社会规约，从而失去了述行能力。因此，文学话语也只不过相当于"一幅喜马拉雅山的图片之于登山者"一样，它并非面对面的交流，而是延后的，所以不能算作言语行为。①

不过尽管奥斯汀否定文学话语的述行性，但他将语言与现实结合起来的思维框架启示后人思考文学话语的行动性，首先便是德里达与塞尔。如前文所述，德里达对奥斯汀的批判基于奥斯汀将文学话语视为无效述行，这一点成为德里达批判的逻辑起点。虽然塞尔批评德里达的逻辑起点歪曲了奥斯汀的观点，因为奥斯汀本来就否定了文学话语的述行性，塞尔通过这种方式来维护奥斯汀，但是塞尔也进一步修正了奥斯汀的述行理论在文学话语方面的缺陷，为述行理论的进一步拓展做出了贡献。

在奥斯汀的基础上，塞尔有诸多进展，其中对述行理论转向文学最关键的便是"间接言语行为"理论。间接言语行为指的是在日常生活中，言语交流的理想状态是受话者能根据说话者的字面意义准确领会说话者的意图并产生言外效果，但实际上言外行为比较多的是通过实施另一言语行为而得以间接实施。塞尔举的一个例子便是一个学生说："我们今晚看电影去吧！"另一个说："我得为考试做准备。"委婉地拒绝了，这种委婉拒绝的场景实际上在中国人恋爱分手、相亲等情境中并不鲜见。所以相对而言，塞尔的间接言语行为理论比奥斯汀的封闭式交流要更合理，它"将言语行为的功能意义与句法结构联系起来，将语句的字面意义与话语意义结合起来，将言语行为的直接意义和它的伦理意义或'行为指导意义'联系起来"② 了，并且塞尔将他的理论用于解释虚构话语和隐喻等修辞

---

① 参见王建香《当代西方文论中的文学述行理论》，中国广播电视出版社 2009 年版，第 25 页。
② 王建香：《当代西方文论中的文学述行理论》，中国广播电视出版社 2009 年版，第 33 页。

问题,这恰恰是奥斯汀感到困惑和回避的。

塞尔对文学话语述行性的探讨集中于"虚构话语"这一概念中。塞尔认为,对文学话语述行性的研究应该仅限于文学作品的虚构话语,小说式的虚构情境便是最典型的虚构话语,它"佯装"或者说"模仿"了一个言外行为来表达作者的言外意图。所以与奥斯汀彻底把文学话语排除在述行之外相比,塞尔迈出了研究文学话语的一步,但是他的研究对象只限于文学作品的虚构话语,而把其他的文学话语摒除,这不能不说是一个缺憾。并且和奥斯汀一样,塞尔依然认为文学话语地位要低于日常话语。他指出,虚构话语与日常话语地位不同,它只是日常话语的补充和对立面,与此同时,虚构话语与作家意图具有单向关联的关系,这使它的修辞效果"仍然摆脱不了它衍生的、第二阶的身份,文学仍然是现实或者'人类生活'的反映物"[①]。塞尔依然和他的导师奥斯汀一样执着于日常语言,忽略了文学语言的丰富性,以及文学语言与现实之间可能存在的丰富关联,令人遗憾地未能再前进一步。

但这种局限并不仅仅来自早期述行理论本身,在很大程度上,它也和当时文学理论的发展状况相关。在 20 世纪 70 年代之前,刚刚崭露头角的德里达式解构在英美哲学界声名狼藉,欧陆哲学也尚被强调整体的新黑格尔派把持,西方文学理论的大旗掌握在以结构主义为代表的形式主义和讲求细读文本的新批评手中。按照艾布拉姆斯对作家、读者、世界、文本的四元素分类,彼时学界对文学主旨的探求依然紧紧围绕"作家"与"文本"。所以,哪怕是塞尔对文学的关注也是"被动的而不是主动的,其思想主要是在回应一些文学理论和批评家并与他们不断争辩的过程中产生的"[②]。最著名的论

---

① 王建香:《当代西方文论中的文学述行理论》,中国广播电视出版社 2009 年版,第 36 页。
② 王建香:《当代西方文论中的文学述行理论》,中国广播电视出版社 2009 年版,第 33 页。

争自然是发生在他与德里达之间，此外还有《文学理论及其不满》(Literary Theory and Its Discontents)① 这篇文章与费什、纳普（Stephen Knapp）等人的论争。

文学述行理论就诞生在这样的背景下。美国学者理查德·奥曼（Richard Ohmann）在1971年发表的《言语行为和文学的定义》(Speech Acts and the Definition of Literature)② 是最早运用述行理论来讨论文学理论问题的论文。一般认为，文学述行理论形成一个具有标志性的事件是1975年由美国中西部现代语言协会（Midwest Modern Language Association）在芝加哥召开的"言语行为与文学"专题研讨会。会议论文发表在当年《中枢》(Centrum) 杂志第2期上，其中包括四篇重要的文章和一个长篇讨论稿。它们分别为费什的《言语行为理论、文学批评和〈科利奥兰纳斯〉》(Speech-Act Theory, Literary Criticism and Coriolanus)③，赫什（E. D. Hirsch）的《论言语行为理论的用途》(What's the Use of Speech-Act Theory?)④，斯坦曼（Martin Steinmann Jr.）的《言后行为和文学阐释》(Perlocutionary Acts and the Interpretation of Literature)⑤，此外还有芭芭拉·史密斯（Barbara Herrnstein Smith）的《行为、虚构作品和阐释伦理学》(Actions, Fictions and the Ethics of Interpretation)⑥。这几部作品立足于阐释学和读者批评的角度，探讨了将述行理论引入文学批评的可能，

---

① John R. Sealre, "Literary Theory and Its Discontents", *New Literary History*, Vol. 25, No. 3, Summer 1994, pp. 637 – 667.

② R. Ohmann, "Speech Acts and the Definition of Literature", *Philosophy and Rhetoric*, Vol. 4, No. 1, January 1971.

③ Stanley Fish, "Speech-Act Theory, Literary Criticism and Coriolanus", *Centrum*, 1975 (2), pp. 107 – 111.

④ E. D. Hirsch, "What's the Use of Speech-Act Theory?" *Centrum*, 1975 (2), pp. 121 – 124.

⑤ Martin Steinmann Jr., "Perlocutionary Acts and the Interpretation of Literature", *Centrum*, 1975 (2), pp. 112 – 116.

⑥ Barbara Herrnstein Smith, "Actions, Fictions and the Ethics of Interpretation", *Centrum*, 1975 (2), pp. 117 – 120.

因而对于文学理论的发展而言，便在作者意图外郑重地添加了读者之维。此外，普拉特（Mary Louis Pratt）的《走向文学话语中的言语行为理论》(Toward a Speech-Act Theory of Literary Discourse)[①]，真正将述行理论作为文学理论话语的一部分，是第一部将述行理论引入文论的专著。普拉特彻底抛弃了以往的述行理论将文学话语和日常话语对立的视角，并将文学定义为一种社会建制，明确提出"文学言语情境"理论，真正打开了文学与世界的关联。[②] 而在文学批评领域，苏珊娜·费尔曼较早将述行理论用于《唐·璜》研究，开了文学述行批评的先河，形成专著《文学言语行为：唐·璜和奥斯汀，或两种语言的诱惑》(The Literary Speech Act, Don Juan with J. L. Austin, or Seduction in Two Languages)。到了 2008 年出版的《剑桥文学批评史》第八卷（The Cambridge History of Literary Criticism, Vol. 8）中，[③] 第十二章"言语行为理论和文学研究"(Speech Act Theory and Literary Studies) 专门介绍文学述行理论。

在强调文本细读的新批评一统天下的局面之下，述行理论的提出对于文学理论的发展及范式转换具有划时代的意义。如学者陶东风指出："文学述行理论的提出，首先就是为了纠正形式主义和新批评无视文学意义生产的复杂机制之弊。……总之，文学述行理论回答文学意义生产时，强调作者、读者、文本和语境的共同作用，认为多重合作是文学话语成功述行的必要条件；在处理文学与现实关系上，文学述行理论强调两者之间的互文性关系。这些都体现了它比以往文学理论，尤其是比形式主义文论更具潜力和包容性的理论特征。"[④]

[①] Mary Louis Pratt, Toward a Speech-Act Theory of Literary Discourse, Bloomington: Indiana University Press, 1977.
[②] 王建香：《当代西方文论中的文学述行理论》，中国广播电视出版社 2009 年版，第 17 页。
[③] Raman Selden, The Cambridge History of Literary Criticism, Vol. 8: From Formalism to Poststructuralism, Cambridge University Press, 2008.
[④] 王建香：《当代西方文论中的文学述行理论》，中国广播电视出版社 2009 年版，陶东风序言第 2 页。

尽管奥斯汀把文学话语排除在述行语之外，但对于文学而言，对言语行为的述行维度进行阐释已经具有革命性的意义："至关重要的是，不同于认为语言的常态是对事实进行陈述的哲学模式，奥斯汀提供了对活跃且能产的语言功能的说明。"① 另外，尽管很多学者遗憾奥斯汀排除文学话语的举动，但有的学者如伊格尔顿则看到了这种排除行为对于文学的正面意义，他警醒我们去思考"文学"这个概念的界限在哪里，同时也让我们更为严肃审慎地斟酌文学文本。②

二 什么是文学述行

在文学的述行性得到肯定之后，厘清文学述行性的基本内涵便显得尤为重要。在奥斯汀最早的述行图景中，文学话语是在虚构的情境中说出来的，因而是"不认真"的，被归入"不合适"（infelicities）的言语行为之列，并不予以讨论。奥斯汀说："舞台上所说的施为言语，诗歌中所述的施为言语，戏剧中所说的施为言语，这些施为言语以独特的方式成为伪的或空的施为言语……上述情形中的言语以一种特殊的方式被不严肃地使用，但却是寄生于其正常使用方式之上。所有这些都被我们排除在考虑之外。我们所要讨论的施为言语，无论是否有效，都是在日常言语环境中被发出和被理解的。"③

所以要阐释文学的述行，首先要将被奥斯汀排除的文学话语纳入述行话语的阵营。对于文学研究者而言，如果暂且抛开奥斯汀划定的述行语边界，那么奥斯汀对述行话语的界定对于文学研究则有开创性的价值，他启发我们思考文学语言的生产性。如同卡勒所说，

---

① ［美］乔纳森·卡勒：《理论中的文学》，徐亮等译，华东师范大学出版社2019年版，第123页。
② ［英］伊格尔顿：《文学事件》，阴志科译，河南大学出版社2017年版，第150页。
③ 涂纪亮主编：《语言哲学名著选辑》，生活·读书·新知三联书店1988年版，第243页。

"不同于认为语言的常态是对事实进行陈述的哲学模式,奥斯汀提供了对活跃且能产的语言功能的说明"①。卡勒进一步指出,文学话语本身能述行地创造出它想要描述的东西,这主要体现在两个方面:其一,文学话语创造出了它所指涉的虚构人物和虚构事态,比如小说《尤利西斯》开篇创造的人物和情境;其二是文学话语创造出它们所铺陈的想法和概念,比如拉罗什·富科(Francois de La Roche Foucauld)所宣称的,文学作品中对浪漫和爱情的描述激发了现实生活中的模仿,这一观点如同王尔德(Oscar Wilde)所说的"生活模仿艺术"如出一辙,都展现了文学艺术对现实的强大干预力量。因而文学话语具有毋庸置疑的述行性,而当我们将述行概念用于文学话语时,便产生了两个直接的结果:其一,为文学提供辩护。尽管奥斯汀把文学语言排除在述行之外,但他把语言创造世界的功能置于语言用途的中心,这帮助我们把文学构想成行为,从此"文学不再由无关紧要的伪陈述组成,它在这样一些语言行为中占据一席之地,这些语言行为创造出它们所命名的东西"。② 其二,述行模式打开了文学话语与世界的关联。奥斯汀的述行模式打破了意义与说话者的意向之间的联系,说话者所施行的行为不完全依赖说话者自身的意向,还为社会约定和语言约定所规定,那么当我们把文学言语视为事件,作者的意向也不被认为能规定其意义,所以述行模式显得极具相关性,它将文学与现实的通道进一步打开。

要将文学话语纳入述行话语的范畴,还须厘清什么是文学话语中的言语行为。希利斯·米勒对此有清晰的界定:"文学言语行为可以指文学作品中表达的言语行为,譬如许诺、撒谎、借口、声明、祈求、原谅以及小说中由人物或叙述者所说、所写的其他言语行为。

---

① [美]乔纳森·卡勒:《理论中的文学》,徐亮等译,华东师范大学出版社2019年版,第123页。
② [美]乔纳森·卡勒:《理论中的文学》,徐亮等译,华东师范大学出版社2019年版,第124页。

也可以指作为整体的文学作品的可能的述行性维度。写小说也许就是一种以言行事的方式。"① 一般将文学的言语行为分为微观言语行为和宏观言语行为。微观言语行为是作者在作品内虚构的语境中让假定的叙述人和人物表达的言语行为，宏观言语行为是作者在作品外现实的创作语境中，通过他所创作的整个作品向假想的或实际的读者表达的言语行为。微观言语行为较易理解，基本局限于文本之内。而宏观言语行为则与作者意图相关，比如作者通过作品中的情节、人物想表达的意图。文学话语中的微观言语行为与宏观言语行为的主要区别在于，前者是虚构的言语行为，后者是现实的言语行为。宏观言语行为由一系列微观言语行为组成，并且宏观言语行为最终决定了文学言语行为的本质，如同荷兰学者范戴克（T. Van Dijk）指出的："文学不能与那些言语行为，如质疑、请求、命令、承诺等置于同一水平线上。与此有关，文学应属于一个概括性更强，层次更高的原则，即建构原则之内。"② 微观言语行为和宏观言语行为具有述行性的关键在于"虚构故事中的言语行为是虚构的，但对于虚构故事的构想以及对虚构故事的种种回应却是现实的。在这种作品外的作者与读者结成的应答关系中所发生的言语行为当然也是现实的"③。

巴赫金（Mikhial Bakhtin）则根据作品内外划界，区分了文学话语中的两类言语行为："人物的言语是参与作品内部所描绘的对话中，并不直接进入当代实际的意识形态对话里，亦不进入实际的言语交际中；而作品是作为一个整体参与到这一实际的言语交际之中，并在其中得到理解。"④ 根据作品内外划界，巴赫金将作品内人物的

---

① J. Hillis Miller, *Speech Act in Literature*, Stanford: Stanford University Press, 2001, p.1.
② 张瑜：《文学言语行为论研究》，学林出版社2009年版，第165页。
③ 王汶成：《作为言语行为的文学话语》，《文学评论》2016年第2期。
④ [俄] 巴赫金：《文本对话与人文》，白春仁等译，河北教育出版社1998年版，第320页。

言语行为置于虚构的艺术世界里,不能直接参与现实世界的交际;作者则生活在现实的世界里,通过作为一个整体的作品同读者展开实际的言语交际。这同时补充说明了文学言语行为是在作者与读者之间开展的,所以不管是否是虚构,文学作品必然涉及现实,因为它至少在现实中发生了两个行为:作者现实中的创作行为和读者现实中的解读行为。

卡勒也指出:"一首诗既是一个由文字组成的结构(文本),又是一个事件(诗人的一个行为、读者的一次经验,以及文学史上的一个事件)。"① 卡勒的论断比起其他将文学述行二分的行为,更强调文学作品本身是作者、读者、社会共同构成的文本。它首先是作者与读者实际从事的一个"行为"、完成的一个"事件",实行的是一个言语行为,因而这种言语行为与日常生活中的言语行为具有同样的现实性。另外,这种言语行为还具有更广泛的社会性,它参与并进而干预社会现实,它体现出的"言外之力"对社会现实的影响远远超过一般日常生活中的言语行为。如此一来,作品外的宏观言语行为又必须借助于作品内的微观言语行为才能得以实施,由此形成文本内外的互动。

不过,"微观、宏观"或者是"内、外"的划分毕竟是在二元对立的框架之内来考察文学话语,并未充分说明文学话语的生产性与能动性。相比之下,卡勒对文学述行性的考察在于文学言语创造它所指事态的功能,这基于将文学视为一个总体系统的基础上来阐明的。卡勒从两个主要方面说明了文学的述行性。首先,"述行语把曾经被认为是微不足道的一种语言用途——语言活跃的、可以创造世界的用途,这一点与文学语言非常相似——引上了中心舞台"②。最

---

① [美]乔纳森·卡勒:《当代学术入门:文学理论》,李平译,辽宁教育出版社1998年版,第117页。
② [美]乔纳森·卡勒:《当代学术入门:文学理论》,李平译,辽宁教育出版社1998年版,第101页。

显而易见的是，文学创造出角色和角色的行为，令作者和读者都把文学想象为行为或事件。另外，文学作品使思想、观念得以产生。卡勒认为："把文学作为述行语的看法为文学提供了一种辩护：文学不是轻浮、虚假的描述，而是在语言改变世界，及使其列举的事物得以存在的活动中占据自己的一席之地。"① 其次，至少在原则上，述行语打破了意义与说话人意图之间的必然联系，因而呈现的是言说者用言语就能够完成的行为，这个行为最终由社会的和语言学的程式所决定，而不是单纯由他自己所发出的意图所决定，这就像奥斯汀所描绘的承诺图景，如果在适当的条件下说了"我保证"，那就已经完成了保证的行为，而与言说者当时的意图无关。如此观之，既然文学言语也是事件，作者的意图就不能够决定文学事件的意义。

德里达则通过"重复"概念来彻底解构奥斯汀的恰当与不恰当的二元对立来树立文学话语的述行性。他指出，决定一个言语行为是否恰当并不在于这一行为是否具有现实性，而在于是否遵从了某个"可复述的模式"，这个"可复述的模式"的最完美的体现恰恰不是来自日常的言语行为中，而是来自文学性的戏剧表演中。"认真的施为句依赖于表演行为的可能性，因为施为句所依赖的可重复性明显地体现在表演行为之中"，"认真的施为句只是表演行为的一个特殊例子"。② 德里达这一观点激进地表示：虚构的戏剧表演中的言语行为不仅不是不认真不严肃的，反而成为日常生活中言语行为的标准和典范。学者王汶成指出，此举虽然过激，但至少说明了即使是虚构的言语行为也与现实中的言语行为具有同等重要的研究价值。

美国学者理查德·奥曼（Richard Ohmann）写于1971年的《言语行为和文学的定义》，首次将言语行为理论完全引入文论。在这篇

---

① [美]乔纳森·卡勒：《当代学术入门：文学理论》，李平译，辽宁教育出版社1998年版，第101页。

② 转引自涂靖《文学语用学纲要》，湖南人民出版社2005年版，第44—45页。

文章中，他明确将文学语言定义为"伪言语行为"（quasi-speech acts），即"文学摹仿言语行为，并以此创造人物，创造文学世界。而且这种摹仿是由作者和读者相互交流，通过言语行为这一媒介得以完成的"①。奥曼基本继承了奥斯汀的观点，认为文学话语缺乏言外效力，不能产生常规意义上的话语效果。另外，通过继承亚里士多德的摹仿论，他又指出文学话语是对日常话语的摹仿，并在摹仿中创造了文学的世界，而且还影响人们看待现实世界的态度。所以，文学话语虽然不是真正的言语行为，但具备了一些言语行为的效力。

中国学者王汶成对文学述行话语的界定是从作家创作层面及读者层面所涉及的文学话语效用来进行的。首先，就作者创作而言，作家的文学创作是按照现实中言语行为的规则去想象和设定的，因而，即便是在虚构的情境中，文学作品中人物的言语行为也同样符合情理逻辑，并发挥着实际的效力和作用。按照王汶成采用的文学述行话语的划分，文学话语中的宏观言语行为（以下简称"文学言语行为"）属于复杂的言语行为，"作者利用他创作的作品向读者表达的意图和实施的行为总是复合式的，因为作者是用作品向读者说话的，在这个过程中作者至少实施了两个行为，一个是创作了可供读者欣赏的作品文本，一个是通过作品文本表达了可供读者领会的某种情思"②。

而从读者层面讨论文学话语的述行性，主要依据是文学话语的效用。奥斯汀的言语行为环节由"以言表意的言内行为""以言行事的言外行为"和"以言取效的言后行为"三个环节合成，而言语行为的完成度最终取决于说话人的意图能否被受话者完全接受："这个程序必须被参与这个程序的所有方面的人正确而彻底地执行。"③ 所

---

① 王建香：《当代西方文论中的文学述行理论》，中国广播电视出版社2009年版，第36页。
② 王汶成：《作为言语行为的文学话语》，《文学评论》2016年第2期。
③ ［美］乔纳森·卡勒：《文学理论入门》，李平译，译林出版社2013年版，第117页。

以对于作家而言,"文学言语行为作为一种重要的社会交际行为,它的言后效力的充分发挥势必导致对社会现实的干预和重构"①。塞尔据此指出,言语行为理论的最大贡献并非发现了言语的行为性,而是发现了言语的建构性。基于这种建构性来理解语言与现实的关系的话,那么便会看到社会现实既是无情的客观存在,又是意向的主观建构,而在两者之间扮演着中介角色和起着联通作用的正是人行施的种种言语行为。② 由此观之,文学言语行为不仅能对读者的个人意识起作用,还能借助读者的回应起到创造和干预现实社会"集体意识"的作用。

文学述行理论所提出的基本问题,即文学是述行语这一论断促进我们思考这样一个复杂的问题:是什么使文学序列事件产生作用? 这个问题萦绕在 20 世纪诸多文学研究者的议题中。罗兰·巴特说"作家已死",作家在创作作品之后便失去了阐释作品的效力,而将阐释的重任全然交予读者;新批评的威廉·维姆萨特则认为,作者意图在传达与接受的过程中存在意图谬误和感受谬误。这些观点都将阐释的重任交给了读者,而不让作家来承担阐释的唯一重任。这些观点提醒我们注意文学并非闭环于文本之内,而是与现实发生着深刻关联。

所以文学述行理论的出现具有重要意义。基于奥斯汀对语言功能的说明,文学述行理论首先指出了文学话语同样具有活跃且能产的语言功能。另一个重要方面,文学述行理论把文学作为一个系统来看待,它指出文学话语同时将作家、读者及世界等几个维度都关联在一起。这打破了艾布拉姆斯的文学四要素划分,重新将四要素紧密联系。所以普拉特在西方首次专题研究文学言语行为的著作《走向文学话语中的言语行为理论》(*Toward a Speech-Act Theory of Literary Discourse*, 1977)中,开篇就说:"发展一种统一的话语理论,使得人们谈论文学的方式和谈论使用语言做成其他事情一样,

---

① 王汶成:《作为言语行为的文学话语》,《文学评论》2016 年第 2 期。
② 参见王汶成《作为言语行为的文学话语》,《文学评论》2016 年第 2 期。

不仅是有必要的，而且是可行的。"①

更为重要的，而且也和文化身份研究直接相关的，是当我们将文学话语视为述行话语时，我们对文学自身建构特征的阐明：在文学意义建构过程中，作者、文本、读者、语境等各要素都在进行互动，它创造出文本世界，并同时对现实世界产生影响。

三 米勒的文学述行

文学述行理论兴起于20世纪70年代，兴盛于80年代，随后与解构主义和文化研究联合，形成"述行"景观。20世纪70年代，从读者反应批评到解构主义文论，从奥曼、费什、德曼、普拉特、伊瑟尔（Wolfgang Iser）、米勒等一批理论家纷纷运用述行理论来开展文学研究，到90年代出现较多批评文本。因此在继索绪尔等人引发的语言论转向之后，文学述行理论成为吸纳语言哲学思想资源的重要文学理论潮流之一。作为批评方法，文学述行理论首先就是为了纠正形式主义和新批评过于纠结于文本，而无视文学意义生产的复杂机制。在解构主义等兴起，文学研究从"文学"之维扩大至"文化"之维后，文学述行理论思考文学生产机制的这些主张得到了更为广泛的认可。

美国文学批评家米勒是文学述行理论的集大成者，他在2001年的《文学中的言语行为》（*Speech Act in Literature*）②、2002年的《论文学》（*On Literature*）③ 和2005年的《文学作为行为：亨利·詹姆斯的言语行为》（*Literature as Conduct：Speech Acts in Henry James*）④ 这

---

① 王建香：《当代西方文论中的文学述行理论》，中国广播电视出版社2009年版，第12页。
② J. Hillis Miller, *Speech Act in Literature*, Stanford：Stanford University Press, 2001.
③ J. Hillis Miller, *On Literature*, London and New York：Routledge, 2002.
④ J. Hillis Miller, *Literature as Conduct：Speech Acts in Henry James*, New York：Fordham University Press, 2005.

几本著作中系统论述过文学述行。其中《文学中的言语行为》影响最为广泛。米勒是践行批评的理论家，经过新批评的系统训练，有深厚的文本阐释功底，他更多的文学述行理论观点通过具体的文学批评实践来建构，比如对德里达的阐释，对伍尔夫、普鲁斯特作品的批评，等等。

米勒经由新批评和解构主义走向了述行理论，所以对于新批评执着于文本本身的弊端看得透彻，作为解构批评"耶鲁四人帮"之一，他熟悉德里达，他的文学述行结合了解构主义与言语行为理论，更有效地将话语理论用于文学批评。米勒对文学述行有清晰的界定，并且指出了文学的述行机制。他认为，文学话语自身具有生产性特征，"如果将文学作品看作语言，那么这一语言不是反映某个先在的客观现实，而是在一个相对自我封闭的系统中创造了它自己的现实"[①]。文学创造现实首先借助于文学语言具有修辞性的本质，因而它能够通过述行言语凭借形象的语言符号置换存在于作家头脑中的非存在物，通过这种米勒称为"地形命名"（place-naming）的方式，文学语言在命名事物的过程中创造、改变或打造了文学形象。米勒在《皮格马利翁的各种版本》（*Versions of Pygmalion*）[②]中以皮格马利翁效应谈文学艺术的创造过程：皮格马利翁爱上了自己创造的完美女性雕像格拉蒂，维纳斯最终让格拉蒂活过来并成为皮格马利翁的妻子。所以米勒把文学作品的创作称为"活现法"，作者"将自己精神中的无意识欲望以及基于此欲望之上的梦幻转换成语言文字、组构成形象的过程，是将过去转换成现在，将无形转换为有形，将无生命的东西转换为有生命的东西的过程"[③]。在《文学中的言语行为理论》

[①] 王建香：《当代西方文论中的文学述行理论》，中国广播电视出版社2009年版，第70页注3。

[②] J. Hillis Miller, *Versions of Pygmalion*, Cambridge: Harvard University Press, 1991.

[③] 转引自王建香《当代西方文论中的文学述行理论》，中国广播电视出版社2009年版，第70—71页。

中，米勒进一步指出，文学的以言行事是通过将事物放进词语中完成的，话语的力量控制并创造了文学。正如本尼特·罗伊尔所指出的，文学文本具有自为性："文学文本不仅能够说而且能够做：它们在用语言做事情，并且是为我们做事情。"①

在坚定不移地宣称文学语言具有述行性之后，米勒进一步说明了言语行为的记述功能与述行功能是不可调和的："文本的行与文本的知彻底地不兼容，因此如果它做了某事，这件事总是比这原本的知似乎承诺的要多些或少些。"② 记述功能承载了言语行为"知"的层面，具体体现为对某物的描述和反映；"行"的层面由述行来承载，国内学者张进指出："文本承诺做的事与实际所表达的总是相互交织却又无法一致，文本言语这种记述功能与施为功能的关系正是意识和无意识关系的症候。"③ 这样，文本语言的不确定性便出现了，这带来的后果之一便是文学批评面对的就是永远无中心、无确定意义的文本。无确定意义的文本因为言语行为的记述功能与述行功能不可调和所造就，这表明文本既不受"作者"的掌控，亦不在"读者"的掌握之中，而是涌向多样的可能性。这让我们看到了言语的独立性："言语行为以一种令人不安的方式远离意识和意图。"④ 文学述行话语具有的独立性也意味着它本身的力量并非言说者或者作者一人给予，语言自治的力量要求作者、读者、批评家来共同参与述行这个过程。所以经由述行话语，米勒勾连起文学的创作、阅读、批评等环节，展示出文学的总体性：

> 言语行为理论揭示了语言的描述性、生产性以及二者之间关系的丰富内涵，语言不仅如实地再现事物，命名已经存在的

---

① 张进：《文学理论通论》，人民出版社 2014 年版，第 134 页。
② 张进：《文学理论通论》，人民出版社 2014 年版，第 135 页。
③ 张进：《文学理论通论》，人民出版社 2014 年版，第 136 页。
④ 张进：《文学理论通论》，人民出版社 2014 年版，第 136 页。

事物，而且可以创造事物，构造世界。以此言语行为，一个文学事件，都在通过"重复和引证先前的、具有权威性的一系列实践时聚集了权威的力量"，加入到一个更大的话语系统的运行当中了，真实地参与着社会、文化、意识形态的改造活动。①

米勒的文学述行从作家、作品和阅读批评三个维度清晰地阐述了文学述行的机制及其概念。这不仅令他成为文学述行理论的集大成者，也推动了文学述行理论的真正成型，为它的下一步发展奠定了坚实基础。在作家创作维度，作者的创作便是言语行为，比如说从小说人物的命名开始。米勒在《马塞尔·普鲁斯特》一文中，就指出普鲁斯特在《追忆似水年华》中对小说人物的命名也是文本内涵的重要组成部分。② 比如拉谢尔，这个名字标出了犹太人身份，她是德雷福斯的支持者。这个名字在《圣经》中是雅各最爱的妻子。而在作品维度，文学作品中的叙事者和人物以他们各自的言语行为行事。

在米勒文学述行的三个维度中，读者的阅读和批评处于核心地位，这也是整个文学述行理论的核心。在《剑桥文学批评史》第八卷中，文学述行理论这一章是放在了"以读者为导向的解释学理论"（Reader-oriented theories of interpretation）单元。在米勒看来，阅读调和了言语行为的记述功能与述行功能，在读者和批评家的角度真正实现了文本和现实的链接："阅读永远都兼具述行（performative）和认知（cognitive）的双重特性。鉴于此，对文学的、历史的、实际的和理论的研究，都应该关注阅读的述行特征。我的著作即是对阅读行为作为一种特定行为的记录。"③

为什么阅读和批评具有最强的述行性？米勒通过阐释德里达的

---

① 张进：《文学理论通论》，人民出版社2014年版，第137页。
② 参见[美]J. 希利斯·米勒《马塞尔·普鲁斯特》，苏擘译，载王逢振、周敏编《J. 希利斯·米勒文集》，中国社会科学出版社2016年版。
③ [美]J. 希利斯·米勒：《叙事的伦理》，万小磊译，载王逢振、周敏编《J. 希利斯·米勒文集》，中国社会科学出版社2016年版，第59页。

述异性（ilerability）概念来做了说明。如前所述，德里达的"重复"概念成为我们理解述行理论的密钥之一。在德里达的思想系统中，"重复"有时又被表述为"异述性"。"异述性"作为符号或者说"标记"的一个特征，它从被生产伊始，便自然携带了"标记"始作俑者自身的意图，即可重复性："这种力量、这种能力、这种可能性总是内镌于，因而作为可能性也必然内镌于标记的功能或功能结构中。"①另外，"标记"在重复的过程当中并非能够永远如初生般"纯洁"，在传播过程中会在话语当中打开一个裂缝，新的话语会在"标记"上打上印记，因此"标记"成为开放性的，不断延宕，被添加进新的意义。这便是一个不断生产述行话语的过程。由此观之，在文学阅读和批评活动中，经过批评家的阐释，文学意义不断被生产出来，此时文学话语的生产几乎与作家没有太大关联，相反是读者和批评家在起着重要的作用。由于时代的变化，米勒后期对文学述行的研究从文学拓展到了"媒介"，提出"媒介即作者"的著名观点，结合时代发展继续深入拓展着述行理论。

到米勒这里，西方的文学述行理论已经走过了三个阶段。第一个阶段是20世纪70年代初，以奥曼、塞尔、芭芭拉·史密斯和马丁·斯坦曼为代表，他们开始把述行理论运用于文学研究，但仍拘泥于文学模仿论和奥斯汀对文学话语的贬斥，仅仅将文学言语视为对日常话语的模仿而非生产。第二个阶段从70年代到80年代中期，以费什、普拉特为代表，他们开始将文学语言的地位提高到与日常语言一致，认可文学话语与现实世界的直接关联。从80年代起，以德里达、德曼和米勒等为代表，结合解构主义与述行理论，赋予了文学话语的意义和效果更多的不确定性，此举认可了文学话语强大的生产性，在这个生产系统中，读者和现实承担了重要的责任。②

---

① 转引自［美］J. 希利斯·米勒《什么是异述性（ilerability）?》，邓天中译，载王逢振、周敏编《J. 希利斯·米勒文集》，中国社会科学出版社2016年版，第97页。

② 参见张瑜《文学言语行为论研究》，学林出版社2009年版，第13页。

当然，米勒以及后来的文学述行将能动性赋予读者的举动也存在强制阐释的危险。同时，从奥斯汀到米勒，几乎对文学述行话语的分析和界定都是基于叙事文学，以小说尤其是现实主义小说为主，到目前为止，运用述行理论分析小说及叙事文学之外的文本都较为罕见。伊格尔顿就批判"言语行为理论立志成为独当一面的文学理论，但总体来说过分依赖现实主义小说作为案例"①。此外，文学述行理论的文本分析大多局限于语言范畴。还有批评家批评后来的文学述行研究，如米勒的研究已经不仅是面对言语行为，而是加入了过多的政治元素，同时夸大了文学话语的生产功能。②

　　不过瑕不掩瑜，而且文学述行理论对政治元素的重新考量对于文学研究有重要的开拓意义。进入21世纪，西方关于"文学死亡""文学理论死亡""文化研究式微"的论调不绝于耳，从文学到文化研究乃至整个人文学科都面临被唱衰的局面。但文学述行理论不仅在文学研究内部打开了文化操作的面具，重新整合了作家、作品、世界和读者四个文学研究与批评的维度，而且打开了文学研究与文化研究共通的理路。它对文学在实践维度的考察拓展了文学研究的方向，也为文化研究提供了重要启示，尤其是对文化身份考察具有重要的参照意义。

第三节　身份的述行

　　无论是在语言哲学还是在文学论域，述行理论都更为紧密地贯

---

① ［英］特里·伊格尔顿：《文学事件》，阴志科译，河南大学出版社2017年版，第172页。

② 参见 Steve Rendall and J. Hills Miller, "The Ethics of Reading: Kant, de Man, Eliot, Trollope and Benjamin", *Comparative Literature*, 1990, 42 (1); Robert Scholes, "The Pathos of Deconstruction", *A Forum on Fiction*, Vol. 22, No. 2, Winter 1989, pp. 223–227。

穿于语言与社会,当述行理论进入文化研究领域时,文学与现实的关联度进一步被打开,单独的述行行为被用以描述大规模的身份制造,并在文化身份研究中大放异彩。当前,文化身份研究的重镇在美国,许多文化理论的前沿问题都围绕身份和主体性问题展开,并通常以"身份政治"的形式出现。身份政治的关键概念即是"述行性",即话语产生了其所指。语言述行性已经被认定为文化述行性的模式,比如说,断定一个身份就产生了该身份,就像同性恋"公开同性恋身份"那样。这种认识与被誉为"性别研究女王"的巴特勒密切相关。因《性别麻烦:女性主义与身份的颠覆》声名鹊起的巴特勒首先将述行理论运用于性别研究领域,她将单独的述行行为用以描述大规模的身份制造:你如何成为一个女人,如何成为性少数群体。尽管巴特勒并非唯一一个将述行理论运用于文化身份研究的学者,但她系统地阐释与改造了述行理论,并扩大了述行理论的影响力,所以这部分主要阐释巴特勒的述行策略。

在巴特勒的手中经历了一系列理论范式改造之后,述行理论才成为一套行之有效的方法论。她的述行理论有三个关键点:首先,述行过程中只有行动者(agent),主体在述行过程中生成,主体是非先在的;其次,述行是由权力掌控的一系列重复行为,权力话语在其中进行分类与排斥,排除异质元素;最后,权力对述行过程并没有绝对的控制力,主体有充分的能动性,整个述行的过程也包括翻转与颠覆的可能。

一 述行:身份的言说

巴特勒之所以成为述行理论的集大成者,首先与其深厚的哲学修养相关。巴特勒学习哲学出身,在耶鲁获得哲学博士学位。她的研究涉及哲学、伦理学、政治、文学研究和电影研究等领域。迄今为止,已有专著及合著20余本,其作品被译为法语、德语、中文、土耳其语等十余种语言,在世界范围内广为传播。自1990年出版《性别麻烦:女性主义与身份的颠覆》后，巴特勒就被视为酷儿（queer）的先驱以及激进的后女性主义者，其学说在学院内外广为流传。南茜·弗雷泽（Nancy Fraser）指出，巴特勒受欢迎的主要原因在于，巴特勒的文章"让我们回想起社会理论中深奥而又重要的问题，却已经很久没有论及"①。

巴特勒对身份问题的探讨，根植于哲学中的主体与语言等传统问题，在对意大利学者皮埃保罗·安东内洛（Pierpaolo Antonello）的访谈中，巴特勒谈到自己运用理论的方式："我不想活在某种理论系统的阴影中，我想要去调动我所能找到的所有理论资源，比如以新的方式运用德国唯心主义理论资源来思考政治和文化实践。"② 身为犹太人，巴特勒最早的学院教育为少年时期在犹太教堂所学的课程。12岁那年，一位博士候选人问巴特勒长大以后的梦想是什么，巴特勒回答说："我想当哲学家或小丑。"③ 少年时期，巴特勒为躲避家庭纠纷，在家里地下室获得的第一本哲学著作是巴鲁赫·斯宾诺莎（Baruch de Spinoza）的《伦理学》。巴特勒大学时就读于本宁顿学院（Bennington College），因获得富布莱特奖学金（International Fulbright Science and Technology Award），前往德国海德堡大学师从汉斯-格奥尔格·伽达默尔（Hans-Georg Gadamer）学习德国唯心主义。据巴特勒回忆，在此期间她转回犹太哲学，同时开始系统学习德国哲学家：马克思、黑格尔、马丁·海德格尔（Martin Heidegger）和法兰克福学派，以及法国的莫里斯·梅洛-庞蒂（Maurice Merleau-Ponty）。回国后，巴特勒进入耶鲁成为研究生，开始系统研究黑格尔的思想。获得博士学位后，巴特勒前往卫斯理大学（Wes-

---

① ［美］南茜·弗雷泽：《异性恋、错误承认与资本主义：答朱迪思·巴特勒》，高静宇译，见［美］凯文·奥尔森编《伤害＋侮辱：争论中的再分配、承认和代表权》，高静宇译，上海人民出版社 2009 年版，第 57 页。

② Pierpaolo Antonello and Roberto Farneti, "Antigone's Claim: A Conversation With Judith Butler", *Theory & Event*, Vol. 12, No. 1, 2009.

③ 参见［美］朱迪斯·巴特勒《消解性别》，郭劼译，上海三联书店 2009 年版，第 239 页。

leyan University）做师资博士后，在此期间深入学习雅克·拉康、福柯和吉尔·德勒兹（Gilles Louis René Deleuze）等新一代法国哲学家的思想。①

可以看出，巴特勒深受欧洲大陆思想传统的影响。她的述行理论根植于哲学传统问题：人是如何立足于世界的，我们现有的位置又是如何获得？巴特勒在与维奇·贝尔（Vikki Bell）的访谈中，她谈道："阿尔都塞的询唤为我提供了主体在话语行为中被建构的场景，而奥斯汀为我提供了理解主体的言语行为的方式。"② 言语行为如何维持主体的存在以及存在的主体如何言说，这两个问题都是思想史和文学史的传统问题。

在古希腊的传统当中，语言乃是人存在的方式。按照亚里士多德的定义，人是社会动物以及能言说的存在，因为对于城邦之外的奴隶和野蛮人来说，丧失了言说的机能就丧失了一种生活方式。亚里士多德的"政治动物"（zōon politikon）最早被译为"社会动物"（animal socialis），因为在城邦中，所有公民主要关心的是彼此交谈，言说便在公民生活中获得了意义，并且唯有言说有意义。"成为政治的，生活在城邦中，意即任何事情都要取决于话语和说服，而不是取决于暴力和强迫。即使在古代相对晚期的时候，战争和言说的艺术（修辞）作为两种基本的政治教育科目，其发展仍然受到更古老的前城邦经验和传统的激励，并始终隶属于这个传统。"③ 所以回到古希腊传统，可以看到语言与存在之间水乳交融的关系："语言是人类此在的最高事件"④，人存在于语言的莽苍之境。

---

① 参见 Sara Salih, *Judith Butler*, London and New York: Routledge, 2002, p. 18。

② Vikki Bell, "On Speech, Race and Melancholia: An Interview with Judith Butler", *Theory, Culture & Society*, 1999, Vol. 16, No. 2, p. 165。

③ ［美］汉娜·阿伦特：《人的境况》，王寅丽译，上海人民出版社 2009 年版，第 1 页。

④ ［德］海德格尔：《荷尔德林诗的阐释》，孙周兴译，商务印书馆 2000 年版，第 43 页。

在《人的境况》中，通过分析索福克勒斯（Sophocles）作品中安提戈涅的语言行为，汉娜·阿伦特指出，存在与行动是合一的，"所有的人类活动都依赖于人们共同生活的事实，但只有行动在人类社会之外是无法想象的。只有行动是人独一无二的特权；野兽或神都不能行动，因为只有行动才完全依赖他人的持续在场"①。言说和行动同时发生并且同等重要，而与行动相比，思想却属于次要位置，"这一点首先不仅意味着真正的政治行动（就其处于暴力领域之外而言），要以言说来进行，而且更为根本的是，除了言说传达或交流的信息外，在恰当的时刻找到恰当的言辞本身就是行动。只有纯粹暴力才是沉默的"②。

海德格尔则在《诗·语言·思》中提出语言是存在的家，这是对存在之问的诗意解读。在《形而上学》中，海德格尔解读了《安提戈涅》的出场合唱诗："言词，命名，都是要把从要直接呼唤而涌入其在中去的敞开了的在者安顿下来并使其保持在老老实实，一清二楚的安定状态中。"③

但这样的诗意境地对于巴特勒来说终究过于忽略了权力的掌控。语言不是政治中立的存在物，语言也不仅仅是语言本身，通过语言说话的还是人，最终是人在说话："世界不说话，只有我们说话，惟有当我们用一个程式语言设计自己之后，世界才能引发或促使我们持有信念。"④ 与此同时，对于主体的塑造，语言具有双重的可能性："它可以用来主张关于人的一种真实而全面的普遍性，或者，它可以建制一个等级的体系，在其中只有一些人有资格言说，而其他人

---

① ［美］汉娜·阿伦特：《人的境况》，王寅丽译，上海人民出版社 2009 年版，第 14 页。
② ［美］汉娜·阿伦特：《人的境况》，王寅丽译，上海人民出版社 2009 年版，第 16 页。
③ ［德］海德格尔：《形而上学导论》，熊伟、王庆节译，商务印书馆 1996 年版，第 172 页。
④ ［美］理查·罗蒂：《偶然、反讽与团结》，徐文瑞译，商务印书馆 2005 年版，第 15 页。

由于被排除在普遍的观点之外,他们在'言说'的同时,也在瓦解着他们所说的言语的权威性。"① 因而,虽然古希腊的语言传统向巴特勒展示了人是言说的存在,但显然巴特勒对主体在权力当中的言说更感兴趣。

应当说,巴特勒对语言与主体关系的研究首先得益于 20 世纪由索绪尔引发的语言学转向,语言的巨大能量随之被逐步开发出来,学界对人与语言之间的讨论话题亦从"我在说话"变成了"话在说我"。而阿尔都塞的警察询唤故事为巴特勒探讨主体与语言的关系提供了最好的现场版本。阿尔都塞在《意识形态和意识形态国家机器(研究笔记)》里指出,我们认识到自己是主体是一个认可名字的过程:"是通过最基本的日常生活的时间仪式发挥功能的(握手、叫你的名字、知道你'有'自己的名字,哪怕我不知道这个名字是什么,这也意味着你被承认是一个独一无二的主体,等等)"②,阿尔都塞将这些认出主体的场景称为"询唤"。最广为人知的阿尔都塞式询唤来自警察,当警察对一个人说"嗨!叫你呢",只要被叫的人作出回应,哪怕仅仅转身,这也算是回应了警察的询唤:"就这样,仅仅做了个一百八十度的转身,他就变成了一个主体。"③ 巴特勒同样将主体的形成作为一个在特定历史和话语情境当中的过程,"言语"(speech)在此过程中起到建构主体的作用,主体存在于语言中,或者说主体是被言说的。

在阿尔都塞看来,询唤是意识形态生产主体的现场表演,此外,命名事物或者接受命名同样是意识形态作用于主体的方式之一。巴特勒也认可阿尔都塞这个观点,她认为话语的述行常常也表现为命

---

① [美]朱迪斯·巴特勒:《性别麻烦:女性主义与身份的颠覆》,宋素凤译,上海三联书店 2009 年版,第 158 页。
② [法]阿尔都塞:《意识形态和意识形态国家机器(研究笔记)》,孟登迎译,载陈越编《哲学与政治:阿尔都塞读本》,吉林人民出版社 2004 年版,第 363 页。
③ [法]阿尔都塞:《意识形态和意识形态国家机器(研究笔记)》,孟登迎译,载陈越编《哲学与政治:阿尔都塞读本》,吉林人民出版社 2004 年版,第 364—365 页。

名的行为，被称呼了一个名字，那么这个名字就与话语中某个部分相配套，因而占据了一个位置。譬如在《圣经》中，神说"要有光"，于是就有了光："在这里，通过一个主体或其意愿的力量，一个现象经由被命名而产生。"① 而对于拉康来说，命名是运用父系律法的方式，每个人在宗教洗礼仪式上获得名字，从宗教角度来说便加入了神的国度，与此同时也被父系家庭接纳。另外，被呼唤产生的这个"我"，便意味着被话语生产，虽然它不是自我的对立面，并能够完全剥离自我而自由生发，但是"我"一旦被呼唤，便得到了自我的授权，不管是否违背自我，但至少像斯皮瓦克（Gayatri C. Spivak）所说的，它成为与"自我"（me）"授权的背离"。正像在监狱等地方，一旦进入这个封闭的惩罚空间，便被剥夺名字并代之以代号。这其实是一个去个人化的行为，你的一部分自我随着名字的暂时搁置便随之消失，囚犯号码只赋予了囚犯这个集体身份。从这个角度来看，没有名字在某种程度上意味着身份的缺失。如同阿兰·巴迪欧（Alain Badiou）所说："我要寓居在我的名字里。"② 名字是人的存在之所。在日本动画大师宫崎骏的作品《千与千寻》里，寻找名字其实是寻找自我的寓言。名为"千寻"的少女为了解救被魔法变成猪的父母，便为汤婆婆工作，并被赋予"千"之名。在魔法世界之中，只有她自己记得最初名为"千寻"，她也必须记住原初的命名才能重回自己和父母现世的世界，名字在此便成了她的回归之路。

回应询唤与接受命名，在阿尔都塞看来都是为了能够自由地服从主体的诫命，接受臣服地位。你的任何回应，无论是承认还是误认，只要回应就占有了意识形态的主体位置。然而在巴特勒看来，

---

① ［美］朱迪斯·巴特勒：《身体之重：论"性别"的话语界限》，李钧鹏译，上海三联书店2011年版，导言第14页。
② ［法］阿兰·巴迪欧：《作为传记的哲学》，豆瓣网九月尠译文，http：//www.douban.com/group/topic/5379658/，2009年2月12日。

阿尔都塞仅将询唤视为单向度的设定，虽然阿尔都塞提出有不完全遵守意识形态的"坏主体"的可能，但并没有考虑不服从将会产生什么。巴特勒把警察的呼唤视为形成主体的情境，它还没有形成一个主体，充其量只是形成主体的司法和社会的关键条件。这个呼唤严格来说不是述行，只是述行的构成要素，它只是将个体引入主体的主体化地位。所以巴特勒说："名字是身份的场所，在这里身份进行着动态表演。"① 主体对命名的接受并非完全被动，它在接受命名之后还要进行相应的身份述行，主体固然无法摆脱意识形态的掌控，但也并非能够完全表达意识形态的意图。拉康就指出："命名构成了条约，在此处两个主体同时同意和承认了同样的客体"②，只有在客体与主体之间存在自恋关系的条件下，命名的言辞才能同一。如同拉康所指出的，被命名的身份是想象界身份，这种身份具备多重与短暂的特征，这组成了拉康自我的回路，但并没有形成象征界的主体。从这个角度看来，被询唤的主体也不具有稳固的身份。

在《身体之重：论"性别"的话语界限》中，巴特勒以美国女作家薇拉·凯瑟（Willa Cather）为例，来分析命名遭到挑战的可能性。在读大学时，凯瑟是个扮装者，不仅如此，她还将自己具有明确女性特征的"薇拉"（Willa）这个名字改为男性化的"威廉"（William），从名字和装扮上都摆出拒绝性别身份定位的姿态。在她的小说中，女主人公也会被冠以一些男性化的名字，比如汤米（Tommy）。所以在凯瑟这里，"称谓没有完全将它们本应获取女性气质和男性气质的角色性属化"③。巴特勒赞同齐泽克的分析，齐泽克认为命名来自象征界，如果试图以称谓固化身份，其实有很大的风险。而

---

① Judith Butler, *Bodies that Matter*, New York and London: Routledge, 1993, p. 143.

② Judith Butler, *Bodies that Matter*, New York and London: Routledge, 1993, p. 152.

③ [美]朱迪斯·巴特勒：《身体之重：论"性别"的话语界限》，李钧鹏译，上海三联书店2011年版，第129页。

一旦称谓本身失败，这就意味着象征界出现了危机，事物的称谓就显示出它逆向构筑所指的能力，能够借此机会重构自身："'身份'意符实际上在修辞上制造了它们所表征的社会运动。"① 后马克思主义者拉克劳（Ernesto Laclau）将齐泽克的这种理论称为"政治述行理论"。

巴特勒在《权力的精神生活：服从的理论》中又设想了另外一种情况："当名字不是一个专有名词而是一个社会的分类，并且因此成为一种可以被许多分歧和冲突的方法来解释的能指时，考虑一下这种询唤和误识的力量。"② 这个场景是集体化的命名，意味着权力更大规模的运作，通过命名区分了知识范畴，并作用于社会人群，造成直接的社会后果。诸如 LGBT 群体、艾滋病人等边缘人群用身体和生命来承担命名机制的效果。

所以巴特勒回到哲学传统，找到了言辞、命名与存在的深刻关联，又透过法国思想，勘察权力在命名中的运作。因而巴特勒的述行理论是从哲学根基上对述行理论的复述，也由此从根基上重构述行理论——一切从主体开始，真正回复到了身份的根源——身份事关主体性建构。

二　非先在的主体

与其他述行理论的建构者不同，巴特勒对语言述行理论最重要的修正是她坚持在行动之前没有先在的行动者。在《述行行为与性别建构：关于现象学和女性主义的随笔》③ 中，巴特勒批判现象学和行动哲学，指出它们将行为描述为由特定情境中的先在"行动者"

---

① ［美］朱迪斯·巴特勒：《身体之重：论"性别"的话语界限》，李钧鹏译，上海三联书店 2011 年版，第 208 页。
② ［美］朱迪斯·巴特勒：《权力的精神生活：服从的理论》，张生译，江苏人民出版社 2009 年版，第 90 页。
③ Judith Butler, "Performative Acts and Gender Constitution: An Essay in Phenomenology and Feminist Theory", *Theatre Journal*, Vol. 40, No. 4, Dec. 1988, pp. 519–531.

(agent)引起,由行动者的欲望引出他们的身体行为,比如说欲望一杯水才起身去端一杯水。此文发表十年后,巴特勒在与伦敦大学学者维奇·贝尔的访谈中谈到,实际上已经有不少女性主义前辈诸如麦金农(MacKinnon)、雷·兰顿(Ray Langton)和弗里德里希·肖尔(Frederick Schauer)等人注意到了奥斯汀,但他们依然认为是由主体来述行。巴特勒自认这是她与其他述行理论最大的不同,她坚持主体的非先在,在行动之前没有主体存在。①

否定先在的行动者也意味着巴特勒认为行动者是在行动当中被塑造,这表明行动者没有稳固的主体,并且主体同样是处在过程当中。她的述行策略将行动性推至极致,她通过行动性来质疑一切,最终质疑身份是始终如一的存有,巴特勒利用现象学的利器来反抗实在形而上学对"存有"(being)和"实在"(substance)的幻想,从而彰显身份的建构性。这样完成了对述行理论的第一次反叛:述行的行动者本身并非稳固的主体。

巴特勒首先将主体建构的观念用于批评第二波女性主义对于身份的认识。在巴特勒看来,性别是一个动名词(doing),它的动词性远胜名词性,性别由话语来持续进行制造(do),由于这个过程一直持续,所以性别便处于不断生成的状态,因而并非稳定的存在(being)。从这一点出发,并借助现象学的方法进行考察,不难发现性别是一系列假定,即"在性别表达的背后没有性别身份;身份是由被认为是它的结果的那些'表达',通过操演所建构的"②。在《性别麻烦:女性主义与身份的颠覆》中,巴特勒通过批判第二波女性主义来说明性别的建构。波伏娃在《第二性》中说:"一个人不是天生就是女人,而是变成女人。"巴特勒以及诸多后女性主义者都指出,波

---

① Vikki Bell, "On Speech, Race and Melancholia: An Interview with Judith Butler", *Theory, Culture & Society*, Vol. 16, No. 2, April 1999, pp. 163-174.
② [美]朱迪斯·巴特勒:《性别麻烦:女性主义与身份的颠覆》,宋素凤译,上海三联书店2009年版,第34页。

伏娃的这个表述背后还有潜台词,即她还是认为存在一个稳固的"女人"主体,这个主体就是最终"变成"的。与波伏娃不同,巴特勒始终坚持主体的建构性,她指出:"述行不是建立主体,而是为主体的出现提供临时条件。"① 巴特勒将这个作为主体的"女人"称为是对"律法之前"的主体的想象,这不是真正的主体,而只是权力话语的调用:

> 也许主体,和对一个时序上"之前"(before)的调用一样,都是被律法建构的,作为律法取得合法性的一个虚构基础。关于普遍存在的认为律法之前的主体具有本体完整性这样的假定,也许可以这样理解:它是自然本质的假设——亦即那构成古典自由主义司法结构的基础主义(foundationalist)神话——残留于当代的痕迹。对一个非历史的"之前"的一再操演调用,成为保证人的前社会本体的一个基础前提;而个人在自由意志下同意被统治,从而构成了社会契约的合法性。②

巴特勒通过谱系学的方式揭示了身份的建构性和主体的非稳固性,这样便产生了一个悖论:如果一切都是在流动当中,那么主体如何诞生,身份如何诞生?

通过谱系学的考察,巴特勒发现了一些知识范畴自然化的过程,这种自然化是靠"矩阵"(matrix)这个机制来进行的。矩阵首先具有分类(classifying)的功能,通过分类进行排除和等级化。矩阵的具体运转依靠强迫性的重复行为来进行。"重复"(repetition)作为巴特勒述行理论的关键词之一,它首先与建构的时序性相关。建构

---

① Judith Butle, *Bodies that Matter*, New York and London: Routledge, 1993, p.95.
② [美]朱迪斯·巴特勒:《性别麻烦:女性主义与身份的颠覆》,宋素凤译,上海三联书店2009年版,第3—4页。

不是单调的更迭，它是重复的行动所造成的空间性积淀，它"不应被阐释为等距离的不同'时刻'的简单更迭"①，正是因为重复，各种各样的身份都是积淀而成的动态产物。其次，建构具有限制性和约束性，它并不是随心所欲地建构或者丢弃，而是述行在权力话语的掌控下被迫重复规范。不少学者曾经批评巴特勒的性别建构论，认为她过于乐观地将性别建构论理解为性别可以自由地建构。1999年，《性别麻烦：女性主义与身份的颠覆》出版十年之后，巴特勒在再版序言和后来的著作《身体之重：论"性别"的话语界限》中多次澄清："流行的观点认为，述行是个人意向通过语言的有效表述。对此我无法苟同，相反，我将述行看成权力的某种特定模式，作为话语的权力。"② 正是在这个被迫重复的过程中，异质元素被排除。重复这个概念与黑格尔、精神分析及德里达都有一定关联。"根据黑格尔的说法，重复在历史中扮演着关键角色：当某件事只发生一次，它可以被视为意外，可用别的方式处理或可避免；但当同样的事件重复上演，它就是一个征兆：更深层的历史进程正在展开。"③ 德里达的重复概念在第一节当中已经讨论过，此外，重复也是精神分析的重要概念，"强迫性重复原则"和"移情现象"是精神分析疗法对人性的两个重大发现。"强迫性重复原则"指的是不断再现童年的创伤情境，即有童年心理发育缺陷的人，童年的创伤经历可能会伴随一生。每当他们在现实中再现与童年创伤相关的经历时，他们很难避免不自觉地以及强迫性地在心理层面退回到遭受挫折的心理发育阶段，于是便会重复童年时的痛苦情结。"移情现象"附属于"强迫

---

① ［美］朱迪斯·巴特勒：《身体之重：论"性别"的话语界限》，李钧鹏译，上海三联书店2011年版，导言第11页注。
② ［美］朱迪斯·巴特勒：《身体之重：论"性别"的话语界限》，李钧鹏译，上海三联书店2011年版，第184页。
③ Slavoj Žižek, "Shoplifters of the World Unite", *London Review of Books*, Vol. 33, No. 16, August 2011, 译文参考译言网王立秋《齐泽克：全世界的商店扒手们，联合起来——齐泽克论暴乱的意义》，http://article.yeeyan.org/view/205146/213608。

性重复原则",是对童年关系的重复。二者都通过重复的方式加强心理创伤,这是一个内在化(interiorition)的过程。"世界的某些特征,包括我们认识和失去的人们,的确成为自我的'内在'特征,但它们是通过那个内化的过程转化的,而那个内在世界——用克莱恩学派的说法——的建立,正是心理实行内化的结果。这表示完全可能有某种心理的操演理论在运作,需要我们作深入的研究。"[1]

在《令人激动的言说》里,巴特勒指出,在写完《性别麻烦:女性主义与身份的颠覆》后,她发现了矩阵与布尔迪厄的"习性"(habitus)之间的联系。作为根植于历史中的制度存在,与布尔迪厄作为生成性母体的"习性"极其相似。布尔迪厄的"习性"与巴特勒的述行在几个层面上存在内在关联。第一,两者都有系统的生产机制,这个机制都作为生成性的母体来履行职能。布尔迪厄的习性是"各种既持久存在而又可变更的性情倾向的一套系统,它通过将过去的各种经验结合在一起的方式,每时每刻都作为各种知觉、评判和行动的母体发挥其作用,从而有可能完成无限复杂多样的任务"[2]。第二,两者都是分类系统,并且通过微观权力来运作。布尔迪厄本来就是用"习性"来指称不同的社会集团划分这个世界、看待这个世界的方式,被划分出来的群体寄居于一个特定的文化空间。第三,都通过权力的运作将这个分类过程自然化了。对于巴特勒,这个自然化的过程通过不断的重复形成。而对布尔迪厄而言,习性本身是一个文化框架,人们的知觉、思想、品位等都由习性塑造成并经由经验习得,而且统治阶级的权力通过学校教育等方式把那些被视为有见识和有价值的成就类型合法化,同时将工人阶级学生的习性特征作为失败的证据加以贬斥,在这个布尔迪厄称为"符号暴

---

[1] [美]朱迪斯·巴特勒:《性别麻烦:女性主义与身份的颠覆》序(1999),宋素凤译,上海三联书店2009年版,第9页。
[2] [美]华康德、[法]布尔迪厄:《实践与反思:反思社会学导引》,李猛、李康译,中央编译出版社1998年版,第19页。

力"的过程中形成了一个不合理的认知框架。第四，这是一个双向的系统，被生产的主体担负着生产与被生产的双重作用，布尔迪厄认为，在习性的框架中，行动的主体"行动者"（agent）"通过有意无意地致力于再生产，以惯习的方式将特定的结构性必要条件内在化了，成为积极主动的生产者。在这些行动者的合作下，结构的这种自我再生产趋向才能得以实现"①。对巴特勒来说，矩阵的重复运作固然可进行高效的重复生产，但并非铁板一块。"依照杰奎琳·罗斯的说法，如果能揭露'身份认同'是幻想的，那么就一定有可能演绎一种展现其幻想结构的认同。"② 这也就是说，重复其实也蕴含着转换的可能，因为重复有可能会造成颠覆的后果。这种可能就是我们接下来将要讨论的内容。

三 希望的主体

巴特勒的述行理论深入哲学层面质疑身份的合法性，最终彻底解构和颠覆了身份。她首先借用了现象学的行动性来质疑身份的实存，提出身份的生成性及过程性。巴特勒认为，身份乃是在行动当中生成的历史偶然性产物，并非永远不变的实体。在此基础上，她利用谱系学进一步质疑：既然身份是虚妄的建构体，那么虚妄的身份之后自然不存在身份的主体，否则主体将无所归依，所以主体同样是生成的，主体也非稳固的实存。不过，尽管巴特勒反对主体的先在性和稳固性，但她不否认主体的存在，她只是极力强调主体的过程性本身。与此同时，巴特勒坚持主体的能动性：在生产身份的系统中，主体并非是被生产出来的产物，主体在身份生产系统中从未彻底丧失其能动性，它随时具备颠覆的可能。

---

① ［美］华康德、［法］布尔迪厄：《实践与反思：反思社会学导引》，李猛、李康译，中央编译出版社1998年版，第171页。
② ［美］朱迪斯·巴特勒：《性别麻烦：女性主义与身份的颠覆》，宋素凤译，上海三联书店2009年版，第43页。

借用黑格尔的主奴辩证法，巴特勒阐释了主体从被动到能动的转换之道。巴特勒是新黑格尔主义的拥趸，黑格尔的主奴辩证法被新黑格尔主义者重视。主奴辩证法本身包含转换的内核，因为主人与奴隶之间的关系是相互依存，并非一方完全依附于另外一方。表面上看，主人与奴隶的地位高下立见，但是虽然主人是自为的存在，然而主人地位凸显的前提却是奴隶的承认，只有奴隶的承认才能确保主人的身份。当然，奴隶必须依赖于主人才能生存。黑格尔几乎认为主奴关系是生死相依的，因为他们之间的相互依赖已经到了主体宁愿依赖空无也不可无所凭依的地步。按照主奴辩证法，主人并不是真正的人，因为主奴之间的关系一直因欲望在变化，主人得到奴隶是主人生涯的必经阶段，但这并不是最终阶段，"这甚至是一条绝路：他永远不会因为得到承认而'满足'，因为只有奴隶承认他"①，也就是说，如果奴隶永远只是奴隶，而不是真正的人，主人的欲望就不能被满足，因为奴隶的身份不能完全满足主人的欲望。只有在奴隶的身份发生转化，在他成为历史的人、真正的人之后，主人希求承认的欲望才能得到最终的满足。而这个时候，奴隶的身份也面临新的转换：已经成为人的奴隶还会是奴隶吗？所以主体是欲望的主体，而最强烈的欲望是承认的欲望，正是这个欲望推动着历史进步。

巴特勒在黑格尔主奴辩证法的基础上更进一步，她将生命视为一场辩证的运动，巴特勒宣称："哪里有运动，哪里有生命，哪里有事件在这个世界上发生，辩证法就在那里运转。"② 对巴特勒而言，在黑格尔走向绝对知识的精神旅途中，主奴辩证法是助其滚动的车轮，这个历程重复而开放。在《欲望的主体》一书中，巴特勒将这

---

① [法]科耶夫：《黑格尔导读》，姜志辉译，译林出版社 2005 年版，第 57 页。
② Judith Butler, "The Nothing that Is: Wallace Stevens's Hegelian Affinities", in Bainard Cowan and Joseph G. Kronick, eds., *Theorizing American Literature: Hegel, the Sign, and History*, Baton Rouge and London: Louisiana State University Press, 1991, p. 282.

个历程比喻为卡通人物"脱线先生"(Mr Magoo)①:"就像星期天早晨卡通节目中反弹力惊人的角色,黑格尔的主人公总是重组自身准备卷土重来,用新的存在论洞见武装自身进入下一个阶段——然后再次失败。"② 处于这个历程当中的主体,虽然他最后除了自身的体验什么也没有,但仍不屈地行动,成为悲壮的希望的主体。

为何看似总是失败的行动主体能够成为希望的主体?学者安吉拉·麦克罗比(Angela McRobbie)指出:"在巴特勒的著述中,冲突和麻烦总是神出鬼没地出现,使权力不能很好地发挥作用,以此确保社会关系的持久性。"③ 因为权力并非单向作用,一直处于行动中的主体也无形中形成了来自四面八方让权力难以捉摸的反抗力,所以主体的能动性并不是完全在权力的重压之下无法实施,如此一来,行动中的主体便产生两个结果:一是主体的存在取决于情境,它无法完全掌控自我;二是行动中的主体无固定实存,它是一个破碎不稳定的存在,所以情境也失去了完全控制主体的不可能性。随之而来的便是,处于关系网中的主体无法完全独立,它左奔右突、不断生成,但另一个后果是主体正因为处于不断的运动中,因而具备颠覆的可能。这种观点启发了女性主义的发展,巴特勒后来在《性别麻烦:女性主义与身份的颠覆》和《身体之重:论"性别"的话语界限》中进行了详尽的阐述。同时,和破坏相比,巴特勒更为看重的是建构和转换的可能:

> 主体只能通过对自身的一种重复或重新表达,保持为一个主体,而且,这种主体为了一致性对重复的依靠也许建构了那种主体

---

① Quincy Magoo,美国 UPA 动画公司 1949 年出品的动画中的卡通人物形象,一个近视的退休富翁遭遇各种险境,但总能化险为夷。
② Judith Butler, *Subjects of Desire: Heglian Reflections in Twentieth-Century France*, New York: Columbia University Press, 1987, p. 21.
③ [英]安吉拉·麦克罗比:《文化研究的用途》,李庆本译,北京大学出版社 2008 年版,第 159 页。

的不一致性和它的不完全的特征。因而，这种重复，或者更准确地说，重复性成为进行颠覆的"无地之地"，成为对主体化的规范的重新表达的可能性，而这一规范可能会修改它的规范性的方向。①

因而，在巴特勒改写的询唤故事中，引用和命名存在结构性的失败。主体的同一性难以最终达成，因而产生再赋义（re-signification）的可能。巴特勒的这个概念又再次赋予索绪尔的"所指"概念以极强的主动性。在此之前，德里达的延异和拉康的能指链是对索绪尔的巨大修正，意义在能指当中无限延宕滑动，迟迟达不到所指，衍生出诸多含义，德里达和拉康此举已经赋予能指一定的颠覆性。而巴特勒的"再赋义"令所指直接具有生产性，这是一种特殊的以子之矛陷子之盾的反抗方式："仅仅是通过占有那个有害的术语，并被它占有，我才能抵制和反对它，重新改造那个把我建构为我所反对的权力的权力。"②

颠覆与反建构的例子在不断制造疆界的大众文化中并不鲜见。以"酷儿"（queer）理论及其运动的兴起为例，"酷儿"一词本来在16世纪就已出现，当时主要用于表达奇怪和不合规范等含义。但是到了20世纪中叶，这个词开始被用来指代性少数群体，他们与传统性别规范有异。当性少数群体自身开始使用这个称呼的时候，它诞生之初所具有的"怪异"这样的贬义性含义已经在使用过程中被改写。在中文语境中，它被译为"酷儿"，由当下的流行词汇"酷"衍生而来，更令这个称呼具有先锋的味道。另外，在纳粹集中营里，衣服上的粉红色三角标志是男同性恋的标记。权力的强制性使这一符号的使用饱含暴力和屈辱，然而，当LGBT团体主动来使用这一

---

① ［美］朱迪斯·巴特勒：《权力的精神生活：服从的理论》，张生译，江苏人民出版社2009年版，第93页。
② ［美］朱迪斯·巴特勒：《权力的精神生活：服从的理论》，张生译，江苏人民出版社2009年版，第98页。

标记时，这一符号便代表着他们的反抗和骄傲，并抛弃了原本被动接受时的屈辱意涵。在接受比利时 Bang Bang 电台采访时，巴特勒指出，酷儿般的再赋义是一种有力的反抗方式。身份本身是一个不断建构和反建构的过程，获得一个身份不是终点，酷儿就展现了一种不断诘问身份的勇敢姿态。

由此可见，在解构了主体之后，巴特勒的述行理论进一步揭示了身份认同的幻想：没有稳固的主体，没有实在的主体，身份是意识形态的建构。同时她还提请我们注意，身份的建构并非一劳永逸，反抗和颠覆随时可能发生："没有一个政治立场是纯粹而没有权力渗入的，也许就是因为这样的不纯粹性，才能产生具有打破、颠覆管控机制潜能的能动性。"①

综上所述，在德里达对奥斯汀语言述行理论加强与扩充权力维度的基础上，巴特勒将意识形态掌控下的语言行动性作为她述行理论的核心。述行言语的本质是在行动，巴特勒的分析不仅将文学作品中的人物视为行动者，他们不停地行动并做出改变，而且让"行动者"成为展现身份建构的关键概念。巴特勒思考身份主体建构的起点来自奥斯汀的语言述行行为，而阿尔都塞的询唤场景为巴特勒提供了思考意识形态作用的框架。此外，巴特勒对述行生产机制的构建既与布尔迪厄同声相应，又显然受到福柯的权力观与生产观的影响。得益于深厚的哲学素养及深入的思考，巴特勒回归到主体及言说的传统哲学问题，重构述行理论框架，令述行理论具有了自身更为清晰的话语体系，并得以与身份问题对接。巴特勒的理论从性别视角出发，后期转向更为广阔的左翼思想，还涉及犹太问题、美国的大国霸权等问题，扩展到更为宽广的身份建构，因此成为述行理论当仁不让的集大成者。

在文化身份研究领域，除了巴特勒，塞奇维克（Eve Kosofsky

---

① ［美］朱迪斯·巴特勒：《性别麻烦：女性主义与身份的颠覆》序（1999），宋素凤译，上海三联书店 2009 年版，第 20 页。

Sedgwick)① 的理论也广受关注,但她的研究主要集中于酷儿理论。布尔迪厄则对阶级述行有系统研究,在本书第三章第二节将会专门论述。总体而言,述行理论的影响早已跨越学科和地理的边界。在语言学领域,直接使语用学成为显学,并产生"文学语用学"的分支。荷兰学者范戴克在《语言语用学和文学》(*Pragmatics and Language and literature*)一书中提出了"文学语用学"的概念,北欧语言学家投入该领域,1987年,芬兰科学院设立了语用学专门研究项目。在哲学领域,法国的保罗·利科(Paul Ricœur)和利奥塔(Jean-Francois Lyotard)等哲学家运用述行理论构建自己的学说体系。德国哲学家哈贝马斯的交往行为理论也与述行理论相关。述行理论甚至影响到经济学等诸领域,体现出强大的生命力。尽管述行理论也有自身不可避免的局限性,这个问题在第二章第三节会深入探讨,但它打破语言与现实边界的思维范式是20世纪语言转向以来最为重要的思想成果,比起理论本身,这种思维范式的转换对于我们深入思考人类的存在与表述方式有着更为积极的意义。所以述行理论后来得以在文化研究领域大放异彩,这与它的思维范式有着根本性关联。

---

① 美国学者,著有《触感:情感、教育与述行》(*Touching Feeling: Affect, Pedagogy, Performativity*),编有《述行性和表演》(*Performativity and Performance*)等相关著作,生前开设有"酷儿述行"(Queer Performativity)等课程。

第二章 述行与身份策略

述行理论与文化身份的一个重要交叉点在于"行动性"这个在述行理论和文化身份领域都较为关键的概念。① 述行理论由"言"引出"行",文化身份则处于不断变化的多元建构当中,也同样充满了"行动性"。今天,由于社会经济模式的变化,社会矛盾聚焦点也随之发生改变,随着社会结构内在变化,身份的不确定尤为明显和频繁。台湾大学的石之瑜教授认为,由于文化研究的对象具有当代的流动性,身份是其中最为重要的因素,所以它迟早会成为政治学的次领域。身份问题在当代之所以重要,是因为它处于危机之中:"我是谁?"这一问题在今天面临着更为复杂、更为宽泛的边界。不过,身份所面临的不确定危机,却也是身份重构的契机。在文化研究领域,今天已形成身份建构的共识,本质主义的身份观被重新审视,由此也带来一系列新的问题。而这些问题,在述行理论的框架下进行观照,或许能得到重要的启示。

第一节 身份的兴起

要思考述行理论与文化身份之间的内在及外在关联,有必要厘

---

① 参见 Loxery James, *Performativity*, Abingdon: Routledge, 2007, p. 3。

清身份究竟是什么以及身份话题兴起的语境。身份问题在20世纪90年代成为社会科学领域中一致的主题，身份问题兴起的现实语境是全球化及资本主义发展等问题，而理论语境则与哲学语境同一性的幻灭息息相关，由于外在和内在环境的变化共同促成了身份问题的兴起，这些因素共同导致身份危机，也引发文化身份的重构，时至今日没有任何迹象表明身份问题的衰退。

一　身份的兴起语境

身份问题的兴起有复杂的语境，"一方面是现代性和后现代性兴起导致的同一性幻灭，另一方面是全球化和资本主义高度发展的语境中身份的漂移所导致的身份焦虑。在这样的语境下，也形成了后来身份研究的两大话语范式的变化：消解身份与寻求认同"①。

（一）外在环境的变化：全球化与时空压缩

在世界生产方式和新经济模式的变化下，人员的流动与身份的变迁成为新的现象。"全球化"（globalization）一词最早是由泰奥多尔·莱维（Theodre Levitt）于1985年提出的，他在《哈佛商报》上一篇题为《谈市场的全球化》的文章中，用全球化这个词来描述此前二十年间世界经济发生的巨大变化，即资本、技术和商品消费等在全球范围的扩散，突破了民族国家的疆界，此后"全球化"一词迅速扩展到经济以外的诸多领域。② 罗兰·罗伯逊（Roland Robertson）对全球化的简单定义是："作为一个概念，全球化既指世界的压缩，又指认为世界是一个整体的意识的增强。"③

---

① ［英］阿雷恩·鲍尔德温等：《文化研究导论》，陶东风等译，高等教育出版社2004年版，第231页。
② 参见任裕海《全球化、身份认同与超文化能力》，南京大学出版社2015年版，第131页。
③ 参见任裕海《全球化、身份认同与超文化能力》，南京大学出版社2015年版，第132页。

造成全球化的原因首先与经济生产方式相关。马克思早在150年前就说，大工业首次开创了世界历史，随着这一历史进程的推进，必将形成一种世界的文化，狭隘的、地域化的个人将为世界历史性的、真正普遍的个人所代替：

> 资产阶级，由于开拓了世界市场，使一切国家的生产和消费都成为世界性的了。使反动派大为惋惜的是，资产阶级挖掉了工业脚下的民族基础。古老的民族工业被消灭了，并且每天都还在被消灭。它们被新的工业排挤掉了，新的工业的建立已经成为一切文明民族的生命攸关的问题；这些工业所加工的，已经不是本地的原料，而是来自极其遥远的地区的原料；它们的产品不仅供本国消费，而且同时供世界各地消费。旧的、靠本国产品来满足的需要，被新的、要靠极其遥远的国家和地带的产品来满足的需要所代替了。过去那种地方的和民族的自给自足和闭关自守状态，被各民族的各方面的互相往来和各方面的互相依赖所代替了。物质的生产是如此，精神的生产也是如此。各民族的精神产品成了公共的财产。民族的片面性和局限性日益成为不可能，于是由许多种民族的和地方的文学形成了一种世界的文学。①

在大工业生产蓬勃发展的推动下，当代社会经济主导模式不再是开发型和生产型的，而是消费、风险和流通型的。以高新技术为代表、以结构性取代为主要标志的现代社会化生产以及随之而来的市场化成为全球化的最大经济动力。

全球化的性质是"国际化、自由化、普遍化和星球化"，从20世纪70年代开始，这一过程具体表现为以下五个方面。

---

① ［德］马克思、恩格斯：《马克思恩格斯文集》第2卷，人民出版社2009年版，第35页。

一是全球化经济的出现，形成了新的生产、金融和消费体系以及世界范围的经济整合；二是出现了新的跨国界或全球文化的模式、行为和传播方式以及"全球文化"的思想；三是全球政治过程，出现了新的跨国机构，以及随之而来的各种全球治理和权力结构的扩展；四是世界人口出现史无前例的多向度流动，包括跨国迁移、身份认同和社会群体出现新的模式；五是在世界和全球系统中出现了新的社会等级和不同形式的不平等和控制关系。①

全球化为现代社会带来了全方位的变化和转型，它作为一种"复杂的联结"，描述的是世界经济、政治和文化逐渐互相联结成一个世界性体系的过程。世界体系的成长通常是与15—16世纪资本主义的兴起联系在一起的，然而欧洲帝国只标志了世界体系的开始而不是它的建成，今天的全球化则让全世界一起卷入。全球化带来的变化是去地域化作用，关于这个作用，加拿大学者麦克卢汉提出了"地球村"概念来阐明，"地球村"其实主要不是指发达的传播媒介使地球逐渐变小如同一个村庄，而是指全球化带来的人类个体间的交往方式以及社会和文化形态的重大变化。传统社会以国家为单位，并成为一个个相对独立的容器，通过这种方式承担着文化栖息场的作用。而在麦克卢汉看来，今天全球成为一个重新部落化的世界，在媒介、空间卫星、市场经济的关联下转换成一个活生生的有机体，它们内部的经济、文化、政治等壁垒被逐个打破，形成更为深刻的内部和外部关联。

全球化的另一个代表性的表述是时空压缩。新马克思主义思想家戴维·哈维（David Harvey）《后现代的状况：对文化变迁之缘起的探究》②

---

① 参见任裕海《全球化、身份认同与超文化能力》，南京大学出版社2015年版，第132页。
② ［美］戴维·哈维：《后现代的状况：对文化变迁之缘起的探究》，阎嘉译，商务印书馆2013年版。

一书中系统论述过时空压缩。哈维认为，时空压缩有两个关键时期：第一个时期发生在 19 世纪到 20 世纪之交，世界贸易迅速增长，直到第一次世界大战才减慢下来。新技术如电报、电话、铁路和蒸汽机船使货物流动和信息交流变得更快。在两次世界大战之间属于贸易保护主义时期，但是从 1945 年开始，世界贸易的增长已使世界体系看起来似乎确有其事了。

"第二次世界大战"以后的时空压缩首先源于资本积累方式的变迁。美国自 20 世纪 30 年代以来，一直盛行以大规模、标准化流水生产为特征的福特主义。但 70 年代的石油危机暴露出福特主义的弊端。为了应对资本和劳动市场的过剩状况，美国便逐渐把"灵活积累"作为资本的新型积累模式。在生产、劳动力构成、消费等多方面，"灵活积累"充分发挥其"灵活性"，具体体现为技术创新和强化服务，如此一来，极大地加快了资本的周转速度。在此之后，区域化生产逐步取代了规模化生产。于是在以信息技术为先导的科技力量的助推下，资本能够更灵活地利用小型生产区域的区位、资源、能源、劳动力优势，以便捷的通信和交通降低了资本跨区域周转的成本，因此有助于在全球范围寻求增殖的契机，资本主义也开始消除地理壁垒。这个资本转型的过程产生了新的必然要求，首先便是消除时空障碍以加速周转来获取更多利润，所以"灵活积累"本身及其需求投射在空间地理景观的布局上，引起时空的碎裂及重构。①

哈维这样表述"时空压缩"：

> 以下我会经常使用"时空压缩"这个概念。这个术语我是用来指时间和空间客观属性的革命化过程，这个过程是如此迅猛，以至于我们不得不甚至有时候以非常激进的形式，改变给我们自己来表征世界的方式。我使用"压缩"这个词，是因为

---

① 参见［美］戴维·哈维《后现代的状况：对文化变迁之缘起的探究》，阎嘉译，商务印书馆 2003 年版，第 191 页。

> 资本主义的历史就是一个绝好的例子,它被总结为生活步骤的不断加速,同时所向披靡克服空间的层层障碍,以至于有时候,世界仿佛就冲着我们崩塌下来。①

时空压缩的关键之一是通过时间来消灭空间,哈维认为,在两方面可以让我们每个人感受扑面而来的时空压缩:一是随着交通工具的更新,世界地图不断缩小;二是电信网络、经济和生态的交互依存让地球成为真正的"地球村"。

世界一体化的进程产生了诸多后果,它影响贸易,也影响文化。而且实际上,"并不只有一个全球体系,在同一时间存在着多个不同的全球化进程"②。它一方面增进对话和交流,另一方面在加剧冲突与对立。如同哈维所说,世界一体化进程萌生于资本积累,它永远在尝试通过时间消抹空间,与此同时化解周转时间的压力,这个过程带来了变化无常、支离破碎的时代特征,这种特征无论是在政治、私人还是社会领域都有所体现。在这样的时代特征之下,对于身份认同而言,一方面,全球化的去地域化作用使整个世界成为一个单一的地方,成为个体身份认同的新参照框架。而另一方面,全球化形成了一个差异相遇的场域,在这个场域中,人们对于身份认同的焦虑和自觉不可避免地随着产生,新的变化促使人们深入探究如何选择和建构自我认同和文化认同。全球化带来了一体化,但并未带来身份认同的单一化,相反,它在不断造就新身份,而且进一步的后果是,"虽然一些新的身份是由资本主义全球化所造成的,但是这些新身份却反对全球资本主义的逻辑"③。

---

① 转引自陆扬《论大卫·哈维的空间文化理论》,《贵州大学学报》(社会科学版) 2015年第3期。
② [英]阿雷恩·鲍尔德温等:《文化研究导论》,陶东风等译,高等教育出版社 2004年版,第165页。
③ [英]阿雷恩·鲍尔德温等:《文化研究导论》,陶东风等译,高等教育出版社 2004年版,第166页。

换言之，最早发生在经济领域的全球化，引发了文化的全球化，文化的全球化最早由恩格斯进行过有关"世界文学"的表述，而在今天，在"某些假定为固定的、连贯的和稳定的事物受到怀疑并被不确定的经历取代"①的急剧动荡的当代社会，身份危机成为全球化所引发的最大焦虑。身份政治或者说认同政治（Identity Politics），就是专门探讨全球化语境下的后现代性造成的文化全球化趋势以及我们的对策的。而全球化只是引发身份危机的外在语境，它还有其自身的内在逻辑。

（二）内在逻辑：同一性幻灭

身份危机的内在逻辑实际上与反本质主义一脉相承。一方面，全球化所带来的身份重组及诸多现实的不确定因素固然不可避免地带来身份焦虑，但从另一方面来看，身份危机也造成了关于身份建构性的共识，今天对于文化身份我们所形成的另一个共识是，身份是变动不居的，多数有影响的文化研究者都赞同社会身份和文化身份是流动的、是在历史和现实语境中不断变迁的观点。对身份建构性的认识对于我们推动人的主体性重构、反思社会公平等问题无疑又有着正面的意义。

伴随着身份问题而兴起的是现代主义及其所带来的同一性幻灭。身份认同的现代性问题可以回溯至 17 世纪的西欧。笛卡尔式主体开创的二元逻辑开启了主体高度自信、稳固的时代。但同一性幻想在 20 世纪破灭，霍尔将其原因归结为马克思主义传统的重新解读、弗洛伊德对无意识的"发现"、索绪尔的结构主义语言学、福柯的"规范权力"以及女性主义的冲击。在这些力量的重创下，"作为意义、知识和行为源泉的主体被贬低为语言言说的对象，统一的、稳定的、永恒的现代性主体破碎成多样的、易变的、短暂的'晚期现代性主

---

① 蒋欣欣：《身份/认同》，载王晓路等《文化批评关键词研究》，北京大学出版社 2007 年版，第 277 页注 5。

体'。结果,差异和他性充溢着整个晚期资本主义社会,成了晚期现代性身份/认同必不可少的构成因素"①。

从哲学源头来看,同一性幻灭与"差异"的兴起密切相关。"差异"是我们界定身份的重要参考因素,正是基于差异,才有身份之别。"同一性"统治西方哲学两千多年,德勒兹重新阐发的"差异"是对西方传统哲学的一次挑战。他以伯格森为跳板,重新理解"绵延"概念,并看到本质只能形成于时间的持续发展中,其不是事物中一成不变的部分,本质就是流变。德勒兹的哲学是一个游牧思想体系,是关于生成和变化的哲学。这种观念正是身份建构论的理论基础。

同一性幻灭也是基于主体的幻灭。尼采的"上帝之死"是主体性解构的第一声哀号,在他之后,现代主义继续将人本主义和科学主义推向高峰,萨特(Jean-Paul Sartre)的《存在主义就是人道主义》就是这一高峰的宣言。而福柯越过这一高峰发出了"人之死"的声音。不过面对人的死亡,福柯并不像尼采发现上帝之死那样发出带有人文主义色彩的悲号,他所看到的人之死是在同一性内部所建立起来的人的"表象"②的消失,人从现在开始绝对散布,同时"在一种成片段的语言的空隙中构成了自己的形象"③,和德勒兹一起为主体的建构性和差异性的兴起而欢呼。

这个被差异统治的社会被吉登斯称为反射社会:"社会反射性所指的是这样一个社会:我们的生活环境日益成为我们自己行动的产物;我们的行动也反过来越来越注重应付我们自己所造成的风险和

---

① 蒋欣欣:《身份/认同》,载王晓路等《文化批评关键词研究》,北京大学出版社 2007 年版,第 282 页。
② representing,福柯哲学中重要的概念,《词与物》第三章详细阐述,"知识的界限就是表象对符号的完全显明,表象被这些符号整理得井然有序"([法]福柯:《词与物》,莫伟民译,上海三联书店 2001 年版,第 102 页),也就是说,在"词"(符号)和"物"之间横亘着"表象",人为地限定了语言的所指。
③ [法]福柯:《词与物》,莫伟民译,上海三联书店 2001 年版,第 505 页。

机遇，或对其提出挑战。"① 他指出，在总体化叙事的终结与文化多元观兴起之后，现代性将一种基本的动力机制引入人类活动，伴随该机制而来的还有信任机制和风险环境的变迁。因而，我们今天生活在"生成政治"的时代里：这种政治学活跃在环境变化、生活质量、全球制度与机构的作用等重大社会问题的前沿。

在反射社会中，身份建构不再受到外部参照的约束，而成为在一个穿越全球化文化系统中随着复杂社会与制度外形不断移动的投影。传统和习俗不再保障我们的身份和地位，再也没有任何固定的角色体系或行为准则，我们越来越能够在自身是谁和在哪里的问题上作出选择。在这种情况下，对话过程对个人和公共生活变得越来越具有核心重要性，个人往往通过个人和社会的交往来实现自己。吉登斯所描绘的这个反射社会图景，在个人自主权方面固然有过于乐观的倾向，但将身份建构视为一个社会反射的过程，无疑对我们理解现代社会的身份塑造提供了一个理论视角。更为重要的是，吉登斯明确提出的反射社会图景让我们看到现代性与自我认同相关，它引起的时空疏离程度更为深远。所以身份问题的出现，是现代性的必然后果。

德国的乌尔里希·贝克（Ulrich Beck）是另一位认同"社会反射"框架的思想家，贝克用"风险社会"来概括我们生活的现代社会的特质。贝克认为，过往的风险是贫穷风险、技能风险、健康风险，而晚期现代性的风险则有五个更为复杂的特点：第一，从本质上而言，风险社会的风险与财富不同，它是环境、污染等，在大众媒体、科学和法律等专业领域掌握着界定风险的权力。第二，由于风险的分配和增长，社会风险地位应运而生。伴随着阶级和阶层地位的不平等，某些人比其他人受到更多的影响，但他们带来了一种完全不同的分配逻辑。第三，风险的扩散和商业化并没有完全摒弃

---

① ［英］安东尼·吉登斯、克里斯多弗·皮尔森：《现代性：吉登斯访谈录》，尹宏毅译，新华出版社2001年版，第17页。

资本主义发展的逻辑，但它促使资本主义进入了一个新的阶段。第四，风险是文明所强加的。第五，风险社会的权力更细微，接近于福柯所说的控制社会。①与吉登斯略显乐观的社会反射模式相比，贝克的风险社会似乎又过于危言耸听一些。但贝克和吉登斯一样看到社会模式变迁之后的一个共同后果：社会身份在新的社会模式下将受到不同程度的影响。一方面，风险似乎不是消除而是巩固了阶级社会，因为它附着在阶级模式上，财富在上层聚集，而风险在下层聚集。而另一方面，风险在其范围内以及它所影响的那些人中间，具有飞去来器效应的风险表现为平等的影响：贫困是等级制的，但化学烟雾是民主的。比起吉登斯，贝克更为担忧地看到风险社会的权力关系发生巨大的改变：在诸如国家对经济、生产等的细微控制、克隆人的立法等方面所展示的，"控制社会科学的科层制的极权主义的全景正在被展现出来"②。

因此，"身份"这个概念汇聚了现代性问题的根本，身份问题事关重大。而吊诡的是，在我们这个时代，身份问题处于同一性幻灭和全球化内外交困的语境之下，它既是一个即将被消弭的表象，又充满重整山河待后生的诸多可能。所以厘清身份谱系成为当下的要务。

二 身份是什么

身份问题是在质疑身份、稳固身份遭到怀疑的语境下悖论性地兴起的，大多数学者更为关注的是身份问题在当代语境中呈现的现实状况和实际问题，诸如古老的性别问题、新兴的人工智能等，这些已经成为性别研究、后人类研究等热门议题，但我们还是有必要从根源上厘清身份的谱系，身份问题之所以成为热点，并且经久不

---

① 参见［德］乌尔里希·贝克《风险社会》，何博闻译，译林出版社2004年版，第20—22页。
② 参见［德］乌尔里希·贝克《风险社会》，何博闻译，译林出版社2004年版，第96页。

衰，正是因为它勾连了传统的哲学问题与当今社会的急速变化。

英文单词"identity"在中文中对应的两个翻译是"身份"与"认同"。《牛津英语词典》对身份认同的定义是"在物质、构成、性质、属性，或者在所考虑的特定品质方面所具有的相同的形状；绝对的或基本的同一性；单一性"。身份认同包括自我认同、关系认同、社会认同、文化认同、族群认同等诸多不同的维度。从根本上说，它基本包括两个方面的参照：自我和他者。简而言之，通过参照，"身份就是如何确定我们是谁的问题"①。

在文化理论中，身份首先被用来描述存在于现代个体中的自我意识。从字面上讲，身份的和自我的意思都是"与……相同"。在查尔斯·泰勒看来，"身份认同是主体对自己的身份、角色、地位和关系的一种认识与定位，人们对自我的定义来源于身份认同，并且人们对意义的组织常常是围绕其自我认同而进行的，因此身份认同在人们的社会活动中具有不可或缺的重要作用"②。身份认同与现代自我的塑造密切相关，自我在身份赋义的过程中起到主导作用，较早把身份认同概念引入社会科学研究的尼尔森·富特（Nelson Foote）指出，身份认同的概念给枯燥的角色概念注入了活力。虽然角色可以规定关系和行为，也确实存在与角色位置相关联的期待，但是角色的实际运作是需要能量、动机和驱动力的，而这就需要个体认同、内化和成为那个角色。

在"我是谁"这个根本的身份问题之下，身份必然首先与现代自我相关。按照黑格尔已经被普遍接受的观点，个人主义、批判和自主行动的权利，被看作现代主体性的三个主要特征，这就意味着现代自我是自主的和自我反思的，身份是一个规划，它不是固定的。

---

① ［英］阿雷恩·鲍尔德温等：《文化研究导论》，陶东风等译，高等教育出版社 2004 年版，第 231 页。

② 参见任裕海《全球化、身份认同与超文化能力》，南京大学出版社 2015 年版，第 6 页。

因而,"不断的身份重塑揭示出关于自我的意识在某种程度上是一个幻象,因为塑造身份需要一个不断地与'非我'(not-self)或'非身份'(non-identity)——外部世界——的相互作用"①。

所以身份的界定还有另一个重要的方面,即群体认同。因为"身份认同不仅包含个体或群体意义上的'你认为你是谁',而且包含在人际和群际交往中'你的行为显示你是谁',以及这些行为从其他个体或群体获得的社会反应"②。最早将身份认同的概念引入社会科学研究的学者之一埃里克森(Eric Erikson)区分了自我认同与群体认同。在埃里克森看来:

> 身份认同既是指一个人随时间延续的个人历史中具有核心意义的存在,同时又指人们各式各样短暂的、在与他者交往时采用和放弃的社会地位或角色,即当个体采用某个地位或角色时,我们可以认为此个体与处于该地位或角色的其他人具有同一性。因此,身份认同不仅仅是关于个体或社会,而且是关于这两者之间的关系。③

身份概念是一个多元的论域,从建构方式来看,一般分为本质主义和建构主义两种认知模式。按照霍尔在《文化身份/认同的主体》一文中的界定,"identity"包含三种概念:启蒙主体、社会学主体和后现代主义,所以身份概念统领了诸多矛盾:本质与反本质、同一性与排斥性。阿雷恩·鲍尔德温等学者总结了身份的本质主义认知模式逻辑:

---

① [英]阿雷恩·鲍尔德温等:《文化研究导论》,陶东风等译,高等教育出版社2004年版,第232页。
② 参见任裕海《全球化、身份认同与超文化能力》,南京大学出版社2015年版,第3页。
③ 参见任裕海《全球化、身份认同与超文化能力》,南京大学出版社2015年版,第4页。

(1) 假定所谓的"本质"特征，常常只不过是再生产一个集团对另一个集团的偏见——本质主义推理把一系列的基于一个社会群体的境遇和利益之上的褊狭的判断强加于另一个社会群体之上；(2) 本质主义把一些人和行动描述为"典型的"，这通常包含了大量的过分概况（over-generalisation），这种过分概况忽略了一个群体中成员之间的差异（难道所有的女人真的都是那样？难道所有的黑人真的都那样？）；(3) 随之而来的是本质主义的推断首先不能用来解释为什么同一群体之间存在差异；(4) 当把本质特征的存在看做生物和遗传学的问题时，本质主义教条是最为有害的。①

本质主义的弊端显而易见，它轻易抹除了身份的差异性和多样性。社会建构主义者的解释取代了本质主义的方法，诸如波伏娃对女人的著名论断："女人不是天生为女人的，女人是逐渐变成女人的。"今天的身份研究已形成反本质主义的共识：身份实际上是多种文化实践造成的转瞬即逝的效果，身份不是一成不变的本质或物质，身份具有动态性、建构性的特征。霍尔这样概括身份的反本质主义特征：

> 大家已认可身份从未统一，且在当代逐渐支离破碎；身份从来不是单一的，而是建构在许多不同的且往往是交叉的、相反的论述、实践及地位上的多元组合。它们从属于一个激进的历史化进程，并持续不断地处于改变与转化的进程当中（述行的过程性）。我们必须使关于身份的辩论处于所有那些历史的特殊的发展和实践当中，这些发展和实践扰乱了许多族群和文化相对"固定的"特征，这首先涉及一个全球化的过程。我主张

---

① ［英］阿雷恩·鲍尔德温等：《文化研究导论》，陶东风等译，高等教育出版社2004年版，第142页。

这些过程是与现代性相连的，而且与被强制的和"自由"的移民过程相连，这些移民已经变成了所谓的"后殖民"世界的全球现象。尽管看起来似乎借助了历史过去的出身起源（他们仍继续与这个过去保持一致），但事实上身份是关于使用变化过程中的而不是存在过程中的历史、语言和文化资源的问题；与其说是"我们是谁"或"我们来自何方"，不如说是我们可能会成为什么、我们一直以来怎样表现以及我们有可能在怎样表现自己上施加了怎样的压力。身份因此被构成在表现的内部，而非外部。①

如此说来，我们更应该将身份视为文化实践。结合汉语中的"身份/认同"，我们更好理解身份的建构性与实践特征。汉语中的"身份"是一个名词，而认同则兼有名词和动词的功能。身份是客观描述某种角色或地位的指称，而认同则更加强调主体对与自己相关的角色、地位、关系所包含的意义的自觉认识和肯定，这是一个心理建构和实践建构的过程。

第二节　身份策略：权力的运作与反运作

身份被话语制造，这个制造过程就是一个族群对另一个族群的权力关系。拉克劳曾说过，社会身份的构成是权力的行为，这种权力关系通过同一与差异的关系调节、制造差异及排除异己的过程，也通过外部和内部律法的规训完成。身份不会完全自动述行，而是由话语述行，话语述行的权力是外在赋予的。但主体在这个过程当

---

① ［英］斯图亚特·霍尔、保罗·杜盖伊编著：《文化身份问题研究》，庞璃译，河南大学出版社2010年版，第4页。

中并非毫无作为，而是有其能动性。

一 权力话语：福柯的启示

对于权力话语如何运作生产身份，福柯的理论为我们提供了一个出色的框架。福柯对权力模型及其运作系统的勾勒有助于我们思考权力话语如何生产身份，并让我们看到这些被生产的身份如何被合法化。

（一）福柯的权力模型：从可视到隐蔽

福柯的话语理论追溯了在主体和身份的生产过程中权力和知识之间变化不定的联系方式："福柯认为，社会集团、身份和立场——比如阶级、性别、种族和性征——并不是先在的，也不能以某种方式决定自己和他者的文化意义。它们是在话语内部被生产出来的，话语决定它们是什么和怎样运作。根据福柯的关于事物的观点，在社会结构和文化之间没有决定性的关系。相反，在权力、话语和存在于这世界中的事物之间，存在着一系列变化不定的关系。"[①]

所以，福柯清晰地指出了权力的普遍性：权力无所不在；这不是因为权力包含一切事物，而是因为它来自所有地方。总体来说，福柯的权力形态体现为宏观权力和微观权力，宏观权力大众最为熟悉，是国家等政治力量的运作，而福柯理论最具原创性的，就是他对微观权力的研究，微观权力更为隐蔽地作用于个体。对于文化身份而言，权力的运作方式更多体现为微观权力。福柯划分的不同时代权力模型有助于我们理解这种微观权力。

德勒兹在其访谈《哲学与权力的谈判》中的《关于控制社会的附笔》一文里，总结了福柯《规训与惩罚》对社会规训所做的谱系

---

① ［英］阿雷恩·鲍尔德温等：《文化研究导论》，陶东风等译，高等教育出版社 2004 年版，第 31 页。

学分析，通过划分福柯的权力模型，归纳出了三种社会：君权社会、规训社会、控制社会。在君权社会，最高权力确定无疑地掌握在君王手中，社会权力是人格化的，权力也是可视化的。在《规训与惩罚》的开篇，福柯以冷峻的笔调书写了 1757 年达米安遭受酷刑的画面。达米安谋刺国王而被公开判处死刑，被四马分尸。监视官事无巨细地记录下这一切，诸如四匹马是先撕裂达米安的左腿还是右腿，焚烧他尸体时用了几个小时。为何要公开处决？为何要记录酷刑？透过达米安，福柯指出，以囚犯的肉身为载体，权力找到了可视化的空间，公开的惩罚正是一种力量的显示："公开的酷刑和处决的仪式，使所有的人都看到，使君主能实施法律的那种权力关系。"① 这个血淋淋的场面明白无误地告诉看客们，君主具有令人望而生畏的物质力量，君主通过囚犯的肉身空间来召集民众显示自己的力量，通过惩罚罪犯彰显司法正义、宣扬社会道德。以罪犯的肉体空间为实施场所，君主权力"看与被看"的权力策略产生一种警诫作用：权力可以使人死，让人活。权力让死亡的过程也充满痛苦和屈辱："用精心计算的间歇和连续的伤残来拖延死亡和加剧死亡的痛苦。"② 就像这肉体本身也是属于君王本人一样。但尽管酷刑的展示有强烈的视觉效果，然而君主社会的权力依然只是一种低效的权力运转模式，因为在时间上，它针对的是过去；在空间上，它针对的只是罪犯个人的肉体。君主针对罪犯过去犯下的暴行，以更加残暴的手段施以报复并将其公之于众，通过这种原始野蛮的方式显示出君王的至高权力。

君权社会的权力模式长期占据了人类历史的主流，但到了 18 世纪，也就是福柯一直迷恋的"古典时期"，君权社会开始向规训社会

---

① ［法］福柯：《规训与惩罚》，刘北成、杨远婴译，生活·读书·新知三联书店 2003 年版，第 47 页。

② ［法］福柯：《规训与惩罚》，刘北成、杨远婴译，生活·读书·新知三联书店 2003 年版，第 12 页。

过渡。在 18 世纪后半期，三种权力技术学并存：君主社会式的集体公开模式，规训式的表象模式，以及隐秘的控制模式。这一时期，君权的血腥展示依然存在，达米安在 1757 年承受的酷刑也隶属于 18 世纪。同时，惩戒技术变得更加"经济化、分析化、技术化、专门化以及功利化"① 了，因为新的权力经济学出现了。这一时期权力的展示依然以惩罚为主，但它利用的不是肉体，而是表象（representation）。惩罚贯彻"充分想象原则"，利用痛苦、不愉快、不便利的观念，也就是"痛苦"观念的痛苦，这些变化并不意味着要使惩罚变少或是减轻惩罚的严酷性，而是要使惩罚更有效、更具有普遍性和社会性，这样以便"使惩罚的权力更深地嵌入社会本身"②。福柯认为，这样的惩罚权已经从君主的报复转变为保卫社会了，它变得更加可怕，因为罪犯面临的是似乎毫无界限的刑罚，因为与肉身承受的具体惩罚相比，"观念的痛苦"几乎没有空间的界限——这个界限来自身体，同时与公开展示的时效性相比，"观念的痛苦"在时间上的界限也难以捉摸。所以这无疑变成了一种可怕的"至上权力"，正因如此，便有必要为惩罚权力而确立一个适度的原则。

这个新的原则被隶属于规训社会的全景敞视主义（panopticism）所确立。边沁的全景敞视监狱为我们展示了规训社会的权力策略。全景敞视监狱四周是圆形建筑，门和窗被围栏代替，囚犯居住其中，全部面向中心塔楼，监视者就在中心塔楼内可将囚犯一览无遗。这是不对称的监视系统："在环形边缘，人彻底被看，但不能观看；在中心瞭望塔，人能观看一切，但不会被观看到。"③ 这种系统很好地贯彻了边沁的一个原则：权力应该是可见但又无法确知的。一种新

---

① ［美］L. 德赖弗斯、保罗·拉比诺：《超越结构主义与解释学》，张建超、张静译，光明日报出版社 1992 年版，第 203 页。
② ［美］L. 德赖弗斯、保罗·拉比诺：《超越结构主义与解释学》，张建超、张静译，光明日报出版社 1992 年版，第 91 页。
③ ［美］L. 德赖弗斯、保罗·拉比诺：《超越结构主义与解释学》，张建超、张静译，光明日报出版社 1992 年版，第 226 页。

的"看"体系应运而生,这样,对表象的运用以更加隐蔽的方式开始了。这也代表了新的更高效、更有力的权力经济学方向:"旧式厚重的'治安所'(house of security)及其城堡式建筑,将会被具有简单、经济的几何造型的'明辨所'(house of certainty)所取代。"① 在这里,权力不只代表君主,它已经被表象化为整个机构。它用永不间断的精心策划的监视游戏取代了公共事件的展示,却能够无时无刻不在沉默中发挥着作用。

新的监督技术就是更微妙的"物理"权力——微观权力之一种,它在原则上不诉诸滥施淫威和暴力,而是一种"复合交叉观察的技术,既能观察而又不被发现的技术"②。这种权力"物理学"遵循光学和力学法则来控制肉体,也赋予建筑物新的空间功能:被封闭在某个建筑空间里的人充分暴露在可视空间中,成为被看者。在封闭的建筑空间里,肉体既是生产性的,又是被统治的。"用更一般的语言来说,一个建筑物应该能改造人:对居住者发生作用,有助于控制他们的行为,便于对他们恰当地发挥权力的影响,有助于了解他们,改变他们。砖石能够使人变得驯顺并易于了解。旧式监禁和封闭的简单设计——限制出入的高墙大门——开始被关于开口,关于被填充的和空旷的空间、通道和透明物的精心计算所取代。"③

福柯认为,我们今天正在从"规训社会"走向"控制社会"。在规训社会,权力运作的空间是封闭和独立的,如监狱、医院和学校等。而在控制社会,权力不再只是在某个封闭空间内实施才最为有效,而是形成了一种调制机制:"就好比一种可自我变形的模型,它可以连续地在瞬间完成变化,或者像一个其网格逐个

---

① [美] L. 德赖弗斯、保罗·拉比诺:《超越结构主义与解释学》,张建超、张静译,光明日报出版社1992年版,第195页。
② [美] L. 德赖弗斯、保罗·拉比诺:《超越结构主义与解释学》,张建超、张静译,光明日报出版社1992年版,第194页。
③ [法] 福柯:《规训与惩罚》,刘北成、杨远婴译,生活·读书·新知三联书店2003年版,第195页。

蜕变的筛子。"① 它已经完全针对个人肉身,所以随着个人的流动而流动,"权力应当作为流动的东西"②。这也就意味着控制社会拥有更加强大的控制力度和无所不在的权力,并且各个权力空间之间处于超稳定状态且共存于同一个调整过程。

(二) 分类与排除

福柯的洞见之一是通过全景敞视主义看到建筑除了居住,还被赋予了新的功能:"对个别观察、分门别类,以及空间分解组合。"③当光线和可视技术的结合造就了层级化的监视技术,这种技术可以保证从个体的监视站到层层类推的不间断的网络,形成上级监视下级的相互监视,使得监视具体化并切实可行,而空间的生产功能通过光线的运作被打开,接下来则通过分类被进一步强化。

"分类"(classifying)是福柯哲学中的一个常用概念,福柯在《词与物》第五章有详述,分类指的是通过行使限制和过滤事物的权力,知识可以让事物的可视性进入能够接纳它的话语。但是假如事物在经过分类之后无法进入话语,那么就会被"排斥"(exclusion),以及被边缘化,而这个排斥的过程是分类的基础。

全景敞视空间是社会机制进行分类的重要场所,而它运作的前提是排除。福柯的哲学通常表现为对具体社会机制(dispositif)的分析,社会制度作为一整个连续体,它针对危险形成治疗以及惩罚的混合制度,其中治疗的一极以学校和医院为代表,惩罚的一极以监狱为代表。这个混合制度所针对的危险正是来自所谓"不正常的人"——精神病患者、罪犯以及病人等,对于这些"不正常的人",权力要通过驱逐、隔离与控制的方式进行管理。这三种方式中,驱

---

① [美] L. 德赖弗斯、保罗·拉比诺:《超越结构主义与解释学》,张建超、张静译,光明日报出版社1992年版,第195页。
② [法] 福柯:《不正常的人》,钱翰译,上海人民出版社2003年版,第171页。
③ [美] L. 德赖弗斯、保罗·拉比诺:《超越结构主义与解释学》,张建超、张静译,光明日报出版社1992年版,第227页。

逐完全是一种惩罚，也最为古老。它先划定谁是不正常的人，再将之驱逐出正常人的活动空间，他们同时也被驱逐出权力的掌控范围。比如古典时代，运用"疯人船"把麻风病人或者是精神病人驱逐出所谓正常人生活的世界，将不正常者置于一个权力之外的流动空间。

隔离也在运转着权力之轮。一种是隔离疾病，当传染病发生时，这是政府大多数时候会采取的一种行之有效的方法。比如古代的鼠疫，以及国内曾经的非典型性肺炎都采用过这种方式保证公共安全和卫生。另一种方式则是监禁——隔离犯罪者，隔离罪犯是通过更强大的机器来进行管理：运用"看"与"被看"的机制。这同时结合了惩罚以及治疗，罪犯缴纳出自己的一切，他的身体受到监禁，权力试图通过对身体的劳动改造以及刑罚恐吓，最终目的是将罪犯拉回正轨。古拉格群岛可能是结合了身体改造与思想改造的最好例子，这同时也是将驱逐和隔离结合的最佳例子。苏联政权将政治犯们放逐于遍布国内的古拉格群岛，这个岛国既是常人不知的漂流之地，又是权力运转的隔离之所，当中一切都在国家机制的牢牢掌控之中。它禁锢囚犯的身体，同时无止境地审查囚犯的思想。总而言之，权力对于"不正常的人"所实施的策略是让他们处于所谓"正常人"的不可见范围内，然后再对非正常人进行极权统治。

在一次访谈中，福柯被问及为何要关注"不正常的人"，福柯笑言这是一个势利的选择：因为普通人太正常，因而他们的特性难以立刻捕捉。福柯考察社会机制运作的独特方式是通过不可见之物来探究可见之物是如何运转的，这也正是他探讨微观权力取得重大成功的秘诀之一。而对事物可见或者不可见的操作其实正是权力掌控人的主体性的方式之一，在《主体与权力》中，福柯宣称他的目的"是要创立一种据以在我们的文化中把人变为主体的各种方式的历史"[1]。他的工作就是"研究将人转变为主体的三种客体化方式"。第一

---

[1] [美] L. 德赖弗斯、保罗·拉比诺：《超越结构主义与解释学》，张建超、张静译，光明日报出版社1992年版，第271页。

种便是力图给予自身以科学地位的探讨方式。第三种是使人把自己转变为主体的方法，比如在《性经验史》里将所研究的人称为"性欲主体"。第二种就是福柯最为人所熟知的"分离实践"过程中实现的主体的客体化，这个被客体化的主体或是自身内部分离，或是与他人分离，也正是这个过程使主体客体化的。这种分离实践的运作对象是"不正常的人"，并以此为基础再进行事物的分类，最终建立事物的秩序。

福柯把分类理解为运用话语权的一种方式，并把它解释为党"同"伐"异"的过程，以此来为被排斥的异质文化建立地位。一般而言，"'异'对一个文化来说，同时成了内在和陌生的东西，并因此只通过禁闭（为了减少其异性）就被排斥了（以便驱赶内在的危险）；而物的秩序的历史则将是'同'之历史，'同'对一个文化来说，既被分散了，又被联系在一起，因而被分门别类，被收集成同一性"①。福柯在《词与物》前言中曾经谈到博尔赫斯的一篇小说里虚构的中国人对事物分类的方法，在这里动物被分为"属皇帝所有；有芬芳的香味；驯顺的；乳猪"等。以此为例，福柯认为这种貌似荒诞的分类显然是一个隐喻，它隐喻了同一性"是在模糊的、不确定的、面目全非的和可以说是不偏不倚的差异性背景下确立起来的"②，我们惯常分类事物的标准其实与博尔赫斯说的异曲同工。福柯还借此说明话语权可以改变"同"与"异"的尺度，在不同的语境下，分类的标准不一而足。所以事物的分类必然处于危机之中，分类其实是在建造一个并置的横向发展场所："一旦存在之物以延续的方式被置放在汹涌的时间大海之中时，它们就只能通过类比而使彼此发生相互联系。而且时间系列延续越长，原排列在古典面的空间化领域之中的事物必将越趋分散化。"③

---

① ［法］福柯：《词与物》，莫伟民译，上海三联书店2001年版，第13页。
② ［法］福柯：《词与物》，莫伟民译，上海三联书店2001年版，第13页。
③ ［美］海登·怀特：《解码福柯：地下笔记》，载张京媛主编《新历史主义与文学批评》，北京大学出版社1997年版，第125页。

这样的事物秩序必然是脆弱的，因此福柯指出，事物秩序是建立在分类与排除的基础上的。在揭示这一真相之后，福柯致力于通过书写"异"的历史来为"异"立名，并反对话语建立的社会秩序。

（三）福柯的反叛

福柯高举"差异"的大旗，用谱系学揭示权力话语运作的真相。"差异"是与"同一性"相对应的概念，福柯的好友，后现代哲学家德勒兹曾多次重新阐发"差异"这个概念。德勒兹以伯格森为跳板，重新理解"绵延"概念，并看到本质只能形成于时间的持续发展中，它不是事物中一成不变的部分，其本质就是流变。由此可见，德勒兹的哲学是一个游牧思想体系，是关于生成和变化的哲学。作为福柯的好友，他对尼采的着迷让福柯开始研读尼采的著作。福柯的哲学也有生成论的内核，他和尼采一样反目的论本质论，"简言之，我们曾用'目的''统一''存在'这些范畴给世界以价值，但这些范畴又离开了我们——现在，世界看来又失去了价值"①。

福柯以尼采的谱系学为基石，以"差异"为入口，更系统地颠覆了事物的秩序。首先，他以生成论来反对本质论和起源论。"生成哲学"（the philosophy of becoming）是克尔凯郭尔和尼采等人带来的新的哲学表达方式。运动是"生成哲学"的关键概念："他们想要把形而上学置于运动之中，置于行动之中。他们想要让它行动，让它进行直接的行动。"②尼采认为，事物并非"变成"这个样子，而是"生成"其所是，这个过程一直在不断进行着，因此，生成哲学更关注"过

---

① ［法］吉尔·都鲁兹：《解读尼采》，张唤民译，百花文艺出版社2000年版，第144页。

② 陈永国编译：《游牧思想：吉尔·德勒兹、费利克斯·瓜塔里读本》，吉林人民出版社2003年版，第37页。

程"(process)——生成的过程、如何生成的过程。生成哲学"反对深度,反对终结,反对内在性"①,所以"词"与"物"总是在变动不居,主体亦如是。正因如此,福柯才发出"人之死"的声音,人之死并非福柯的哀号,而是他看到在同一性内部所建立起来的人的"表象"的消失。

其次,谱系学要揭发权力话语的作用是使人服从和固化,以此来保证统治秩序的巩固和更有效率,谱系学要让人们看到权力在制造幻觉而历史学家在撒谎。谱系学要"使那些局部的、不连贯的、被贬低的、不合法的指示运转起来,来反对整体理论的法庭,后者以真理知识的名义,以控制在几个人手里的科学权利的名义把那些知识都过滤掉了,对它们进行分级整理"。②面对具有颠覆与反抗功能的谱系学,尼采寄予了厚望:"它是科学与哲学的新型组织方式和未来价值的确立者。"③福柯则在《必须保卫社会》里指出,新的历史首先要挖掘那些被遮蔽的东西,辨读被恶意断然篡改和抹杀的历史,改变历史话语的统治地位,还原其为多种族的甚至种族冲突的话语,才能重获迷失和隐匿的知识。

福柯的权力话语体系体大思深,难以一以概之,但他对权力模型的总结,对权力话语的"分类"运作的思考,以及对尼采谱系学的进一步发展,为我们思考文化身份理论的建构过程提供了重要的理论启示:身份的权力结构不是葛兰西霸权式的自上而下,而是更接近福柯的控制社会模型,它的权力不只来自上层,而是来自四面八方。

二 身份的规训

以福柯的理论为参照,不难看出身份建构的过程其实就是社会

---

① [美] L. 德赖弗斯、保罗·拉比诺:《超越结构主义与解释学》,张建超、张静译,光明日报出版社 1992 年版,第 142 页。
② [法] 福柯:《不正常的人》,钱翰译,上海人民出版社 2003 年版,第 8 页。
③ [法] 吉尔·德勒兹:《哲学与权力的谈判——德勒兹访谈录》,刘汉全译,商务印书馆 2000 年版,第 110 页。

通过权力话语来规训和生产作为社会主体的人的过程。阿伦特也有相似观点，她认为，在对社会成员施加无数规则并令其规范化之后，社会也就兴起了。社会领域在经历了几个世纪的发展之后，"最终达到了能以同等程度、同样力量，包围和控制一个特定共同体内所有成员的程度"①。规训身份的力量来自不同地方：外在力量——以社会规范为表征，内在力量——以道德律法为代表。

身份的建构首先与外部环境相关，如同拉康的镜像阶段所显示的那样，人是通过他者来定位自身的。对于文化身份而言，这个他者，很大程度上就是身份的语境。霍尔对此有更直接的阐述，他提出身份"只有通过与另一方的关系、与非它的关系、与它正好所欠缺的方面的关系以及与被称为它的外界构成的关系"② 才能被建构起来。

身份建构的力量来自外部，而且悖论的是，追求"同一性"的身份建构的过程是通过差异和排除来进行的，这个过程形成了特殊的权力形态的演绎，是在特殊的历史时期及特殊的制度下产生。因而，"'身份'所声称的'统一'其实是建构在权力和排斥的游戏当中的，因而结果不是自然的、不可避免的或原始的整体"③。

福柯的理论对于我们理解身份建构过程中的权力运作起到了重要作用，但将身份制造过程中的权力结构具体化的主要工作来自社会学家。他们用"社会结构"这个术语去描述社会因素之间的持续的、有秩序的和模式化的关系。受到马克思的影响，社会学家强调通过思考自身与政治经济，比如经济结构、生产方式等的关系来理解不同群体的形成及其冲突。并且，在描述特定社会结构的时候主要集中于对其分界线的考察。"在西方社会中，社会科学家极为普

---

① [美] 汉娜·阿伦特：《人的境况》，王寅丽译，上海人民出版社 2009 年版，第 26 页。
② [英] 斯图亚特·霍尔、保罗·杜盖伊编著：《文化身份问题研究》，庞璃译，河南大学出版社 2010 年版，第 5 页。
③ [英] 斯图亚特·霍尔、保罗·杜盖伊编著：《文化身份问题研究》，庞璃译，河南大学出版社 2010 年版，第 6 页。

遍地把这些分界线分为阶级、年龄、性别和族性。在这一传统中，这些领域被看做是相互关联和相互作用的，但作为变化的力量，它们在根本上是不平等的。"①

那么，这些身份的分界线如何产生？比起福柯宏观的权力运作机器，马克思和韦伯这些思想家从社会运行的具体历史经验，看到的是具体的当权者。这个当权者是统治阶级，他们掌握着生产方式，控制着社会的思想和价值，因而统治阶级的思想是社会和经济的不平等与权力关系最可怕的产物，"这些思想被用来操控一个不平等和不公正的系统并使之永久化"②。在这样一个权力运作社会并且将自身合法化的社会中，权力自身的支撑物是什么呢？它便是文化，并且正是文化使现存的事物秩序合法化。

对于文化维度的重视与深入考察使权力结构具体化了，布尔迪厄进一步拓展着这个命题，用他社会学的解剖刀来展示社会的权力结构如何作用于每一个具体的人。他指出，"在社会结构与心智结构之间，在对社会世界的各种客观划分——尤其是在各种场域里划分成支配的和被支配的——与行动者适用于社会世界的看法及划分的原则之间，都存在着某种对应关系"③。布尔迪厄的这种认识是对涂尔干"社会中心论"的拓展，具体体现为三个步骤：首先，社会共同体中存在认知结构与社会结构之间的关系，这种关系通过学校体系的职能进行生产；其次，社会划分和心智图式具有结构上的对应关系，这种对应通过习性内化一整套性情倾向而形成；最后，最关键的一点是社会结构和心智结构间的对应关系在一个符号系统中发挥了至关重要的政治作用。在这样一个社会结构中形成各种分类系

---

① ［英］阿雷恩·鲍尔德温等：《文化研究导论》，陶东风等译，高等教育出版社2004年版，第27页。
② ［英］阿雷恩·鲍尔德温等：《文化研究导论》，陶东风等译，高等教育出版社2004年版，第27页。
③ ［法］布尔迪厄、［美］华康德：《反思社会学导引》，李猛、李康译，商务印书馆2015年版，第11页。

统,"各个个人和群体为此而在日常生活的常规互动中、在发生于政治和文化生产的场域中的单打独斗或集体竞争中相互对立"①,通过日常生活和生产维系身份。

和福柯一样,布尔迪厄认为,在社会结构中的权力运作不是来自顶端,而是来自四面八方。分化的社会并不是一个被君临四方的权威统治下的浑然一体的总体,它们不会被一种普遍的社会总体逻辑压制,而是各个相对自主的"游戏"领域的聚合,这就是"场域":

> 每个场域都规定了各自特有的价值观,拥有各自特有的调控原则。这些原则界定了一个社会构建的空间。在这样的空间里,行动者根据他们在空间里所占据的位置进行着争夺,以求改变或力图维持其空间的范围或形式。②

场域也是一个体系,这个体系类似于磁场,诸种客观力量在其中形成特有引力,它根据内在的结构反映外在的各种力量,所以也像一个棱镜。同时,场域也是一个冲突和竞争的空间,各方力量像在战场上一样角力。外在结构并不是机械地约束着场域当中的行动,那么居于场域当中的各方力量到底是一种什么关系?来自行动者自身内部的结构形塑机制(Structuring Mechanism)——"习性"便是场域及整个社会结构运行的基本基础:

> 首先体现了一种组织化行动的结果,其含义与结构之类的用语相近,它还意指某种存在方式,某种习惯性状态(尤其是

---

① [法]布尔迪厄、[美]华康德:《反思社会学导引》,李猛、李康译,商务印书馆2015年版,第14页。
② [法]布尔迪厄、[美]华康德:《反思社会学导引》,李猛、李康译,商务印书馆2015年版,第16页。

身体的状况），还包括了其他许多方面，特别是某种性情倾向、某种趋向、某种习性，或是某种爱好。①

习性秉持生成原则，因而总是变动不居地在过去、现在及未来之间运动，所以它有可能完成无限复杂多样的任务，此外习性是系统性的，"作为外在结构内化的结果，惯习以某种大体上连贯一致的系统方式对场域的要求作出回应"②。同时，习性又是特定的，它能与某一特定场域相遇，甚至沉积在一个个体身上，最终作用于某个身体，并且将其内化为一种身体素性。

在欧洲文化中，口音就是身体素性的一种集中表现。我们的汉语作为表意文字，难以从口音区分阶层，但是在其他的表音文字体系中，口音通常能成为阶层与出身的重要标志，因为存在所谓"上流社会"的口音。萧伯纳的剧作《卖花女》——后被改编成美国电影《窈窕淑女》——正是这一口音与阶层问题的写照。语言学家将一个贫苦的卖花女训练成贵妇，最根本的途径是让贫苦女拥有贵妇的口音。布尔迪厄指出，在欧洲社会，语言是一种身体技术，语言技能尤其是语音技能也是身体素性的一个重要方面。以口音为标志的语音特征体系标志着"作为一个社会阶级的特性的身体图式"③。

依赖这些被沉积的身体素性来作出身份的区分，便是"区隔"（distinction）。区隔是特定群体（阶级）在社会中标志其身份的方式，它是用来表达价值并寻求维持他们与其他群体的界线的符号方式。区隔以一套维持身份的符号系统来运转：书面用语，口头用语，视觉艺术，大众传媒，行为准则和礼仪规范。这些各不相同的体系同时起到

---

① ［法］布尔迪厄、［美］华康德：《反思社会学导引》，李猛、李康译，商务印书馆 2015 年版，第 66 页。
② ［法］布尔迪厄、［美］华康德：《反思社会学导引》，李猛、李康译，商务印书馆 2015 年版，第 17 页。
③ ［法］布尔迪厄、［美］华康德：《反思社会学导引》，李猛、李康译，商务印书馆 2015 年版，第 182 页。

了两方面的作用：赋予文化一种与众不同的身份（identity），以及一种不约而同地防范任何他者侵扰的决心。所以这是一个维持自身和排斥他者同时进行的系统，要将有可能破坏社会组织及其假想身份之完整性的人和事，即他者排除在外，排除的策略实际上是将他者置于控制之下。要么通过压制，要么通过童话，把他者塑造成局外人或者陌生人，或者少数异类，从而群起而攻之，并且将这个排斥的过程合法化。

布尔迪厄将这个排斥的过程称为"符号暴力"："符号暴力就是：在一个社会行动者本身合谋的基础上，施加在他身上的暴力。"① 布尔迪厄一再提请读者注意，在社会系统中，支配者与被支配者的各种力量形成合谋施加不易察觉的暴力，社会行动者对于施加的暴力不但不反抗和质疑，反而认可，布尔迪厄称其为"误识"（misrecognition）。所以，被支配者也为自身的被支配出了一份力。之所以出现这种误识，根源在于习性。习性所给定的社会结构和个体的心智结构是一致的，因而社会行动者往往将世界视为理所当然的，他全然接受世界的现状，并觉得它是自然而然的，布尔迪厄称其为"信念"（doxa），这种信念源于"客观结构与认知结构之间直接的一致关系——是一种现实主义的支配理论和政治学的真正基础"②。这种潜移默化的劝服最难以变更，因为它是通过"事物的秩序"来发挥作用的，而在被支配者的认知结构当中，事物的秩序已经被设定为理当如此，因此失去了质疑和反抗的动机。

在这个依赖符号施行暴力的社会结构中，掌握文化资本的知识分子既比一般人更广泛深入地受制于符号暴力，同时经常处于最不利于发现或认识到符号暴力的位置上，并且还为符号暴力的行使添

---

① ［法］布尔迪厄、［美］华康德：《反思社会学导引》，李猛、李康译，商务印书馆2015年版，第205页。
② ［法］布尔迪厄、［美］华康德：《反思社会学导引》，李猛、李康译，商务印书馆2015年版，第205页。

砖加瓦。因而这样的社会系统能够非常好地执行生产和再生产的任务，因为被支配者自身也在这个体系中，并且毫无察觉地自觉自愿贡献出自己的力量，由于社会支配关系已经身体化了，这更进一步稳固了自己被支配的地位和支配者的地位。

布尔迪厄看到，符号暴力常常把社会性别和性征当作攻击的目标，性别支配是符号暴力的典型体现。首先体现在男性秩序把自身强加为不言自明、普遍有效之物，被行动者视为理所当然，从根本上导致了女性从支配者的立足点来构建性别支配关系。在我国，每隔一段时间就沉渣泛起的"女德班"，将夫妻问题、社会问题统统归结于女性本身；或者譬如"小三"等词汇，将婚外恋归咎于某个道德败坏的女性而非出轨的男性本身，无一不在印证布尔迪厄的观点。

性别的符号暴力通过隐蔽在意识和意愿深处的认识和误识来施行，它首先通过身体产生一种禁锢，"男性气质"和"女性气质"的区分就是明显的例子。通常所谓"男性气质"固化和稳定的内容至少包括三个成分：地位、坚强和非女性化。地位代表功成名就和受人尊敬，是社会成就取向；坚强代表力量和自信；非女性化则是避免女性化的活动。因此，男性气质总是与雄心勃勃、大胆、争强好斗、具有竞争力和性活跃的积极状态联系在一起。而"女性气质"与生育及直觉等相关联，趋向于柔弱和感性。它的固有内容包括三个部分：与家庭或人际关系相关的一切，如温柔、爱整洁以及一切与男性气质相对立的特征。因此，女人味总与羞涩、腼腆、胆小、多愁善感、温柔、被动相关联。总体而言，男性总是看重对别人的影响力，更为主动，女性更期待别人认可，所以男子重行动而女人重外观。

这种区分武断而不符合生活逻辑，但是我们的性别教育及社会规训大多在这个框架当中运行，在布尔迪厄看来，男女性别气质的刻板印象是一个双重的灌输过程，它以两性差异为前提，本身又强化了两性差异，实际上是在男女两性身上强加互不相同的整套性情倾向。这些被构建的性情却形成了举足轻重的社会游戏：

> 诸如荣誉的游戏和战争的游戏（被认为适于展示男子汉的阳刚之气），或者在发达社会中所有社会视为最有价值的游戏，诸如政治、商业、科学等。男人身体的男性化（masculinization of male body）和女人身体的女性化（feminization of female body）导致了文化任意性的躯体化，正是这种文化任意性持续地构建着无意识。①

布尔迪厄将这个建构性别支配关系的过程总结为两步：首先是建构生理上的差异，并以此来为其后的神秘性别差异形成基础；其次是灌输身体素性，所以"男性的社会正义论的特定效力来源于这样一个事实，即它通过将一种支配关系深深地铭刻在一种生物性的因素（这种因素本身就是一种生物性化了的社会构造）上，来赋予这一关系以合法性"②。社会化的过程倾向于将性别支配关系躯体化（somatization），这个过程我们并不陌生，长久以来，我们的文化和教育宣扬女性更适合做照料性工作，而男性更适合高度用脑的科学等，以这些观点为代表无不是将性别支配关系躯体化。

在这样的性别支配关系确立之后，显而易见，女性被分派在相对低下的社会位置。布尔迪厄进一步从符号交换的逻辑来解释这种身份不平等是如何构成的，对这个问题的思考，布尔迪厄采纳了结构主义的视角以及恩格斯对妇女和家庭问题的考察，他认为性别制度的根源在于亲属关系和婚姻关系的社会构建："当男人作为婚姻策略的主体，并且运用婚姻策略来维持或增加他们的符号资本时，妇

---

① [法]布尔迪厄、[美]华康德：《反思社会学导引》，李猛、李康译，商务印书馆2015年版，第212页。
② [法]布尔迪厄、[美]华康德：《反思社会学导引》，李猛、李康译，商务印书馆2015年版，第210—211页。

女却总是被视为这些交换的客体,并在交换中作为门当户对的符号来流通。"① 因此,被赋予符号职能的女性为了维持自身的符号价值,便只好遵守男性理想中的女性美德,花更多的工夫去装饰打扮来维持身体价值和魅力。正是因为性别身份的差异及不平等是基于符号交换的经济逻辑,所以从古至今,不管生产方式如何变化,男性依然能够维持自身地位,而女性总是居于客体的地位。

在这样的性别框架中,性别区隔产生了,布尔迪厄认为,性别区隔已经成为"信念",比较典型的性别区隔信念就是某种社会因素造成的公共恐惧症(agoraphobia),"这种恐惧症使妇女将其自身排除在所有公共活动和公共仪式之外,而这些活动和仪式在结构上也将妇女排除在外(这与公/男与私/女的二元对立正相吻合),这一点在正式的政治活动领域中特别明显"②。这种区隔在各种文化当中广泛存在,在欧美,性别区隔明显存在于第一波女性主义争取到女性选举权之前的时代,以及时至今日仍然存在的玻璃天花板等。而对于中国人而言,古往今来的男主外女主内的格局我们今天依然不陌生。即便时间已经迈入 21 世纪,社会舆论对于女性进入公共空间的"僭越"行为仍然颇多微词,比如调侃跳广场舞的"大妈",这个问题我们在第五章会讨论。比如每当女性在公共空间发生被侵犯等行为之后,告诫女性不要晚上出门等"好意"提醒,这种限制女性自由的提醒甚至演变为 2019 年滴滴顺风车的企业行为,滴滴将女性晚上打车出行的时间限制在 20 点以前,而男性则可以到 22 点。尽管这项规定最后被取消,但是一位女性高管管理的企业肆无忌惮地以保护女性为名出台这样的歧视性举措,无疑印证了性别区隔观念的根深蒂固。

总体而言,布尔迪厄对社会结构中支配权力运作方式的具体分

---

① [法]布尔迪厄、[美]华康德:《反思社会学导引》,李猛、李康译,商务印书馆 2015 年版,第 212 页。

② [法]布尔迪厄、[美]华康德:《反思社会学导引》,李猛、李康译,商务印书馆 2015 年版,第 99 页。

析将福柯的权力模型具体化了。最重要的是，布尔迪厄清晰地展示了身份不平等结构的运作方式，这种方式是将结构的不平等与文化因素相联系，并且用大众对差异的感知来使身份不平等的压迫合法化，从而使被支配者与支配者都视为一个自然而然的过程。布尔迪厄还指出了身份结构运作的关键因素：文化控制是经济和政治控制的一个本质因素，这一点对于后来用文化研究来思考身份运作提供了一个基点，并有效地解释了身份结构的运作，这种运作最成功的就是将一切自然化，使人身处其中却难以感到冲突和权力的运作，甚至全然不去思考个人被赋予的身份、角色与社会假设之间的距离，如同卡勒指出的，"身份形成的过程不仅突出一些区别，忽略一些区别，而且它还将一种内在的区别，或者说分歧，映射成个人与群体间的区别"①，所以身份运作最可怕的结果是我们全然意识不到权力的作用，坦然地将它作为自然而然的命运来接受。

三 自我的能动性

社会结构生产社会规范，社会规范制造社会身份，而社会身份的制造归根到底与人的主体性相关，人被规范生产与维持，并只有接受规范才能被社会容纳，获得主体的位置，而成为主体就意味着在强权当中进入身份的表演。但主体这个词汇本身就包含两面性：

> "主体化"这个术语本质上就是矛盾的：法语服从（assujetissement）既表示主体的形成，又表示服从的过程——一个人只有通过服从于一种权力，一种意味着根本的依赖的服从，才可占据这种自主权的形象。②

---

① [美]乔纳森·卡勒：《文学理论入门》，李平译，译林出版社2013年版，第122页。

② [美]朱迪斯·巴特勒：《权力的精神生活：服从的理论》，张生译，江苏人民出版社2009年版，第79页。

另外，身份主体的建构过程也并非全然被支配和压迫。譬如在福柯的权力理论中，尽管权力散漫，来自四面八方，但是处于生成过程中的权力和主体便存在翻转的可能。在主体具体化的社会结构中，主体与社会结构间的相互作用更为明显："这个作为我的'我'不仅是规范所构造的，并依赖于规范，同时这个'我'也力图与这些规范保持一种批判的、转化性的关系，并以这种方式生活。"① 这说明，主体身份具有语境性的特征，支配者与被支配者也存在辩证关系，在现实生活中，哪怕是极权体制下，支配者完全压制了被支配者的状况从未达到过，因为身份生产是结构性的，也是生成性的。

主体的能动性是述行理论的核心，对于我们认识身份问题而言，它也是一个前提：主体在身份建构的过程中，无论是建构还是僭越，其实有充分的主体性存在，在任何情况下都不容抹杀。

黑格尔的主奴辩证法有助于我们对这个问题的理解。尽管福柯和布尔迪厄等人对社会权力的考察有生成性特征，但相对而言，对主体能动性的思考还是略显薄弱。而当我们回到黑格尔，会看到在黑格尔的辩证法中，生成有着更为合理的内核。按照黑格尔的主奴辩证法，主人占有奴隶的劳动成果，否定了劳动成果作为物的独立性，与此同时，把物的独立性让与奴隶，让奴隶对物加以改造。在这样的循环当中，奴隶逐渐成为主人的附属，并且把奴隶的意识内化："主人最开始是以'外在的'形式出现在奴隶面前，再度出现时却已成为奴隶自己的意识。"② 主人最先是自封为主人，但后来奴隶认可了他是主人。奴隶并非生而为奴隶，而是在承认了主人之后自己才占有了奴隶的身份。在主奴关系当中，虽然主导的似乎是主人，奴隶居于从属位置，但是奴隶的存在保证了主人的身份，主人的存在保证了奴

---

① [美]朱迪斯·巴特勒：《消解性别》，郭劼译，上海三联书店2009年版，第3页。

② [美]朱迪斯·巴特勒：《权力的精神生活：服从的理论》，张生译，江苏人民出版社2009年版，第3页。

隶的身份，二者缺一不可，所以二者之间是一种相互依存的关系，虽然黑格尔没有明言，但奴隶对于主人的身份有着再生产的能动作用。而且当奴隶奋起而反抗，这个主奴秩序就可能颠倒。这个问题已在第一章通过巴特勒讨论过。

黑格尔的主奴辩证法或多或少还有二元对立和权力单向流动的影子，但是它对元素辩证互生的理解有助于我们理解主体身份的建构与反建构。今天的文化理论对主体能动性的指认就充分体现在"社会行动者"（agent）概念的广泛使用中。"agent"意为"行动者"，强调行动者自身的积极主动性，而非被动接受。当它作为身份主体时，相对强调的是主体的再赋义功能。"agent"被布尔迪厄、吉登斯、新马克思主义者等广泛使用，它取代了"actor"成为当代社会理论常见术语，"agent"有"授权、代理人、体制"等多种翻译，无论是理解身份还是述行的运作而言都很重要：

> 社会行动者（agent）并非被外力机械地推来推去的"粒子"。正相反，他们是资本的承载者，而且，基于他们的轨迹和他们利用自身所有的资本数量和结构在场域中所占据的位置，他们具有一种使他们积极踊跃地行事的倾向，其目的要么是竭力维持现有的资本分配格局，要么是起而颠覆它。①

对这个问题，巴特勒也认为，因为述行未必成功，主体的能动作用（agency）也可以在述行理论的框架之内进行讨论：我在多大程度上，并且在什么情况下能够成为一个承担责任的主体，同时能够选择我的行为？

身份主体的能动性首先源自主体自身的建构性。尼古拉斯·罗斯就提出"主体化的谱系学"（the genealogy of subjectification）这一

---

① [法]布尔迪厄、[美]华康德：《反思社会学导引》，李猛、李康译，商务印书馆2015年版，第136页。

说法，① 主体化本身的建构就充满权力运作的痕迹。正因为这种建构性，所以不能保持永久的稳定状态。按照巴特勒的述行理论，主体通过重复被建构，这种重复并非单调地重复自身，而是在不断的行动当中可能变换方向，偏离预设的轨道。由于主体具有生成性，所以我们现有的身份只是暂时的。

而巴特勒认为，正是重复在担负建构和解构的重任，而重复的行为暗示了不连续性，这造成主体断裂的可能。因为述行的重复是被迫的重复，这个在强力当中形成的身份可能只是异化的存在，并且存在颠覆的可能。按照福柯的观念，"规训的话语并不能单方面建构出主体，更确切地说，如果它建构出了主体，它同时会建构出主体解构的条件"②。

所以，虽然人必然受各种律法和环境的限制，但是这些限制并不是永久的，我们所拥有的身份未必就要伴随终生。譬如在阿尔都塞的询唤场景中的主体化就可能只是"误识"（misrecognition）而已，虽然他认定人不能逃脱意识形态。按照阿尔都塞的说法，成为"主体"就是已经被假定为有罪，然后被判决宣布为无辜，"因为这种宣判不是一个单一的行动而是一个被不断再生产的状态，成为'主体'就是持续地处于免除自身有罪的谴责的过程中"③。这种主体化"是一种误识，一种错误的和暂时的总体化"④，因为人不大可能完全机械地执行所有的判决，所以，存在发生意外的可能。就好比奥斯汀的语言述行，如果意图没有完全被领会，那么述行也是失败的。权力的传播也如同对话，它并不是单向的，而是需要双方的共同参与。

---

① 参见［英］斯图亚特·霍尔、保罗·杜盖伊等编著《文化身份问题研究》，庞璃译，河南大学出版社 2010 年版，第 154 页。
② ［美］朱迪斯·巴特勒：《权力的精神生活：服从的理论》，张生译，江苏人民出版社 2009 年版，第 93 页。
③ ［美］朱迪斯·巴特勒：《权力的精神生活：服从的理论》，张生译，江苏人民出版社 2009 年版，第 114 页。
④ ［美］朱迪斯·巴特勒：《权力的精神生活：服从的理论》，张生译，江苏人民出版社 2009 年版，第 108 页。

除了身份的建构性，身份主体的能动性还来自制度本身。吉登斯指出，现代性自我已经并非一个为外在影响所决定的被动实体，因为新的认同机制"一方面由现代性的诸多制度所形塑，另一方面也同时形塑着现代制度本身"①。这本身是一个自反制度，存在其中的要素关系性更强，身份的关系性导致它的自我认同更多受制于"他者"。

拉康的镜像理论有助于我们理解这种"他性"。他在《镜像阶段》里指出，在镜中所看到的自我只是想象性识别，我们所看到的自我只是想象的构成，因而身份只是外在化认同的产物。"想象域表明了话语的——也就是说，象征的——身份的建构的不可能性"②，这也让我们看到身份不仅是暂时的，甚至还可能只是假象而已。

从弗洛伊德的角度也能得出自我身份的建构与"他者"的关系性，弗洛伊德对自恋和忧郁症的阐释都包含着内化他者的内核。弗洛伊德认为，由于"自我力比多"与"对象力比多"之间存在对立均衡的关系，一方面用得越多，另一方面则用得越少。因而当我们将力比多从"对象贯注"（object-cathexes）中撤回，这个从外部世界撤回的力比多必然转向自身，便产生了"个体对待性对象一样的对待自体的一种态度"③，即自恋。忧郁症也是从关注客体转向自身，但情况稍有不同。弗洛伊德认为，忧郁症是对失去的病态反映，因为丧失所爱之物而对外部完全失去兴趣。当爱的客体消失后，人们却不愿将力比多从爱的客体中撤走，不愿放弃力比多曾经占据的位置，但现实中这个位置已经没有了，于是患忧郁症的人通过幻想来抓住这个已经失去的爱的客体，将自我和幻想的他者合并。所以，忧郁症者的自我不仅把他自己当作一个爱的对象，同时也当作侵犯

---

① ［英］安东尼·吉登斯：《现代性与自我认同：晚期现代中的自我与社会》，夏璐译，中国人民大学出版社2016年版，第2页。
② ［美］朱迪斯·巴特勒：《权力的精神生活：服从的理论》，张生译，江苏人民出版社2009年版，第91页。
③ ［奥］弗洛伊德：《性学三论》，宋文广译，载车文博主编《弗洛伊德文集》第二卷，长春出版社1998年版，第252页。

和仇恨的对象。忧郁症对自我的生产经历了特殊的路线,"从对象到自我的转向生产了自我"①,这个与幻想的他者合并的自我最后取代了被遗失的对象。但自我对对象的替代与合并不能完全成功,因为对遗失的对象来说,"自我是一个拙劣的替代品,并且,它无法令人满意地替代(就是说,克服了它作为代用品的地位)"②。

所以,主体的自我建构需要关系网中"他者"的支撑,如巴特勒所说:"只有通过坚持他性(alterity),一个人才能坚持'自己'的存在。一个人受制于并非自己制造的条款,在某种程度上,他总是通过范畴、命名、术语和分类,来坚持自己的存在,而这标志着社会性中的一种最初的和开创性的异化。"③

就身份认同理论本身而言,身份主体的能动性与其天然的歧义性有关。霍尔说过,身份认同源自对自我的叙述化,事实上身份认同从一开始就是充满歧义的。拉普朗什和彭大力斯指出:"视作整体的身份认同绝非一个有机统一的体系。与超自我的中介共存的需求是变化纷繁的,有矛盾冲突,又无序混乱的一样,理想的自我是由身份认同和并不一定和谐的文化理想组成。"④ 身份认同本身涉及多个层次,虽然自我问题是身份问题的核心,因为身份认同首先是对自我的定位,但是,"由于身份和角色存在于一定的社会关系中,人类个体的群体认同和文化认同,作为某种共享的经验,同时也赋予人的存在一种意义感和归属感"⑤。所以自我的定位又要受制于他者。

---

① [美]朱迪斯·巴特勒:《权力的精神生活:服从的理论》,张生译,江苏人民出版社 2009 年版,第 164 页。
② [美]朱迪斯·巴特勒:《权力的精神生活:服从的理论》,张生译,江苏人民出版社 2009 年版,第 165 页。
③ [美]朱迪斯·巴特勒:《权力的精神生活:服从的理论》,张生译,江苏人民出版社 2009 年版,第 25 页。
④ [英]斯图亚特·霍尔、保罗·杜盖伊等编著:《文化身份问题研究》,庞璃译,河南大学出版社 2010 年版,第 4 页。
⑤ 参见任裕海《全球化、身份认同与超文化能力》,南京大学出版社 2015 年版,第 2 页。

因而，多方面对身份主体的认同都导向身份暂时性与想象性的结论，这令身份成为可能性而非结论，这种可能性对我们来说意味着更多的希望：

> 我们可以把"存在"（being）重读为正是那种潜在的可能性，任何一种特定的询唤都无法穷尽它。这样一种询唤的失败也许彻底削弱了主体在一种自我认同的意识中"是"（to be）的能力，但是，它可能也同样标志了这样一条道路，它通向一个更开放的、甚至更为道德化的存在，它属于未来或者通向将来。①

所以尽管作为主体性的人本身置身于权力机制的罗网中难以逃脱，但这种机制并不意味着沉重的压抑和单一化的生产，相反，当自我意识到它自身的存在，就有可能改变它的处境。压抑未必是永久的黑暗，奋起反抗也不能走向乌托邦，但是一旦自我主动去寻求自身，就能通向更多的可能和希望。深入主体这个角度，我们可看到身份与述行的深层次交汇。述行理论否认有先在的主体，身份的主体也总是处于能动性的建构当中，它们都在权力的框架当中被建构与反建构。

第三节　抵抗与承认

身份的建构过程给我们揭穿了身份的真相：身份的维持与制造是权力运作的硝烟战场。面对这样的身份处境，处于身份底层结构或者被排斥的群体，率先揭竿而起反对身份的预设及分层系统。这

---

① ［美］朱迪斯·巴特勒：《权力的精神生活：服从的理论》，张生译，江苏人民出版社2009年版，第126页。

当中以代表 LGBT 群体的酷儿理论最为活跃，他们曾先后有两种旗帜鲜明的态度：消解身份以及承认身份，而这两种态度对于所有身份的建构及反思而言，都具有启示意义。

一 抵抗：消解身份

我们已经清晰地知道，身份认同是幻象，因为身份之后没有稳固的主体存在，这也意味着没有实在的主体。身份本身充满不确定性，但是身份认同的过程却要锚定一个个体、主体。建构身份、保持身份，尤其在保持身份这个最艰难的过程中，充满了永久与暂时的博弈，形成一个永久斗争的场域。

既然有运动和斗争，那么反抗和颠覆的因子也在进行运转："没有一个政治立场是纯粹而没有权力渗入的，也许就是因为这样的不纯粹性，才能产生具有打破、颠覆管控机制潜能的能动性。"① 因为权力是生产性的，而且绝对的支配并不存在，因而抵抗总是存在的。

身份的僭越与抵抗之所以成为世界话题，一方面，与社会语境的变迁有关。解构主义的兴起率先反对二元对立的思维方式，并清晰地提出了多元化并置的主张。解构主义思潮与高举不确定大旗的后现代一起让被边缘化的妇女、黑人、同性恋者等拥有了一个话语平台，这一点与当代身份政治观念的变化相关。而另一方面也与世界格局的总体变化有关。"第二次世界大战"后，随着第三世界崛起，包括中国在内的诸多民族国家逐步获得在国际舞台上的话语权。与此同时，在美国等发达资本主义国家，少数族裔也随着自身在经济文化等方面的资本增加，起而更加有力地反对"白人至上"的族群观念。

就与酷儿理论密切关联的性别状况而言，女性主义经过第一波

---

① ［美］朱迪斯·巴特勒：《性别麻烦：女性主义与身份的颠覆》序（1999），宋素凤译，上海三联书店 2009 年版，第 20 页。

争取选举权、第二波追求男女平等,到了第三波女性主义(又被称为"后女性主义"),女性与 LGBT 等性少数群体合作,与后现代思潮合流,从根本上质疑性别身份的合理性。呼吁要重构性别主体,而非简单改变性别秩序。因此,酷儿运动应运而生。

早在 16 世纪就已出现"酷儿"(queer)这个词,原本指的是奇怪和不合规范等,带有强烈的贬损含义。但到了 20 世纪中叶,酷儿完全被用来指代与传统性别规范不一致的人群,当这个称呼在 90 年代以来为 LGBT 人士自身所用之后,它诞生之初所具有的"怪异"这样的贬义性含义已经在使用过程中被改写。当性少数群体自身使用这个称呼的时候,在中文语境中,它被译为"酷儿",由当下的流行词汇"酷"衍生而来,更令这个称呼具有先锋的味道,而且更直观地代表着他们的反抗和骄傲。

在接受比利时 Bang Bang 电台采访时,巴特勒指出,酷儿是对身份的诘问,因为身份是不断建构和反建构的过程,所以获得自身身份的称呼并不是终点,酷儿般的再赋义就是一种有力的反抗方式。中国学者李银河同样指出:"酷儿意味着对抗——既反对同性恋的同化,也反对异性恋的压迫。酷儿包容了所有被权力边缘化的人们。"[1]

酷儿理论所关涉的 LGBT 群体,在以往被视为"性变态",乔纳森·多利摩尔(Jonathan Dollimore)在 1991 年的专著《性变态:从奥古斯丁到王尔德,弗洛伊德到福柯》(*Sexual Dissidence*:*Augustine to Wilde*,*Freud to Foucault*)[2] 中,将关于"性变态"的身份政治总结为四种"对立的话语":

(1)宣称一种正面的身份是正常和自然的,并把它当做一

---

[1] [美]葛尔·罗宾等:《酷儿理论》,李银河译,文化艺术出版社 2003 年版,译者前言 3。

[2] Jonathan Dollimore, *Sexual Dissidence*:*Augustine to Wilde*, *Freud to Foucault*, Oxford: Oxford University Press, 1991.

种支配性的"标准";(2)宣称一个消极的身份可以通过合法的(比如,医学的或科学的)话语被解释和被调整;(3)宣称一个不同的身份比那种支配性身份更自然更正常;(4)僭越的策略,这种策略颠覆了用来确定什么是正常和不正常的特定范畴述行。①

这四种话语中的第一种可以被描述为本质主义策略。他们断言相反的身份在本质上是不可变的。而第四种对立话语则明显是反本质主义的,它将身份理解为具有表演性,如此一来,身份就不建立于任何的本质特征之上,而是建立在文化预期之上的一个表演。这种洞见在酷儿政治学中得到了更多发展,他们主张我们可以透过身份表演来反抗这种身份的预设和贬低。由于在传统社会中的性别气质划分就包含了较多性别表演因素,诸如男性"豪迈",女性"温柔"等,尤其是通过强大的易装术,至少外形上性别互换并非难事,所以"身份就是表演或是戏仿"的主张特别适合于性别身份,但却不适用于由阶级、种族或残疾所建构的身份当中。

这种主张从一开始就给酷儿理论及其运动带来狂欢化的特质,酷儿理论也较多地运用舞台表演、易装等为例来阐明其主张。酷儿理论先驱巴特勒指出,酷儿的历史本来就应当包括男女换装,以及化装舞会等表演性很强的内容。② 扮装是一种古老的文化现象,扮装早期多指男性穿女性衣服,后来泛指男女在服装上互换角色。北美印第安莫哈伏人部落(the Mohave)就将"男女扮装"制度化了,那里允许人从一个性别变为另一个性别。③ 在戏剧史上,无论是东方的京剧还是西方的戏剧,都经历了男性扮演女性的阶段,其中尤以

---

① [英]阿雷恩·鲍尔德温等:《文化研究导论》,陶东风等译,高等教育出版社2004年版,第232页。
② Sara Salih, *Judith Butler*, London and New York: Routledge, 2002, p.96.
③ 参见[美]盖尔·卢宾《女人交易:性的"政治经济学"初探》,王政译,载[美]佩吉·麦克拉肯主编《女权主义理论读本》,广西师范大学出版社2007年版,第54页。

中国男旦和日本歌舞伎中的女形艺术影响最为深远。在现实语境中，不少同性恋以男女服装风格来区分主动和被动角色。俚语往往也通过服装和身体风格来区分同性恋及其性别角色，女同性恋中扮演主动角色的"butch"通过一些男性化的象征标记自身，诸如短发，胳膊有肌肉，粗嗓门，喉结，穿平底鞋和靴子，眼神接触的方式，等等。①

有不少研究者直接运用述行理论来解读争议女星麦当娜·西科尼的表演，认为麦当娜男女换装表演以及与同性恋同台等行为挑战了异性恋规范。20世纪90年代开始走红的麦当娜在一系列MV和写真当中出现了一些惊世骇俗的同性恋者和扮装表演。麦当娜在舞台上以打破陈规的表演追求文化多元性，尽情展现身体的愉悦性，这被女性主义者们称赞为大胆挑战了性别规范。麦当娜的僭越表演引起学术界热议，这些讨论在90年代甚至结集成书《麦当娜关联：政治、亚文化身份和文化理论的表征》(The Madonna Connection: Representational Politics, Subcultural Identities, and Cultural Theory)，②书中大多数学者认为，麦当娜通过大胆的表演有力对抗了父权制，这是对女孩文化的庆祝。此外，还有一些学者用福柯的"面具"概念来分析来麦当娜离经叛道的行为，最后得出结论：她的表演表明了没有稳定的身份存在。

巴特勒则在《身体之重：论"性别"的话语界限》中，通过剖析詹妮·利文斯顿（Jennie Livingston）导演的纪录片《巴黎在燃烧》(Paris Is Burning) 来说明没有稳定的身份实存。影片展示了纽约哈莱姆区一家夜店的扮装走台秀，一群非裔、拉美裔的同性恋男性身着女装华丽登场。男演员们在舞台上身着女装便立即显示出女性气质，巴特勒指出，这无疑戏剧性地展示了性别述行。所以他们的扮装行为"彻底颠覆了内在和外在心灵空间的区分，有力地嘲弄了表

---

① Donald E. Hall, *Queer Theory*, New York: Palgrave Macmillan, 2003, p. 15.
② Cathy Schwichtenberg, *The Madonna Connection: Representational Politics, Subcultural Identities, and Cultural Theory*, Oxford: Westview Press, 1993.

达模式的性别论点，以及真实性别身份的概念"①，但巴特勒还不忘提醒我们，当我们在华丽的舞台扮装表演中欢呼可以打破男性气质与女性气质的同时，很容易忽略扮装表演依然是在二元对立的异性恋框架中完成，因为不管是"男扮女"或者"女扮男"，它的表演都基于性别刻板印象的存在，所以依然是"异性恋文化制造了自己的扮装"②，这似乎僭用与颠覆了异性恋模式，但结果却仅仅是释放的狂欢而已，并未彻底改写性别建构及其身份。就像同性恋角色的"Butch/Femme"二元划分，即便已经是同性恋人，但却仍然要复制异性恋结构，双方一个扮演男性角色，另一个扮演女性角色。所以通过对扮装的反思，巴特勒深刻地展示了性别认同的双重幻象：一面是没有稳固的性别，另一面却是即使颠覆也难以逃脱话语掌控，所以无论是性别稳固的异性恋式二元对立还是同性恋对异性恋的颠覆都是幻象。

从《性别麻烦：女性主义与身份的颠覆》到《消解性别》，巴特勒质疑现有性别身份的正当性，并提出"消解性别"的激进主张。在巴特勒看来，要打破性别的等级范畴，最彻底的做法就是要摧毁性别。如果不打破性别，那么一切都只是在二元对立的框架内进行讨论。她主张将性别视为即兴的可能性，而不是一个稳定的能指，"性别在霸权语言里以一种实在（substance）的面貌存在，从形而上学来说是始终如一的一种存有。这样的表象是通过对语言以及/或者话语的操演扭曲而达成的，它掩盖了'生而为'（being）某个生理性别或社会性别基本上是不可能的这个事实"③。

在女性主义之外，福柯在同一时期也提出了反对性别定位的主

---

① [美] 朱迪斯·巴特勒：《性别麻烦：女性主义与身份的颠覆》，宋素凤译，上海三联书店2009年版，第179页。
② [美] 朱迪斯·巴特勒：《身体之重：论"性别"的话语界限》，李钧鹏译，上海三联书店2011年版，第114页。
③ [美] 朱迪斯·巴特勒：《性别麻烦：女性主义与身份的颠覆》，宋素凤译，上海三联书店2009年版，第25页。

张,他认为性别范畴是性欲管理机制的产物。在美国旧金山一次同性恋团体聚会中,西蒙·瓦德来到福柯跟前,感谢福柯的思维方式使同性恋的解放有了可能,但福柯谢绝了这种恭维,而强调"我认为'同性恋者'这个词已经作废了……因为我们关于性的认识发生了变化。我们看到我们对快感的追求在很大程度上被一套强加给我们的词汇限制住了。人既不是这种人也不是那种人,既不是同性恋者也不是异性恋者。我们称之为性行为的东西有一个无限广阔的范围"①。

巴特勒对酷儿理论有很高的期许:"'酷儿'这个词本身已经成为新一代男女同性恋者、女同性恋的介入或双性恋与异性恋者在话语上的召集点。"② 她希望通过酷儿理论,能够使人们在涉及性别问题时接受更宽广的语汇,从而会进一步去识别性别的真相,而不是被流俗禁锢。所以酷儿理论大有作为,通过性少数群体,它将自己的关注扩展到所有的性活动和性身份:

> 酷儿理论更多关注的是对人所不欲的身份法规的反对,而仅仅是身份的可变性或是其倒退地位。毕竟,酷儿理论及运动之所以取得政治成功,是因为它坚持认为,反恐同运动可以和任何人有关,不论此人的性取向如何,而且身份标志不是政治参与的必要条件。同样,酷儿理论反对那些对身份进行管制或对某些身份的人确立认识优先权的人。③

盖尔·卢宾为身份自由的社会做了这样的预想:"我觉得最能鼓舞人的梦想是建立一个雌雄一体、无社会性别的(但不是无性的)

---

① [美]詹姆斯·米勒:《福柯的生死爱欲》,高毅译,上海人民出版社2005年版,第350页。
② [美]朱迪斯·巴特勒:《身体之重:论"性别"的话语界限》,李钧鹏译,上海三联书店2011年版,第229页。
③ [美]朱迪斯·巴特勒:《消解性别》,郭劼译,上海三联书店2009年版,第7页。

社会，在这个社会中，一个人的性生理构造同这个人是谁、是干什么的、与谁做爱，都毫不相干。"①

卢宾的这段"消解身份"的描述无疑有着强烈激进的乌托邦色彩，而也正是因为这种消解身份的乌托邦式期许，导致后来不少热烈主张消解身份的思想家，转而冷静思考寻求身份合法性的必要。

二　承认的悖论

是否认清了身份的建构性就必须消解身份？身份的存在有没有正向的社会意义？诚然，身份被意识形态建构，"意识形态在引导我们以某些方式解释世界的同时，就建构起了我们的主体性，亦即社会身份，它是权力和知识之关联结构的组成部分"②。但与此同时，社会化建构对于独立的单个主体而言，它在政治和心理上都有助于维持一种意识形态，而意识形态的稳固性虽然难免有被权力话语控制的一面，但不可否认，它也有助于维持个体的生存。社会规范存在两面性，它在管理个体、生产个体的同时也在管理社会，如果没有社会规范，那么社会如何维持正常运转？

在《性别麻烦：女性主义与身份的颠覆》出版十年之后，酷儿先驱巴特勒也在反思早年对颠覆的乐观态度。这种反思与巴特勒的生活经历相关，她自己是出柜多年的同性恋，也曾经在设于旧金山的国际男女同性恋人权委员会理事会服务若干年，还参与了美国的"新政治运动"和一些同性恋团体的活动。和性少数群体的深入接触让她深刻意识到，反抗和质疑现有知识范畴固然重要，但在现实层面上，就目前而言，要想建成消解性别的乌托邦并不可能。因为性

---

① [美] 盖尔·卢宾：《女人交易：性的"政治经济学"初探》，王政译，参见 [美] 佩吉·麦克拉肯主编《女权主义理论读本》，广西师范大学出版社 2007 年版，第 73 页。

② [英] 丹尼·卡瓦拉罗：《文化理论关键词》，张卫东等译，江苏人民出版社 2005 年版，第 5 页。

少数群体其至还没有完全获得在社会上的基本权利保障，比如在婚姻、养育孩子等具体问题上还存在诸多障碍，更不用说消除公众对性少数群体长期存在的偏见与歧视。在他们身上，巴特勒看到，"如果一种生活不被纳入被承认的范畴的话，它就不是可行的生活"①。单纯的颠覆对于性少数群体来说并不能导向一种可行的生活，他们同时还要争取自己的权益。

这个问题不仅对于性少数群体，对于少数族裔、阶级结构来说同样如此。我们既要质疑固有身份，也要在质疑的同时过可行的生活。巴特勒在早期著作中彻底地反普遍性、反同一性，她认为普遍性就意味着排除。杰西卡·本杰明（Jessica Benjamin）就认为，只有包含才能提供一个位置，而巴特勒的概念仅有排除而缺乏包含。仅就身份问题而言，这无疑排除了身份"认同"的维度，当被压迫的身份奋起反抗消解身份时，此举也斩断了与"他者"和社会的联结，当自我企图完全基于自身塑造自我时，将面临悖论式的失败，因为只有与"他者"的团结才能塑造自我。消解身份的初衷是反对不平等，而当身份彻底消解，不平等自然不存在了，那个挤压主体的"他者"不存在了，那么无所依存的主体将归于何处？

所以，我们还应当看到普遍性除了排除差异以外，其实也蕴含着文化交流的可能。这种可能用黑格尔的"承认"概念更好理解。"承认"是黑格尔哲学的经典问题。第三代批判理论核心人物阿克塞尔·霍耐特（Axel Honneth）认为，这是黑格尔在执教耶拿期间思考的核心问题，"那时，黑格尔坚持认为，主体之间为相互承认而进行的斗争产生了一种社会的内在压力，有助于建立一种保障自由的实践政治制度"②。黑格尔的"承认"与主奴辩证法密切相关，对承

---

① [美] 朱迪斯·巴特勒：《消解性别》，郭劼译，上海三联书店 2009 年版，第 8 页。
② [德] 阿克塞尔·霍耐特：《为承认而斗争》，胡继华译，上海人民出版社 2005 年版，第 9 页。

认问题他同样坚持相互依存以及可转换性。在黑格尔的承认模式中，主人希求奴隶的承认，奴隶也希求主人的存在。黑格尔认为："一个人在自己的存在中生存的必要条件是必须要参与到对承认的接受和提供中去"①，一旦存在不能被承认，或者找不到可依据的规范，那么就意味着"在自己的存在中生存是不可能的，而我们的存在也丧失了可能性"②。在黑格尔的哲学传统中，欲望是承认的欲望，个人只有通过承认才能为社会所接纳，承认的规范提供和维持着我们的存在。

而到了福柯那里，承认被理解为可以制造和消解关于人的定义，是对人进行分类，规定哪些是社会规范所不允许的行为，哪些生命值得保护和承认，哪些不被珍惜。最理想的状态当然是彻底颠覆这个分类根基，但是在实现这个乌托邦之前，只有先一步步希求身份的合法性，只有生存下去，才能进一步获取更大的权益，这是当前无论是哪种被贬斥被排除的身份都面临的实际问题。

巴特勒深刻意识到承认对于可行生活的必要性，因此从《消解性别》开始，她在反对身份界定的同时，开始提出寻求承认也是生存的必要之举。在抵制规范的同时应当也要会利用规范，因为社会规范不可避免，并最终通过这种努力来过一种更好的更可行的生活："我们不是要宣扬不一样，而是要确立更加宽容的、保护、维系生活的条件，来抵制各种同化模式。"③ 因为最终我们不是要抵制某个具体对象，而是要抵制不平等的制度本身，所以质疑身份最终的结果并不应当是破坏，而是建设，就像福柯所说，应当利用好以"保卫社会"为目的的现代权力，而不是全然去否定它。

---

① [美]朱迪斯·巴特勒：《消解性别》，郭劼译，上海三联书店2009年版，第31页。
② [美]朱迪斯·巴特勒：《消解性别》，郭劼译，上海三联书店2009年版，第31页。
③ [美]朱迪斯·巴特勒：《消解性别》，郭劼译，上海三联书店2009年版，第4页。

但在此基础上,巴特勒还反思承认可能造成双重后果。承认固然重要,比如对于性少数群体来说,不被承认意味着更加艰辛的生活,难以正常享受公民应有的权利。然而承认也可以成为权力制造差异的场所,对可承认不可承认进行分类就是在通过权力制造差异。因而一个人要在社会制度中生存,就不得不考虑一个问题:颠覆也可能仍然在权力框架中运行。这引发了另一个问题,如何利用现有制度来过一种可行的生活?针对这一点,巴特勒以同性恋婚姻为例进行阐述。在她看来,同性恋婚姻企图利用国家法律和异性恋规范进入合法化当中,然而,"对普遍承认的欲望就成了一种对拥有普遍性、在普遍性中具有可变性、消除未批准的关系所具有的孤独特性以及,也可能是最重要的,在与国家的那种想象的关系中获得位置和神圣化的欲望"①。

对于这个问题,福柯早已经指出其局限性——得到承认的身份是单一的和受损的。巴特勒指出:"从这个意义上说,我们所成为身份政治的东西,是被国家生产出来的,而国家只能把认可和权利分配给被建构它们的原告地位的这种特性所总结的主体。"② 所以从这个角度来看,承认也充满了悖论:非法者欲求承认是为了生存的保障,但要求承认这一行为是对权力的主动询唤,此举可能令国家权力延伸到更广阔的领域,最终也难免造成另一种伤害。归根到底,承认似乎也难免落入幻影的陷阱。

但无论如何,批判的武器不能代替武器的批判,不能因为质疑就走向虚无主义,就像永远走在生成之路上的主体身份。质疑身份和渴求承认的行为最终都是为了让我们过更好的生活,但在现实生活中,以全然对抗的方式来塑造主体显然不大可行,可能的生活需

---

① [美]朱迪斯·巴特勒:《消解性别》,郭劼译,上海三联书店2009年版,第115页。
② [美]朱迪斯·巴特勒:《权力的精神生活:服从的理论》,张生译,江苏人民出版社2009年版,第94页。

要合作。对这个问题的思考导向了述行理论后来的走向,就是寻求合作的可能,以共存方式达成的同一性,巴特勒称之为"团结":

> 团结的问题不能通过突出或抹去这一领域来解决,当然,也不能通过空头许诺,即通过排斥来重新获得同一性,这种同一性是把从属性重新构建为其自身可能性的条件。唯一可能的同一性将不是一系列冲突的合成物,而将是以政治生产的方式支持冲突的模式,即一种竞争的实践,要求这些运动在彼此相互的压力下明确表达其目标,而又不完全变成对方。①

因此,以巴特勒为代表的述行理论家,近年来的研究逐步从性别扩展到其他的身份领域,比如种族、国家等,并且开始回归伦理问题。也正是在此过程中,更为深刻地思考了抵抗与承认的悖论。民族、性别身份与自我建构之间大的差异在于,民族身份建构过程中的普遍性暴力涉及面更深更广,一旦以国家为主体对他人施加暴力,对方极有可能以同样甚至更强的暴力来作出回应。所以当身份问题进入更广阔的政治视野,对开放性的寻求就显得更加迫在眉睫,这个需求与我们每个人都息息相关。因而不管面对任何身份,既要质疑现有的规范又寻求团结式的认同。既不要人为地湮没某些身份,也不要刻意通过隔离来维持身份的差异。我们所要做的是尊重身份的多元,并维护这种多元的可能性。由此才能真正重构"人"的主体性,并且能保卫人作为人的尊严。

---

① [美]朱迪思·巴特勒:《纯粹的文化维度》,高静宇译,载[美]凯文·奥尔森编《伤害+侮辱:争论中的再分配、承认和代表权》,高静宇译,上海人民出版社2009年版,第46页。

第三章　身份述行的文化实践

对于身份问题而言，建构身份最活跃的领域并非理论领域，而是实践领域。身份问题以"身份政治"（Identity Politics）的方式呈现，体现出鲜明的实践特征。如同福柯所说，我们需要的不是一个关于需要认知的主体的理论，而是一个范围广阔、需要发散性实践的理论，这对于我们思考文化身份实践不无裨益。"正因为身份是建构在语篇内部而不是在外部，所以我们需要理解它们是在特殊的历史时期及特殊的制度下产生的，而且是在特别特殊的散发形态和实践中产生，靠特别的阐释清晰的策略产生。"① 今天在文化研究领域，与文化研究相关的斗争和谈判的四个主要领域围绕着性别、"种族"、阶级和年龄这些身份概念展开。在这些身份形态的交会当中，身份被生产并得以维系。中国处于经济转型期，中国的文化身份问题早在百年前就已经存在。在以高新技术为代表、以结构性取代为主要标志的现代社会化生产以及随之而来的市场化的条件下，当下中国身份的不确定尤为明显和频繁。本章将文化实践聚焦于中国问题，展示性别、阶级和国族身份的建构及其文化实践，最后我们将看到阶级或种族或性别的支配从来都不是彻底或全面的，而且在我们的日常生活行为中，这些支配可以受到挑战。

---

① ［英］斯图亚特·霍尔、保罗·杜盖伊等编著：《文化身份问题研究》，庞璃译，河南大学出版社2010年版，第5页。

第一节　性别身份述行

对性别身份述行性的认识，与性别建构论密切相关。而性别建构论的兴起得益于女性主义自身的发展以及巴特勒的贡献。她也因其成名作《性别麻烦：女性主义与身份的颠覆》而成为性别述行的领袖，这也是述行理论在文化身份领域的第一次大规模运用。

一　社会建构：社会性别

关于性别建构性的认识，首先得益于女性主义的发展。女性主义的发展一般被概括为三个主要阶段：第一波在19世纪晚期和20世纪早期，总体承认男女之间基本的、天生的差别，追求政治平等，争取选举权；第二波在20世纪60年代，这一阶段学术成就较多，运用了对不平等的多种形式的解释来考察性别问题，其中最早使用的概念是父权制和盖尔·卢宾的性/性别（sex/gender）系统；第三波即后现代女性主义。20世纪90年代以来，第三波女性主义逐渐与酷儿理论等合流，从而走向性别研究。这些研究以性别为起点，从女性自身走向更为广阔的男女两性、LGBT等性少数群体，最终走向关于"人"的主体性追问。在这三波女性主义当中，第二波女性主义的理论建树起到了关键作用，其中的"社会性别"概念以及对精神分析遗产的批判性继承，对我们今天思考性别建构提供了重要的框架。

关于性别的社会建构，最早的呼声来自波伏娃的"女人不是天生的，女人是后天变成的"。波伏娃在《第二性》中事无巨细地展现了女性的历史及其生活的各方面，但波伏娃尚未有一个明晰的概念阐释女性如何"变成"。这个历史使命终于在20世纪70年代由美国历史学家盖尔·卢宾完成。

社会性别，英文对应单词为"gender"，最早在语法领域用以区分词的属性。1955年，英国心理学家约翰·威廉·马尼（John William Money）建议将社会性别作为社会角色范畴与生理性别进行区分。1968年，精神分析学家罗伯特·斯托勒（Robert Stoller）把"社会性别"作为一个解释性的概念引入社会科学领域。20世纪70年代，这个概念经由女性主义的使用之后才广为传播。到了80年代，"社会性别"已在社会科学界被广泛使用，而且这种影响逐步扩大到科学界。在1993年，美国食品药品监督管理局（FDA, Food and Drug Administration）运用"gender"代替"sex"，而且可用于指称动物。今天，"gender"已经逐步取代"sex"，与性别研究关系最为密切。

"社会性别"这个概念由美国女权主义者提出，它源于对生物决定论的反叛。20世纪中叶，美国主流话语由保守势力把持，"幸福的现代家庭妇女成为50年代美国社会自豪的象征"[①]，社会对女性角色的规定是贤妻良母，贝蒂·弗里丹（Betty Friedan）在《女性的奥秘》[②]中强烈批判源自生物决定论的"性的差别"（Sexual Difference）决定了女人的从属地位。与女性的从属地位相应，自20世纪70年代开始，美国右翼更加严厉地镇压同性恋。这种局面自1980年罗纳德·里根上台及首例艾滋病例被发现后变本加厉，同性恋同时遭到舆论谴责与法律制裁，曾经是同性恋天堂的加州同性恋公共社区也关闭了不少活动场所。这样一些高压政策促使性少数群体起而争取合法权益，他们基于女性主义及其学术成果发展出维护自身利益的主张，并反向推动了女性主义发生重大变革。

---

① 王政：《女性的崛起：当代美国的女权运动》，当代中国出版社1995年版，第51页。

② [美]贝蒂·弗里丹：《女性的奥秘》，程锡麟、朱徽、王晓路译，广东经济出版社2005年版，第148页。

巴特勒在《消解性别》(*Undoing Gender*)前言中表示，在20世纪80年代之前，性别歧视被默认为指向妇女，但到了80年代，这已经不再是理解性别问题的唯一方式。时逢解构主义方兴未艾之时，"解构主义的发展为男女二元对立的解构提供了方法论的基础"①，女性主义不再局限于两性关系的思考，而是延伸到性别、种族、阶级等各个相关领域。美国学者贝尔·胡克斯指出，着眼于将性别、种族和阶级结合起来的思考改变了女性主义的思想方向。② 应当说，发展至今的女性主义称其为"性别研究"(Gender Studies)恐怕更为合适。女性主义从对女性生存状况的研究已远远扩大到种族、人种、性属和地域身份等领域。此外，在社会实践领域，女性主义运动出现了与酷儿运动、种族运动合流的趋势。

最早对社会变化做出回应的便是几位女性主义代表人物，她们相继提出社会性别构想。在1975年发表的《女人交易：性的"政治经济学"初探》中，盖尔·卢宾具体提出了"性/社会性别制度"的概念，她认为是亲属制度通过交换妇女创造了性/社会性别制度。这个观点受到马克思的启发："一个黑奴是什么人？他是一个黑种人。可这个解释就跟没解释一样。一个黑人就是一个黑人。他只有在某些关系中才变成奴隶。一台棉纺机就是一台纺棉花的机器。它只有在某些关系中才变成资本。脱离了这些关系，它就不是资本，就像金子本身并不是钱，糖也不是糖的价格。"③ 由此卢宾提出是社会制度造就了人的观点，并将性别制度视为包括压迫妇女、性少数群体在内的压迫场所，卢宾对其定义为："一个社会的'性/社会性别制度'是该社会将生物的性转化为人类活动的产品的一整套组织安

---

① 张岩冰：《女权主义文论》，山东教育出版社1998年版，第32—33页。
② 参见［美］贝尔·胡克斯《女权主义文论：从边缘到中心》，晓征译，江苏人民出版社2001年版，第5页。
③ 转引自［美］盖尔·卢宾《女人交易：性的"政治经济学"初探》，王政译，载［美］佩吉·麦克拉肯主编《女权主义理论读本》，广西师范大学出版社2007年版，第34—35页。

排,这些转变的性需求在这套组织安排中得到满足。"①

卢宾对性别压迫制度的发现始于对马克思的批评,马克思认为,通过女人做家务的劳动力再生产,妇女因此被联结到资本主义的剩余价值关系中。马克思发现是"历史的道德的成分"决定了女人做家务,并且资本主义继承了女人做家务的传统,但马克思并未进一步解释这种"历史的道德的成分"是什么。这个问题恩格斯在《家庭、私有制和国家的起源》中做了推进,他将"人的生产"与"物质生产"分离开来:"根据唯物主义观点,历史中的决定性因素,归根结蒂是直接生活的生产和再生产。但是,生产本身又有两种。一方面是生活资料即食物、衣服、住房以及为此所必需的工具的生产;另一方面是人自身的生产,即种的繁衍。一定历史时代和一定地区内的人们生活于其下的社会制度,受着两种生产的制约:一方面受劳动的发展阶段的制约,另一方面受家庭的发展阶段的制约。"② 卢宾认为,恩格斯的这个判断走出了重要的一步:性就是性,但什么算性则由文化决定;我们所知的性——社会性别认同、性的欲望和幻想、关于儿童时代的概念等,本身就是一种社会产物。

恩格斯用审视亲属制度来分析人类自身的生产,但他在著作中并没有深入展开讨论。为了考察亲属制度,卢宾采用了列维-斯特劳斯(Claude Levi-Strauss)的研究,列维-斯特劳斯对社会性别理论富有启发意义的观点是他否定了生物决定论。在《亲属关系的基本结构》中,列维-斯特劳斯明确设想亲属关系是文化组织强加于生物繁殖的事实,他认为亲属制度的精髓在于男人之间对女人的交换,列维-斯特劳斯的交换女人理论不经意间构造了一套解释性别压迫的理论。通过研究新几内亚乔布兰德岛屿(Trobriand Island)的礼物交

---

① [美]佩吉·麦克拉肯主编:《女权主义理论读本》,广西师范大学出版社2007年版,第35页。

② [德]恩格斯:《家庭、私有制和国家的起源》,中共中央马克思恩格斯列宁斯大林著作编译局译,人民出版社1999年版,第3页。

换，列维-斯特劳斯认为，婚姻是礼品交换最基本的一种形式，女人是最珍贵的礼物。乱伦禁忌保证这种交换能够长久进行，它迫使婚姻交换在不同群体之间进行。女人成为礼品，也因此成为重要的社会纽带，通过交换女人，男人间建立的不仅是互惠关系，还有亲属关系。列维-斯特劳斯的这一套交换理论并不具备普适性，但卢宾从中看到，"它将妇女压迫置于社会制度而不是生物性中。此外，它建议我们从对女人的交易中寻找妇女压迫的最终场所，而不是从商品交易中找"①。它至少表明了两个问题：一是在绝大多数情况下女人的权利比男人少得多；二是妇女的从属地位可以被认为是组织与生产性和社会性别关系的产物。卢宾从中看到了人类性欲组织的基本原则："这包括乱伦禁忌、强制性异性恋以及两性的不对称的划分。社会性别的不对称——交换者与被交换者间的差别造成了对女性性行为的束缚。"② 因而卢宾从列维-斯特劳斯的亲属关系研究中得出结论：从某种程度上说，亲属制度决定了对两性性欲的某种塑造。

接下来，卢宾从精神分析那里找到了亲属关系再生产的理论，因为精神分析通过俄狄浦斯情结描述了两性分化和变形的机制。弗洛伊德和让娜·格卢特（Jeanne Lampl de Groot）的研究表明，在前俄狄浦斯阶段的儿童具有双性特点，女孩男孩都想占有母亲。在接下来的俄狄浦斯阶段，男孩欲望占有母亲，女孩欲望占有父亲。这表明女性的发展已经不再能够理所当然地看成是生物的反射作用。随后，为了解释"女性气质"的获得，弗洛伊德使用了阉割的概念。弗洛伊德对俄狄浦斯的研究并不能认定为事实，但他反复强调，所有成人的性欲都是心理发展而不是生物发展的结果，这对社会性别论具有重要的启发意义。弗洛伊德之后，拉康进一步指出，俄狄浦

---

① ［美］佩吉·麦克拉肯主编：《女权主义理论读本》，广西师范大学出版社2007年版，第49页。

② ［美］佩吉·麦克拉肯主编：《女权主义理论读本》，广西师范大学出版社2007年版，第55页。

斯情结是个生产"性的人格"的装置。拉康认为，精神分析学所研究的是个人被拉入亲属制度后在心灵上留下的痕迹。拉康设想，当俄狄浦斯情结所携带的乱伦禁忌被孩子认识到时，就出现俄狄浦斯危机。在此之前，每个孩子都有各种表达性欲的可能，但乱伦禁忌驯化孩子服从文化和社会规则。拉康认为，是亲属称谓给予了既定的家庭成员关系结构，这种结构明确传播了男性的统治地位。

不管是列维-斯特劳斯的女人交换，还是精神分析的俄狄浦斯情结，当中的亲属关系编码都以乱伦禁忌为前提。卢宾看到两种理论吻合的精确性："亲属制度要求两性区分，俄狄浦斯阶段划分了两性。亲属制度包含了管理性欲的多套规则，俄狄浦斯危机是对这些规则和禁忌的适应同化。"[①] 这让卢宾看到，尽管两种理论的资料都不是现代性的，但它们所勾勒的原则依然在组织着社会的性别制度。在今天的社会，尤其是在西方世界，亲属关系在社会关系组织中所起到的作用已经逐步减弱，但卢宾从中得到的洞见是性的制度不是完全孤立的："对某个社会中的妇女或历史上任何社会中的妇女作大规模的分析，必须把一切都考虑进去：女人商品形式的衍变、土地所有制、政治结构、生存技术，等等。"[②] 同时性别制度并非经济制度的某种反映，它能够从其他生产方式中分解出来进行考察。面对既有的性别制度，女性主义如何应对？卢宾最后提出了建设性的改变女性主义方向的设想："我们的目标不应是消灭男人，而应是消灭创造了性别歧视和社会性别的社会制度。"[③] 卢宾热切地呼唤女性主义运动最鼓舞人心的梦想是建立雌雄一体、无社会性别的社会。

卢宾的思考为女性主义的研究对象从"女性"走向更为包容的

---

① [美]佩吉·麦克拉肯主编：《女权主义理论读本》，广西师范大学出版社2007年版，第66页。
② [美]佩吉·麦克拉肯主编：《女权主义理论读本》，广西师范大学出版社2007年版，第77—78页。
③ [美]佩吉·麦克拉肯主编：《女权主义理论读本》，广西师范大学出版社2007年版，第72页。

"性别"提供了重要方向，但正如卢宾没有反对存在着假定的父权制，对于乱伦禁忌是否为建构产物也没有做出批判性思考，她的社会性别建构姿态并不彻底。沿着卢宾的方向，琼·W. 斯科特运用解构观点阐释了社会性别，她的社会性别观主要集中于《性别：历史分析中的一个有效范畴》[①]一文。斯科特继承了卢宾将社会性别视为社会文化建构的基本框架，同样将社会性别视为"文化构造"，以及坚持扩大性别的定义，"使其既要包括亲属关系，又要包括劳动市场、教育和政体"[②]。但与卢宾相比，斯科特有总体的历史观，她强调性别过去的历史与当前实践相关联，同时将社会性别视为"一个完整的关系体系，它包括性，但不直接受制于性，也不直接决定性关系"[③]。斯科特将社会性别视为一个分析范畴，这个分析范畴的意义在于它可追溯"男女两性主体认同的社会根源的方式"是如何强加于人的，同时还可以考察它在人类社会中如何发挥作用，如何对历史知识结构和知识观念产生影响。

斯科特对社会性别有清晰的构想，一方面，她将性别视为"以性别差异为基础的社会关系的成分"以及"区分权力关系的基本方式"。社会性别具有四个相关的不同因素：一是在文化象征方面有多种表现；二是对象征有一套规范化的解释，比如按部就班地描绘男性气质与女性气质的含义，排斥其他解释的可能；三是采用政治学概念和社会组织机构的概念来分解性别刻板印象，还原性别的本来面目；四是主体身份是在历史、文化的影响下具体地形成的。斯科特的谱系学策略是比较明晰的，她对卢宾的重要推进首先在于她要追溯性别刻板印象的建构史，同时明确提出了解构框架。卢宾批判性地继承了马克思

[①] 原文为"gender"，中文翻译作"性别"。参见李银河主编《妇女：最漫长的革命》，生活·读书·新知三联书店1997年版。
[②] [美]佩吉·麦克拉肯主编：《女权主义理论读本》，广西师范大学出版社2007年版，第180页。
[③] [美]佩吉·麦克拉肯主编：《女权主义理论读本》，广西师范大学出版社2007年版，第170页。

主义、结构主义及精神分析的遗产，斯科特则较大程度地运用了福柯的权力图式。斯科特认为，"性别""阶级"和"种族"这三个概念一起形成"不平等的权力结构"的轴心，所以"重视性别远远不够，还应该去考察一下平等与不平等组织的构成。等级制建立在男女两性自然关系的理解基础之上"①。从性别的视角来看权力话语的话，斯科特看到"强权政治本身就是一个性别化概念"，正是强权政治所反映的公共权力将女性排斥在政治之外，从而确立了男女两性对立的内涵。

另外，权力本身是不确定的，也不是单向运作的，权力并非能永远压抑受制者，斯科特在这个意义上也重新利用精神分析的遗产来思考性别问题。以南希·乔多萝（Nancy Chodorow）为代表的英美精神分析和以拉康为代表的法国精神分析都认为，儿童早期的发展是性别认同形成的关键。乔多萝提出，如果父亲能更多参与育儿过程和家庭生活的话，俄狄浦斯情结的后果将截然不同。拉康则指出，为确保获得统一的性别身份，就必须消除性别边界的模糊性和对立。但对立是存在的，因为男性气质建立在抑制女性气质的基础上，同时被抑制的欲望会通过无意识表现出来，这对性别认同的稳定性构成了威胁。斯科特从这个压抑与反抗的过程中看到男性气质和女性气质其实是主体的构造过程，"这一解释意味着主体处在一个不断构造的过程中"②。由此可以看到，从解构策略开始，斯科特已触及根本性的主体问题。所以斯科特的社会性别设想将"主体的重构"涵盖其中，比卢宾的"女性"到"无性"迈出了更为清晰的一步："我们要重新限定、建构性别含义，同时还要创立一种新的政治、社会平等观，它不仅包括性别平等，而且包括阶级平等和种族平等。"③ 在此基础

---

① ［美］佩吉·麦克拉肯主编：《女权主义理论读本》，广西师范大学出版社2007年版，第184页。
② ［美］佩吉·麦克拉肯主编：《女权主义理论读本》，广西师范大学出版社2007年版，第176页。
③ ［美］佩吉·麦克拉肯主编：《女权主义理论读本》，广西师范大学出版社2007年版，第185页。

上，斯科特提出对女性主义的展望："女权主义思想史实际上是在特定环境中抛弃男女关系中等级结构的历史，是企图修改、取代等级结构功能的历史，女权主义史学家们正在将自己的实践理论化，并将性别发展为一个分析域。"① 由于提出彻底翻转性别结构，而非在二元框架中视男女两性相对立，所以斯科特的性别蓝图更为包容和多元，也更有建设意义。

卢宾和斯科特的研究为社会性别理论奠定了理论基石，她们明确了性别不是天生的，性别是可变的，性别界限是可跨越的，并且性别一直处于建构状态。社会性别概念是集体创作的结果，各家各执一词，理论诉求不尽相同，但基本的论点都是反对生理决定论。在传统的性和性别观念中，生理性别（sex）、社会性别（gender）和性欲（sexuality）这三者之间的关系共同架构了异性恋机制，一个人的生理性别决定了他的社会性别特征和异性恋的欲望。② 这种思维认为，解剖学上的身体从根本上就决定了生理性别，而社会性别只是像镜子一样反映生理性别，最后由社会性别来决定性欲。但女性主义认为，依据生物性别将人定性是不合理的，因为人性实际上是多元复杂的，难以二分，正是这种性别身份定位造成了性别身份的不平等，也将跨性别者等性少数群体置于无身份的境地。在文化上，性别身份主要表现为"男性气质"与"女性气质"，从词源的发展来看，"gender"从中世纪开始就被用于区分男性气质与女性气质。性别研究中运用"gender"是对中世纪以来这种意涵的某种延续，它主要指的是男性气质和女性气质的社会和文化建构。社会性别理论反对二分定位，所以"'社会性别'的最初目的是要置换生物学在确定'男性特质'和'女性特质'问题上所发挥的作用……它直接的结果

---

① ［美］佩吉·麦克拉肯主编：《女权主义理论读本》，广西师范大学出版社2007年版，第179页。
② 参见李银河《译者前言》，载［美］葛尔·罗宾等《酷儿理论》，文化艺术出版社2003年版，第4页。

就是否认两性间任何本质差异的存在，或把这种差异差别降到最低程度"①。

综上所述，社会性别理论反对将性别差异自然化，从而形成性别是由社会文化建构的观念。社会性别既是权力关系中的一种制度，也是某种社会关系，因此，社会性别只有在特定条件下进行具体分析才有意义。

尽管社会性别提出性别建构的主张，但激进的性别研究者如巴特勒认为这种建构理论并不彻底，因为它并未动摇生理性别的稳固性，却在此基础上空谈社会性别建构。关于身份的身体问题，将在下一章进行讨论。

二 心理建构与生理建构

述行理论为我们提供了基于文化身份角度来思考社会性别的基本框架，那么这些外在的社会力量如何变成内在性的禁令，从而深刻影响社会性别的建构？精神分析围绕俄狄浦斯情结所构想的性别认同为我们提供了思考性别建构的独特视角。尽管精神分析理论当中有较多男权思想存在，但女性主义通过对精神分析思想的批判解释了性别身份的建构。

（一）精神分析：心理建构

精神分析的性别认同理论将俄狄浦斯情结视为性别认同的重要机制，菲勒斯则充当了性别认同的重要身体器官。弗洛伊德的精神分析设想所有人都有一样的性器官"菲勒斯"，因而男孩出现阉割恐惧，女孩有阳具嫉羡。女孩在前俄狄浦斯阶段，她会认为母亲有菲勒斯，因而依恋母亲，但当她意识到母亲没有菲勒斯之后，女孩就

---

① [英]林恩·西格尔：《社会性别：走向酷儿，又再度回归》，龙彦译，载冯芃芃、郑岩芳主编《社会性别与社会读本》，上海三联书店2010年版，第374页。

把爱恋对象换为父亲，从而进入俄狄浦斯阶段。男孩则与女孩不同，他在前俄狄浦斯阶段仇恨父亲依恋母亲，不过进入俄狄浦斯阶段却开始以父亲自居。在青春期接近尾声之时，只有男孩寻找到爱恋的对象时，他才能走出对母亲的依恋。

由此可见，在弗洛伊德忧郁的性别认同结构当中，保存性别身份的身体实际上并不是那么稳定，它表现为心理结构影响生理结构，梅洛-庞蒂也指出了这一点："在弗洛伊德看来，性器官不是生殖器官，性生活不是生殖器官作为其场所的过程的单纯结果，性本能不是一种本能，即不是先天地朝向确定目的的活动，而是心理生理主体置身于各种环境、通过各种体验确定自己和获得行为结构的一般能力。"① 可以看到，弗洛伊德从心理的角度来解释性别差异，他不主张生理决定论，在《性学三论》中，他宣称："无论从心理学或生物学的意义上看，纯粹的男性或女性是根本不存在的。相反，每一个体都是两性特征的混合体，并兼有主动性与被动性，不管这些特征与其生物学特征是否相吻合。"② 而这正是精神分析对于女性主义者来说最具理论价值的观点，即仅仅靠解剖学无法确定一个人的性身份，性差异也无法仅仅归结为文化因素。

拉康的性别认同则主要通过菲勒斯的主奴辩证法来实现。与弗洛伊德相比，拉康的菲勒斯更多转向了语言指涉。菲勒斯在拉康这里是兼具物质性和语言性的优位能指，它和阳具之间的关系在巴特勒看来是黑格尔意义上的主人和奴仆之间相互依存的关系："没有阳具，菲勒斯就什么也不是。就菲勒斯本身之构成不了阳具这一点来说，菲勒斯之身份包含了阳具，也就是说，它们之间存在一种等同关系。"③

---

① [法]莫里斯·梅洛-庞蒂：《知觉现象学》，姜志辉译，商务印书馆2005年版，第209页。
② [奥]弗洛伊德：《性学三论》，载车文博主编《弗洛伊德文集》第三卷，长春出版社1998年版，第572页。
③ [美]朱迪斯·巴特勒：《身体之重：论"性别"的话语界限》，李钧鹏译，上海三联书店2011年版，第70页。

并且，拉康的菲勒斯是普遍的能指，它"不是一个身体部位（而是整体），不是一个想象物（而是一切想象物的起源）"①。

在以菲勒斯取代弗洛伊德的俄狄浦斯情结之后，在拉康这里，弗洛伊德关于性别认同的乱伦禁忌以及同性恋禁忌变成了积极的欲望法则："欲望不是去欲望他者，而是欲望他者的欲望。"②根据拉康的欲望法则，男性幻想"拥有"（having）菲勒斯，这样以便令女性听从他的幻想；女性则希望"成为"（being）菲勒斯，以此来激发男性的幻想。于是，女人在爱恋的关系中，她为了成为菲勒斯，也就是成为男性的欲望能指，女性自身便"希望成为她所不是的那个来被欲求来被爱"，所以从这个意义上说女人不存在。③

女性作为阳具的功能与男性拥有阳具，这二者之间具有黑格尔式主奴之间相互依赖和无法平等互惠的关系，这无疑"暗示了权力是掌握在这个不具有阳具的女性位置这一方，同时也暗示了'拥有'阳具的男性主体需要这个他者的肯定，才因而成为'延伸'意义上的阳具"④。女人反映或者再现主体，男人与女人之间"拥有"阳具与"成为"阳具的区分，以及两者之间的交流，皆由以父系律法为代表的象征秩序所建立。那么女人如何"成为"阳具？根据拉康的说法，这通过伪装（masquerade）来达成。女人像参加假面舞会一样戴上双重的面具（mask）：一个男人只能假扮成一个女人，而只有一个女人可以假扮成一个假扮女人的男人，因为只有一个女人才能假扮成她所是的女人。拉康将其比喻为：

---

① ［美］朱迪斯·巴特勒：《身体之重：论"性别"的话语界限》，李钧鹏译，上海三联书店2011年版，第69页。
② ［法］弗朗索瓦·多斯：《从结构到解构：法国20世纪思想主潮》（上），季广茂译，中央编译出版社2004年版，第127页。
③ 参见［法］拉康《拉康选集》，褚孝泉译，上海三联书店2001年版，第597页。
④ ［美］朱迪斯·巴特勒：《性别麻烦：女性主义与身份的颠覆》，宋素凤译，上海三联书店2009年版，第60页。

这就是在面纱掩盖下的女人：正是阳具的缺席使她成为了菲勒斯，成为了欲望的客体。通过一种更加确切的方式，让她在一条别致的裙子下戴一个性感的假阳具，这种缺席就被唤起了，而你，确切地说是她，将有很多东西要告诉我们。①

弗洛伊德和拉康对性别认同机制的阐释显然充满了逻各斯中心主义，将男性置于主体的位置，而女性只是作为补充，充当客体。但拉康的遗产和弗洛伊德的一样，虽然支持性别二元对立和男权中心，但已经把身体以及性别身份之间的必然联系打破了，令我们看到性别是历史偶然性的结果。所以精神分析既是理解性别建构的理论资源，也成为解构性别的重要突破口。

（二）生理建构

波伏娃在《第二性》中所说的"女人不是天生的，而是后天形成的"道破了性别建构的事实，但这通常被用来理解性别的社会和心理建构。而实际上，权力话语的作用最终总是落实到身体上，性别也不例外，话语除了建构社会性别，也在建构生理性别，这种建构性最早就体现为对跨性别者等的性别排除。

跨性别者，"是指一个生物体同时或者先后拥有两种性别"②。在欧洲，生理上的跨性别者有着特殊的境遇。根据法国学者吕克·布里松在其著作《古希腊罗马时期不确定的性别：假两性畸形人与两性畸形人》中的研究显示，古希腊罗马就有关于跨性别者的记载，他们往往被视为诸神用以表示其愤怒或者宣布毁灭人类而派往人间的怪物，它预示着不祥，因此总是被无情地清除掉。不过，跨性别

---

① Jacques Lacan, *Ecrits: A Selection*, trans. Alan Sheridan, New York: W. W. Norton & Company, 1982, p. 310.
② [法]吕克·布里松：《古希腊罗马时期不确定的性别：假两性畸形人与两性畸形人》，侯雪梅译，广西师范大学出版社 2005 年版，引言第 1 页。

在现实生活中游离于社会边缘地带，但在神话传说中却扮演着重要的角色。因为同时拥有两性性是一些典型的原始生物的特征，后来拥有单一性别的生物被认为起源于它们。在柏拉图的《会饮篇》中，情侣最终的结合被认为是双性合体的行为。预言家提瑞西阿斯在不同时期变性穿梭于男女两性间，他拥有能够同时与人类世界和神灵世界沟通的奇异能力。

跨性别者在古希腊罗马典籍当中有诸多记载。亚里士多德在《动物的繁殖》一书中界定其为"怪物"（téras）之一种："与父母不相像的个体（有生命的），从某些方面来说，就可以算是'怪物'了，因为这种情况的天然状态在一定程度上与遗传特征是相背离的。"① 根据弗莱贡·德·特拉雷斯《奇闻录》记载，具有两种性器官的人降临人世一般被认为是公众事件，惊慌失措的父母要将孩子带到大庭广众之中任由众人判决，而结果通常是孩子或者母子都被烧死。

从古至今，生理上的跨性别者因其无法归类而遭受更多的性别暴力。但也有从另外的角度来看待这个问题的，比如福柯曾经编选19世纪双性人赫尔克林·巴宾的回忆录。生来具有两性性征的赫尔克林，福柯从这个游离于秩序之外痛苦生存的生命身上，却看到性别乌托邦的身体化实现，福柯把他称为"快乐的无身份化外之地"。在福柯看来，赫尔克林是在社会实践领域出现的真正消解了一切身份樊篱的人，尽管权力出手强制性地认定赫尔克林的性别，但却无法在赫尔克林的身体上找到权力的实际支点，无法最终给强加给赫尔克林的律法"提供一个自然化自身的场域"。所以福柯欣慰地指出，试图强加在赫尔克林身上的权力被他的身体有力地打败了。

受到巴特勒关注的当代加拿大变性者大卫·莱默则是另一种情况。大卫在出生时是具有XY染色体的男性，8个月时因手术意外被

---

① ［法］吕克·布里松：《古希腊罗马时期不确定的性别：假两性畸形人与两性畸形人》，侯雪梅译，广西师范大学出版社2005年版，第10页。

切除了外生殖器，父母听从医生建议，为他做了变性手术，手术后大卫获得女孩"布伦达"的身份。然而在大卫 8 岁时，大卫开始喜欢手枪等男孩喜欢的玩具，拒绝许多所谓的女孩行为，所以大卫在十几岁时选择重新变成男性。大卫觉得他天生就是一名男性，只是被医疗机构切除了阴茎，又被精神病学界变成了女性，最后才又得以回复到他自己。在这个过程当中，大卫一直受到医学话语的监视和质询。在 38 岁时，大卫选择结束自己不断逾越规范的生命。

不管是赫尔克林还是大卫，最后都以自杀而告终。在他们身上展示了性别身份自由流动的属性，他/她"不是一个'身份'，而是一个身份在性别上的不可能性"①。但是这种无身份的化外之地并不是世外桃源，他们被他人质询，也自我质询。因为法律限定的身份只有男女两性的框架，他们自身的生理并未违背任何的律法，但是却无法被我们所建构的男女二元身份容纳，而权力只生产能在自身统治范围内的主体，但他们不是，因而处于异常边缘的处境，在这个社会上无所归依。

但他们的生命悲剧是用自身的身体顽强地展示了我们所谓的生理性别和社会性别一样同样可能是建构的。酷儿理论则从理论及实践上延续了跨性别者对身份的诘问。对于文化身份研究而言，酷儿理论最具启发性的是对身份保持永久的质疑，它涵盖了变化，并质疑既有的规范标准。这也是不少学者普遍认同的观点，保罗·吉尔罗伊（Paul Gilroy）在《黑色大西洋》（*The Black Atlantic*）中指出，酷儿不是稳固的身份定义，而是转换、多元和反同化的，所以身份不是一个人的"根"（roots），而是"路径"（routes）。② 塞奇维克在《趋势》（*Tendencies*）中，将酷儿描述为持续的运动和涡流，从词源

---

① [美]朱迪斯·巴特勒：《性别麻烦：女性主义与身份的颠覆》，宋素凤译，上海三联书店 2009 年版，第 32 页。

② Paul Gilroy, *The Black Atlantic: Modernity and Double Consciousness*, London and New York: Verso Books, 1993.

上看,"'酷儿'这个词意味着'穿越'(across),它的词根是印欧语的'twerkw',也和德语'quer'(意为'横贯')同源,还有拉丁语'torquere'(意为'扭曲'),英语'athwart'……它有着强烈的关系性和怪异性"①。

性别理论发展到酷儿运动,走过了一个漫长的旅程。从解构二元对立的性别模式,到主张性别的消解,乃至思考两性人这一独特群体遭遇的暴力,性别述行理论将研究领域由女性拓宽到更多因性征而遭到贬抑的人群。就如巴特勒在访谈中指出的,一个人活在现成的章法之内自然是无须辩护的,然而一旦越出规范,他就必须自圆其说保护自己。所以那些越界者们必须寻求理论话语的支持:"使那些局部的、不连贯的、被贬低的、不合法的指示运转起来,来反对整体理论的法庭。"② 因而她认为,要反对不平等的性别秩序,女性主义要能够放弃二元对立的框架,与像酷儿运动这样一些反对身份暴力的理论一起结盟,"女性主义一直反对针对妇女的性暴力或非性暴力。这应该作为与其他运动结盟的基础,因为针对身体的因恐暴力(phobic violence)正是将反恐同、反人种歧视、女性主义、变性及双性兼具运动联系起来的因素之一"③。

所以,性别理论对性别的解构展示给我们的是,性别问题不止关乎女性或男性,或者性少数群体,归根到底它涉及的是主体的解构与重构问题。性别述行理论继承了启蒙现代性的批判精神,从性的角度对权力话语进行批判性质疑。

总而言之,通过对社会性别建构的剖析,性别研究者认为,社会性别并非只是反映生理性别的镜子,同时,一个稳固的被建构好的社会性别身份也同生理性别一样只是述行进程中的产物。但这个

---

① Eve Kosofsky Sedgwick, *Tendencies*, London and New York: Routledge, 1994, p. xii.
② [法]福柯:《不正常的人》,钱翰译,上海人民出版社2003年版,第8页。
③ [美]朱迪斯·巴特勒:《消解性别》,郭劼译,上海三联书店2009年版,第9页。

观念的意义不只是宣扬差异的合理性而已:"我们不是要宣扬不一样,而是要确立更加宽容的、保护、维系生活的条件,来抵制各种同化模式。"①

三 文化建构:中国的性别建构

关于性别身份的文化建构,中国学者尚未提出系统的理论学说,但是在文化与文学批评领域,西方学者的观念促使我们打破既定的性别刻板印象,有了不少新的发现,首先在古代文学及古代文化领域取得了不少成果。

对性别气质建构的考察成果最为突出,尤其是将女性性别气质建构与空间问题相关联。女性气质的建构有明显的空间限制,在西方,以黑格尔的划分为代表的男女空间对立体现为"国"与"家"的对立。在中国,女性气质的空间建构则体现为"闺房",相对而言,男性则有广阔的社会活动场域。在中国古代,对女性气质的界定变化不大。在学者张念看来,空间划分是制造性别差异之始:"不仅女人被隔绝在社会事务之外,即使是在家庭中,也是男女异群,内外各处,因此家并非女人的自在天地,严守妇道,必在内闱,而家庭作为道德建制,将女人的活动范围限制在内闱,这样一来,空间语法已经告诉女人,何谓妇道了。"② 于是宋明理学之后,夫妇之道作为人伦之首就演化为内闱中的妇道,在家族之内,形成一种性别对另一性别的优先权,由此影响到女性的社会定位。

相比于男性气质的建构,对中国古代女性而言,在"闺门"的意象之内,形成了一套女性的较之男性相对稳定的审美规范。其一是因为社会活动范围要小,其二是女性气质的建构往往以男性作为参照。譬如,考察缠足为何在中国宋代兴盛,其中一种解释为宋代

---

① [美]朱迪斯·巴特勒:《消解性别》,郭劼译,上海三联书店2009年版,第4页。
② 张念:《性别政治与国家:论中国妇女解放》,商务印书馆2014年版,第37页。

的男性以文雅为美，如此，女性缠足之后显得更为娇弱的身躯方能与宋代的男性相匹配。而在文学创作方面来讲，如同翟永明所说的，判断女诗人的标准之一是写得不像女人才算好。无论是社会生活层面，还是文学活动中，以男性为参照从来都是一个重要标准。

就男性气质而言，雷金庆（Kam Louie）的研究显示，中国男性气质的建构是一个动态的过程。它和性别身份一样，并非稳固的存在。高罗佩（Robert Hans van Gulik）就较早注意到中国男性美典范在各个朝代的不断变化，身体力量在唐宋时期是公认的美男子的标准，彼时的美男子身材修长、肩膀宽阔、肌肉发达，但到了明清时期，受"华夷之辨"的影响，"理想的爱人被塑造成一个风雅秀致、多愁善感、脸色苍白、身材瘦削的青年男子的形象。他终日在书本、花丛中流连幻想，稍遇挫折就生起病来"①。

从古至今，中国的男性气质建构是在文化修养和勇武之气的"文武"二元组合当中动态生成的。"文"，代表着"与古典文人的文学、艺术追求相关的高雅、精致的品格"。"武"则包含七德：禁暴、戢兵、保大、功定、安民、和众、丰财，它"既体现了军事力量的威力，同时也体现了何时行使这一力量的智慧"②。理想的男性是文武兼备的，但总体而言，"理性智慧型的男性典范往往主宰勇武健壮型的男性典范"③。这种观念一直持续到当代，譬如《沁园春·雪》中的诗句："惜秦皇汉武，略输文采；唐宗宋祖，稍逊风骚。"

由于对"文"的推崇，在古代中国人的想象当中，西方男人是被高度性化的存在，被认为"有着动物的本能和动物的性驱动"④。

---

① ［澳］雷金庆：《男性特质论：中国的社会与性别》，［澳］刘婷译，江苏人民出版社2012年版，第10页。

② ［澳］雷金庆：《男性特质论：中国的社会与性别》，［澳］刘婷译，江苏人民出版社2012年版，第21页。

③ ［澳］雷金庆：《男性特质论：中国的社会与性别》，［澳］刘婷译，江苏人民出版社2012年版，第13页。

④ ［澳］雷金庆：《男性特质论：中国的社会与性别》，［澳］刘婷译，江苏人民出版社2012年版，第19页。

所以"性感"或许是当代西方男性的重要审美标准之一，但对于中国古人并非如此。中国古代公认的充满男子气概的英雄，"去性化"是一个重要的参数。诸如关羽为了拒绝美色而挥刀杀貂蝉，武松面对潘金莲的诱惑义正词严地呵斥。男子要有性吸引力，但是能够抵挡女性诱惑的男子才为人称道。这个传统一直贯穿到中华人民共和国成立后，诸如雷锋等模范人物，我们熟知他们的先进事迹，但在男女情爱方面讳莫如深。

但随着近代以来中国与西方交流的加强，在文化不对等的状态之下，如同萨义德（Edward Waefie Said）的东方主义所描述的，东方总是被想象为女性化的东方。西方人普遍认为，"比起黑种男人和白种男人，中国男人的形象都被描绘成不如他们'性感'，但比他们'聪颖'"①。这种状况一直延续至今，在《末代皇帝》中，古老的中国被处理成女性化的视觉形象。尤其女性主义在中国兴起之后，这些观念被广为接受。比如孙绍先在《女性主义文学》中表示，在中国找不到男人，大众舆论也以西方的"硬汉"为参照，批判中国男性的阴柔气质，这些论断传达出广泛的男性"去势化"、太监化的恐惧。

在这种氛围之下，大肆塑造硬汉子的"寻根文学"恰到好处地兴起。曹文轩在《中国八十年代文学现象研究》一书中有专章论及中国硬汉的崛起，这股风潮无疑受到海明威的影响。中国的硬汉们冷漠的外表下储藏着深沉的情感，拥有不可摧毁的意志和超出常规的韧性。曹文轩认为，这与 20 世纪 80 年代女性意识的兴起相对应。当女性文学散发阴柔之美，"如清风，如云，如霞，如烟，如幽林曲涧，如海，如漾，如珠玉之辉，如鸿鹄之鸣而入寥廓"之时，男性的阳刚之美"如霆，如雷，如长风之出谷，如崇山峻岭，如决大川，如奔骐骥"，"活生生地透出一股使人灵魂震颤的阳刚之气"。②

---

① ［澳］雷金庆：《男性特质论：中国的社会与性别》，［澳］刘婷译，江苏人民出版社 2012 年版，第 8 页。
② 曹文轩：《中国八十年代文学现象研究》，作家出版社 2003 年版，第 270 页。

于是在20世纪80年代后,当我们先后经历了充满力量、道德淳朴的劳工男性,以及昙花一现的陈景润式知识分子之后,中国的男性气质审美几乎完全向西方靠拢。尽管这种审美标准实际上已经滞后于西方,因为在中国兴起硬汉、"性感"的标准时,西方的硬汉审美已经遭到女性主义的批判。另外,当代的男性气质重构事实上又再次显示了中国的国族焦虑,当我们在西方的审视中被认为阳气不足时,我们便以打造硬汉来作出回应。而随着国民经济的崛起,以李小龙、成龙为代表的武林高手以及周润发所象征的儒雅强健的男性在国际上被接纳,我们的男性气质建构已然回应了西方的询唤,并得到了部分认同。

但是,中国的性别气质建构不能完全与西方等同,或者说男女二元的建构是以抛弃或者说简化中国的传统为代价的。西方的男女气质二元划分被一些学者认为与中国阴阳二分相当,但实际上二者存在较大差别。阴阳学说认为阴中有阳,阳中有阴,交互感应,生生不息。男女有自身元气,这在男为阳,在女为阴。按照高罗佩对中国古代房中术的研究,理想的境界是对男人而言,采阴补阳而不失其精;对女人而言,可采补阳气而不失其阴精。具有这种能力的人,既可保持自身元气,又有吸取对方元气、增强活力与力量的潜能。所以雷金庆认为,男女可以是一阴一阳或"阴阳合抱",这便无法套用西方的二元性差异来阐释中国古代的性别气质建构,因而就男性气质而言,"阴阳交融的理论使中国男性特质在本质上比西方的更为包容"①。

中国社会的男女对立并非如西方那般尖锐、明朗,在男女气质方面更多体现为一种调和。回到我们的传统当中,存在诸多性别越界的现象。孙康宜的研究启示我们去发现一些审美范畴在两性间流转的现象。孙康宜在《明清文人的经典论和女性观》中曾论及"清"

---

① [澳]雷金庆:《男性特质论:中国的社会与性别》,[澳]刘婷译,江苏人民出版社2012年版,第15页。

的审美范畴由男而女的历史变迁。在明清之际，文人认为女性是最富有诗人气质的性别，这是因为她们具有男性文人日渐缺乏的"清"的特质。雍正年间范端昂以"高山则可仰，景行则可行"的态度来看待女性作品的"清"："夫诗抒写性情者也，必然清丽之笔，而清莫清于香奁，丽莫丽于美女。"① 而据孙康宜的考证，原本清为阳刚，浊为阴柔。长期以来，"清"与男子的正面道德价值关联，高洁之士为"清士"，优秀之才为"清才"。到魏晋之际，"清"与名士风度相关，具有善、美之意。一直到唐宋之前，"清"几乎为男性专用。而到了明清之际，诗人们在品评女诗人的诗作时，动用"清"的审美范畴，取其"真善美"之意，此时"真善美"已被构建为女性特质了。

此外，孙康宜还通过对中国古代情诗的研究，提出中国古代的文人创作中的男女声音互换（cross-voicing）现象，孙康宜称其为"性别面具"，即通过女性口吻来抒怀的情诗及政治诗其实是"表演"。男性诗人隐身在诗中的一个女性角色之后进行表述，借此达到必要的自我掩饰和自我表现。这种诗歌形式给作者铸造了一副"性别面具"，借着这副面具，男性诗人通过艺术的客观化途径来摆脱政治困境，在一首以女性口吻唱出的恋歌中，男性作者可以公开而且无惧地表达内心隐秘的政治情怀。② 最早的创造这种性别越界的作家应当是屈原，他在《离骚》中大量运用了以男女恋情来比喻君臣关系的艺术表现手法。孙康宜对此总结道：

> 文学中的模式与创作实与男女彼此的社会处境息息相关。所谓"男女君臣"的托喻美学也同样反映了中国传统男性文人的艰难处境。从成千上万的托喻政治诗看来，许多文人的政治处境是极其女性化的：他们的性别是男性，但心理却酷似女人。通常的政治情况是：上至宰相，下至百官，所有的人只为了讨

---

① 孙康宜：《明清文人的经典论和女性观》，《江西社会科学》2004年第2期。
② 参见孙康宜《文学经典的挑战》，百花洲文艺出版社2002年版，第303页。

> 好一个共同的皇帝，这与后宫里的后妃宫女们互相争宠的情况如出一辙……每当言论极其不自由的朝代，这种政治托喻诗尤其风行……由此不得不令人想到，无论是"男女君臣"或是"女扮男装"，这些一再重复地以"模拟"为其价值的文学模式，乃是传统中国文化及历史的特殊产物。①

综上所述，性别气质与性别主体一样，实际上是处于动态建构中的性别建构全方位的立体建构，由外部的社会结构、文化建构，以及身份主体的心理、身体建构共同组成。

对性别建构的研究，西方经历了从第一波女性主义到第三波女性主义及性别研究等长达百余年的发展，而后有酷儿理论等更多涉及性少数群体的理论，已经积累了丰富的成果，为性别述行提供了重要的理论及实践资源。而中国虽然没有经过大规模的性别运动，同时也相应缺乏系统的性别理论，但并非一片空白。我们的古代文化及古代文学为这个问题提供了重要的研究材料，已经受到从事性别研究的汉学家关注。但遗憾的是，近代之后国内对性别气质建构的研究总体上反倒亦步亦趋地总是以西方为参照，恰恰忽略了我们自身的文学和文化遗产。

第二节 阶级身份述行

由于巴特勒《性别麻烦：女性主义与身份的颠覆》这部作品的成功，大多数人认为，述行理论的身份表演适用于性别领域，但不适合阶级等身份的建构。但实际上，巴特勒述行机制中的"矩阵"概念以

---

① 参见孙康宜《文学经典的挑战》，百花洲文艺出版社2002年版，第302页。

及"习性"与"重复"等观念，正是受惠于对阶级构建颇有研究的布尔迪厄理论。对阶级问题的认识，自然首推马克思。但马克思的阶级从本质主义和经济角度出发，布尔迪厄则将其改造为社会场域的概念，更多考量的是文化资本对经济因素和政治因素的操控。

布尔迪厄反对马克思认为社会矛盾会导向政治运动的观念，阶级矛盾并非总是体现为水火不容的二元对立式阶级斗争。布尔迪厄的"区隔"提出了社会空间模型，譬如富人区及名校的区分，这帮助我们认识今天阶级问题的呈现与马克思的论述所不同，比如内在经济结构的不平等被外部的消费品表征——比如在纽约上东区妈妈薇妮斯蒂·马丁（Wednesday Martin）的《我是个妈妈，我需要个铂金包：一个耶鲁人类学博士的上东区育儿战争》[①] 一书中呈现的铂金包[②]。在我们今天这个时代，多数人认同传统的阶级问题正在消失，但是不平等的关系仍旧是稳定的。而这种不平等的关系如何生产、维系，以及有没有颠覆的可能，便是今日的阶级述行所关注的对象。

一　阶级的话语范式

关于阶级的界定，马克思的阶级论影响最为深远。马克思持经济决定论的观念，而且认为阶级结构是固定的、普遍的、长久的——"至今一切社会的历史都是阶级斗争的历史。"[③] 马克思清晰地给出了阶级的定义及其运作框架：

[①] ［美］薇妮斯蒂·马丁：《我是个妈妈，我需要个铂金包：一个耶鲁人类学博士的上东区育儿战争》，许恬宁译，中信出版集团2018年版。

[②] 铂金包是法国品牌爱马仕（Hermes）旗下的一个包系列：Hermes Birkin。价格从最基本的款式5万元人民币左右到豪华的珍贵皮质30万元人民币左右。

[③] ［德］马克思、恩格斯：《马克思恩格斯选集》第1卷，中共中央马克思恩格斯列宁斯大林著作编译局译，人民出版社1995年版，第272页（1888年英文版注：这是指有文字记载的全部历史）。

统治阶级的思想在每一时代都是占统治地位的思想。这就是说,一个阶级是社会上占统治地位的物质力量,同时也是社会上占统治地位的精神力量。支配着物质生产资料的阶级,同时也支配着精神生产资料,因此,那些没有精神生产资料的人的思想,一般地是隶属于这个阶级的。占统治地位的思想不过是占统治地位的物质关系在观念上的表现,不过是以思想的形式表现出来的占统治地位的物质关系;因而,这就是那些使某一个阶级成为统治阶级的关系在观念上的表现,因而这也就是这个阶级的统治的思想。此外,构成统治阶级的各个人也都具有意识,因而他们也会思维;既然他们作为一个阶级进行统治,并且决定着某一历史时代的整体面貌,那么不言而喻,他们在这个历史时代的一切领域中也会这样做,就是说,他们还作为思维着的人,作为思想的生产者进行统治,他们调节着自己时代的思想的生产和分配;而这就意味着他们的思想是一个时代的占统治地位的思想。例如,在某一国家里的某个时期,王权、贵族和资产阶级为夺取统治而争斗,因而,在那里统治是分享的,那里占统治地位的思想就会是关于分权的学说,于是分权就被宣布为"永恒的规律"。①

马克思对于阶级的定义包含几个关键点,首先他是从生产关系的角度来理解阶级的,经济关系维持了不平等。整个人类社会大部分时间的根本的矛盾在于:一些社会成员拥有并控制生产资料,对生产资料的占有让他们拥有凌驾于其他社会成员之上的权力,因为生产资料的所有者设定了社会生产的关系和条件,其他社会成员为了维持生计只能在这个社会结构中参与生产。由于他们所处的地位有别,其中一个集团便有权而且能够占有另一个集团的劳动,"因此

---

① [德]马克思、恩格斯:《马克思恩格斯选集》第1卷,人民出版社1995年版,第98—99页。

阶级的本质就是剥削。要消除剥削，必须最终要消除阶级，但在此之前就必须首先提出阶级斗争的要求"①。阶级间的对立与斗争也就必然存在，社会的不平等就根源于互相敌对又互相关联的社会阶级。

有学者认为，马克思对阶级关系的理解虽然以经济关系为基础，但是他对社会不平等关系的思考系统而全面，他对权力与文化之间关系的思考为今天的文化研究提供了重要的参照："很多关于文化、权力和不平等的当代理论都来自马克思的理论和马克思主义者对资本主义社会中阶级形成的社会和经济过程所进行的分析和建立的模式。"② 在马克思看来，资产阶级能够长时间保持统治地位的部分原因是，资产阶级通过他们的经济权力来实施政治权力，对国家机器的有效控制一方面使他们垄断了对暴力的使用；另一方面是全面实施文化控制。所有国家机构都在为资产阶级利益服务，"资产阶级宣传和实行的信仰和价值观通过参照非经济的社会经验领域使之合法化，从而支持了不平等的关系系统"③。正是在这个意义上，马克思将有组织的宗教特定信仰视为不平等、不公正社会的支撑物，文化在某种程度上成了事物真相的对立物。有学者指出，马克思清晰地为文化、知识、权力勾勒了图像：

> 资产阶级拥有权力，通过权力获得知识，通过权力和知识创造了支配性的文化。马克思主义思想的着眼点在于权力、知识和文化之间的联系，并构想出一种系统性的关系，在这种关系中，文化的信仰和实践是权力关系的一种文化符码。④

---

① 朱国华：《权力的文化逻辑——布迪厄的社会学诗学》，上海三联书店1998年版，第61页。
② ［英］阿雷恩·鲍尔德温等：《文化研究导论》，陶东风等译，高等教育出版社2004年版，第98页。
③ ［英］阿雷恩·鲍尔德温等：《文化研究导论》，陶东风等译，高等教育出版社2004年版，第102页。
④ ［英］阿雷恩·鲍尔德温等：《文化研究导论》，陶东风等译，高等教育出版社2004年版，第102页。

马克思的阶级论固然有时代局限性，但他对社会不平等关系的系统思考尤其是对文化与知识关系的考量成为后人思考社会不平等关系的重要理论基石，之后对此有深入研究的韦伯和葛兰西等学者正是在批判地继承马克思的遗产之上提出了自己的理论。

与马克思相比，韦伯坚持认为，在社会中权力的运作比经济基础对阶级的分化更具根本性。韦伯把权力界定为个人或组织不管他人是否反对而实现他们意愿的能力，在此基础上产生了三个分析不平等的基本范畴：阶级、身份和党派。他明确指出，将不平等合法化的三个基础是：

> 传统的（"接受它，因为我们自己的人从来都是这么做的"），卡里斯马的（charismatic）（"接受它，因为领导者或先知拥有能改变你生活的超常的力量"），或法制—理性的（legal-rational）（"接受它，因为这是管理我们社会的法律规则所明确规定的"）。①

韦伯认为，这些将不平等合法化的基础正显示了文化权力是如何被制度化并且被赋予道德依据的，因而更隐蔽，更容易为大众所接受，而不像马克思的阶级斗争那样尖锐。比如就社会身份而言，在现代民主社会，所有针对个人的明确规定的身份特权都被废除了。等级制和以身份为基础的不平等在日常生活中更具有弥散性本质，因而也更不易被察觉。比如在英国，口音仍然是一个显著的身份标志，其他说话方式的特征也可以传达出身份等级。在对谈话中谁打断谁这一问题进行的研究就显示：是父母打断孩子，男人打断女人，而医生总不会被病人打断。谁说话会被打断，其中的权力结构一目了然。

韦伯试图改进对不平等的衡量，并试图显示他的标准之间的关

---

① ［英］阿雷恩·鲍尔德温等：《文化研究导论》，陶东风等译，高等教育出版社 2004 年版，第 108 页。

联性。他批评马克思的阶级图式还是过于轻视文化在社会变革中所起的作用,因此他提出了以一种复合的,特别关注等级和不平等的非经济维度的方法来研究不平等。韦伯考量了更多的因素,比如就阶级的经济定位而言,与马克思强调所有权不同,韦伯更强调市场购买力;或者阶级也可以建立在围绕特权和荣誉观念组建起来的身份集团,以及政党和政治派别之中。或者,权力经常与财富相连,但在权力与知识相连的情形中,权力和财富也可以分开。此外,韦伯指出,身份除了指与权力财富相关的生活方式之外,它还指社会尊重,而社会尊重是依据一个人的社会地位来赋予的尊重和仰慕。

对于社会的不平等结构,韦伯形成这样的基本观念,他把阶级看作固定群体组成的等级体制,个人在其中可以移动变化。阶级和身份的差别影响到的是物质和文化商品的不均匀分配,社会等级将保证人们有差别地使用这些产品。社会不平等的结构"是因地制宜的而不是固定的结构,而且还要考虑到个人之见的主体性"[1]。

韦伯将复杂而精细的现代权力运作引入对不平等结构的思考,看到权力的弥散性和流动性。葛兰西则专注于思考现存权力关系和不平等如何通过文化霸权而被稳定下来,同样对文化研究产生巨大影响。在葛兰西的思想谱系中,霸权作为权力的有效部署,是一个积极的建构过程。霸权通过意识形态起作用,它"主要通过把从属阶级嵌入到关键的制度和结构中来起作用,这些制度和结构支撑着统治秩序中的权力和社会权威"[2]。霸权有两种特性,首先,它是以阶级为基础的和有阶级偏向的。一个阶级所共有的价值、意义、信仰等是为了作用于共同的阶级利益。其次,霸权具有建构性,它不

---

[1] [英]阿雷恩·鲍尔德温等:《文化研究导论》,陶东风等译,高等教育出版社2004年版,第108页。

[2] [英]阿雷恩·鲍尔德温等:《文化研究导论》,陶东风等译,高等教育出版社2004年版,第108页。

是偶然发生的,但霸权之下的处境也是可以改变的。

霸权理论之所以对后来的文化研究形成深远影响,在于一方面它将马克思的意识形态理论具体化为"物质力量",这种力量"可以组织群体、建构交战和争论的阵地,界定进攻或防守的位置"①。另一方面,霸权展示了阶级既是从经济上被界定的也是从文化上被界定的,它把文化视为所有社会关系形成过程的基础。

韦伯和葛兰西对马克思的阶级论做出了重要的修正和补充,这些调整让阶级论直接适用于后来的文化研究。韦伯表明,不应将阶级视为某一确定意义的共同体,阶级只是某一共同体行为可能的基础。葛兰西则表明文化浸透了阶级权力。所以二人彻底将权力视为积极建构,此外他们对文化问题进行了深入思考,一起形成对马克思的补充。不过就其缺陷而言,两位思想家都只关注阶级,没有马克思那样深入地与社会其他元素相结合来进行考察,同时,他们认为权力只是单方面的,这暗含了支配性逻辑,而相对忽略了主体能动性的维度。

二 布尔迪厄的阶级述行

真正把述行引入阶级的是布尔迪厄,他用述行理论对马克思的阶级论进行了彻底改造,也对韦伯和葛兰西的缺陷进行了调整。

布尔迪厄认为阶级是关系而非本质,阶级是被建构的。他指出,社会阶级不是本质主义地按照你的财产多寡等某些具体条件来决定的,相反,实际上社会阶级甚至并不存在,阶级只是理论的构造物。布尔迪厄用社会空间(Social Space)的概念代替了阶级的概念,这个概念是伯明翰当代文化研究中心早期的关键概念。"社会空间"与马克思的本质主义以及唯经济主义相比,它更多维,是"诸多差异

---

① [英]阿雷恩·鲍尔德温等:《文化研究导论》,陶东风等译,高等教育出版社2004年版,第109页。

的空间，诸阶级以某种可能态的方式存在于其中，它们并非某种给定之物，而是有待变成的事物"①。

"社会空间"的述行来自制度的授权："述行性言说就社会学逻辑意义而言的存在，不能独立于赋予其存在的理由或目的的体制之外；假如它不管三七二十一还是发生了，它也将丧失任何社会意义。"②借由社会体制赋权于代理人（agent），通过让代理人拥有某些符码和徽章来强调这一事实：他并非以自己的名义和凭借自己的权威而行动。这个被赋权的代理人通过符码和徽章具有"合法"身份，然后他使用合法的语言来彰显身份的有效性，最终使身份合法化和自然化。"任何社会学理论都必须考虑到行动者对社会世界的表征方式，更确切地说，应该考虑到他们是如何为建构对这一世界的看法，并最终建构这一世界本身所做的贡献。换句话说，要考虑他们是如何为了将自己理解世界的观点以及他们在这个世界中所拥有的地位的观点强加于他人身上而通过表征劳动（labor of representation）的方式不断述行，并最终形成其社会身份的。"③

运用述行理论，布尔迪厄在马克思阶级论的基础上，更有机地处理了不平等问题。与马克思主义辩证法相比，它较少受制于冲突，也没有太多的麻烦："马克思主义的社会学可能会正视这样的情形，认为社会矛盾会导向政治运动，但布尔迪厄却不这么认为。对于他来说，围绕着教育和学位资格的焦虑（劳动力市场和经济领域变化的结果）可以和谐地结合起来，可以避免分裂，可以阻止临界意识。"④因为当新的分类总是不断扩展的时候，当身份的区分进入符号暴力

---

① 朱国华：《权力的文化逻辑——布迪厄的社会学诗学》，上海三联书店1998年版，第62页。

② 朱国华：《权力的文化逻辑——布迪厄的社会学诗学》，上海三联书店1998年版，第93页。

③ 转引自王建香、王洁群《阶级身份述行：布尔迪厄社会学理论的言语行为视角》，《国外社会科学》2011年第6期。

④ ［英］安吉拉·麦克罗比：《文化研究的用途》，李庆本译，北京大学出版社2008年版，第158页。

模式的时候，文化中介就会趋于社会顺从，进行适当的调整，诸如通过增加生活服务类行业等方式。

与韦伯和葛兰西一样，布尔迪厄更为强调文化因素的作用。布尔迪厄的支配模式为：一是以经济资本为基础，这是支配的主导形式；二是以文化资本为基础，这是支配的从属方式。与"经济资本"概念并列使用的"文化资本"是布尔迪厄的重要创新，文化资本的运作具体通过文化消费、阶级趣味等来体现。这个概念与杜克海姆的"文化专制"（Cultural Arbitrary）密切相关，杜克海姆认为，文化的象征结构及特定符号系统是专制的，它们发挥着一种特定的功能来延续社会再生产。从普遍意义上说，文化资本本身并不从属于经济资本，二者各自在不同的语境中都是重要的，不同类型集团间的区分应该建立在资本差异的基础上。比如说商人拥有大量经济资本，但只拥有很少的文化资本。而大学教师则完全相反。

正是对经济资本和文化资本的消费起到了"区隔"身份的作用。"区隔"（distinction）是特定群体（阶级）在社会中标志其身份的方式，是用来表达价值并寻求维持他们与其他群体的界限的符号。马克思将这些不平等关系视为冲突性的，而布尔迪厄认为不平等对社会运行具有功能性作用。与马克思相比，布尔迪厄关注的是群体之间的区分，而不是这些群体所组成的整体系统。布尔迪厄认为，社会身份的区隔并不是自然的，而是通过创造出集体表征和愿望，将一套关于社会世界的理解，尤其是对"共同体"的理解，通过集体成员共同使用的语言，他们共同拥有的图腾、旗帜、徽章等具有象征意义的物体来"生产出意义以及对意义的共识，从而建构一种集体信仰和社会身份，最终形成社会现实"[1]。就像罗宾斯所总结的："我们采用社会群体的认同意象——不管是发型或衣服，以此来确认我们的社会身份。出于同样的理由，我们设法将自己与那些属于其他

---

[1] 王建香、王洁群：《阶级身份述行：布尔迪厄社会学理论的言语行为视角》，《国外社会科学》2011年第6期。

群体的人相区别。我们的品位和我们的生活方式除了用来保持我们与所属群体的联系，并没有内在的价值。"①

社会身份借助社会群体认同意象来确认，这是一个靠习性来运转的区隔过程。习性解释了阶级差别如何在趣味的领域中产生并被复制，习性的系统性与特定性特点与身份及述行相仿，它为"即兴表演"留出空间。习性用来指称不同的社会集团划分这个世界、看待这个世界的方式。它不是特定的阶级位置带着一种特定的意识形态，而是在一个特定的文化空间内，一个群体拥有习惯化了的看待世界的方式或划分世界的倾向。它同时是文化框架及社会化了的主观性："日常的社会思想与社会行动的习惯性方面就存在于习性之中并通过它而起作用。人们的知觉、思想、品位等等都由他们的习性塑成。"②

相比起"习性"被培养的过程本身，布尔迪厄更加强调的是习得的和实践的东西通过什么方式变成只肯定现存的、等级化地组织起来的关系体系。因为这个过程是以非自然的形式发生的，最终区隔的结果是统治阶级通过自身的权力使人确信他们的文化习性比其他人优越。所以靠着惯习造成的区隔，阶级分离的社会可以使自己永远存在下去。比如通过学校教育把那些被视为有见识和有价值的成就类型合法化，同时将工人阶级学生的习性特征作为失败的证据加以贬斥。这样，"一种象征（symbolism）与意义的文化体系被强加在另一个社会群体的文化体系之上"③，这一过程被称为"符号的暴力"。

符号暴力就是"在一个社会行动者本身合谋的基础上，施加在

---

① 转引自［英］阿雷恩·鲍尔德温等《文化研究导论》，陶东风等译，高等教育出版社2004年版，第115页。
② ［英］阿雷恩·鲍尔德温等：《文化研究导论》，陶东风等译，高等教育出版社2004年版，第114页。
③ ［英］阿雷恩·鲍尔德温等：《文化研究导论》，陶东风等译，高等教育出版社2004年版，第114页。

他身上的暴力"①。然而符号暴力最可怕的还不是暴力本身，而是社会行动者对暴力的认可，布尔迪厄称其为"误识"（misrecognition）。他采用结构社会学的观念来理解这种误识，他认为，由于社会行动者的心智根据认知结构来构建，而认知结构正是来自这个世界的结构，其中的逻辑就是：

> 我们一降生在某个社会世界中，就有一整套假定和公理，无须喋喋不休的劝导和潜移默化的灌输，我们就接受了它们。这就是为什么分析行动者对世界的深信不疑的接受（doxic acceptance）——这种接受源于客观结构与认知结构之间直接的一致关系——是一种现实主义的支配理论和政治学的真正基础。在所有形式的"潜移默化的劝服"中，最难以变更的，就是简单明了地通过"事物的秩序"发挥作用的那种劝服。②

所以习性的运作也是整个社会结构调节的过程，它和布尔迪厄的"场域"概念相关，并一起运作社会系统。场域习性来自社会制度，同时它又寄居在生物性的个体里；"场域"也是客观关系的系统，它和习性一样也是社会制度的产物，但场域体现在具体事物中，或体现在类似于物理对象那样的现实性的机制中。即一个体现为具体和个别，一个体现为机制和系统。二者之间的关联为：

> 一方面，这是种制约（conditioning）关系：场域形塑着惯习，惯习成了某个场域（或一系列彼此交织的场域，它们彼此交隔或歧异的程度，正是惯习的内在分离甚至是土崩瓦解的根

---

① [法]布尔迪厄、[美]华康德：《反思社会学导引》，李猛、李康译，商务印书馆2015年版，第205页。
② [法]布尔迪厄、[英]华康德：《反思社会学导引》，李猛、李康译，商务印书馆2015年版，第205页。

源）固有的必然属性体现在身体上的产物。另一方面，这又是一种知识的关系，或者说是认知建构的关系。惯习有助于把场域建构成一个充满意义的世界，一个被赋予了感觉和价值，值得你去投入、去尽力的世界。①

习性这个概念让我们考虑到性情倾向、品位和偏好的持续存在，并能理解它们的运作。它"是一个开放的性情倾向系统，不断地随经验而变，从而在这些经验的影响下不断地强化，或是调整自己的结构。它是稳定持久的，但不是永久不变的"②。它既处于形塑过程中，又已经被形塑为有一定稳定性的存在，在这个博弈的过程中，习性将实践的感知图式融合进了实践活动和思维活动之中。习性见证了社会结构通过社会化在身体上的体现，这同时也是一个通过个体来生成（ontogenesis）的过程。而社会结构本身不仅通过个体生成，它还来源于一代代人的历史努力，即系统生成（phylogenesis）。从这个意义上说，心智结构具有双重历史性（Double Historicity）。

所以布尔迪厄习性概念的有机性在于他看到了习性的过程性及系统性，习性是行动者惯常行为的总和，各个因素之间协调有机地合作，而非冲突与反冲突的关系。最后，布尔迪厄最有价值的，还是借助黑格尔的辩证图式，指出在习性与场域中支配者与被支配者之间权力的有机运作。行动者都有意无意地致力于再生产："社会秩序的再生产远不是什么机械过程的自动产品，它只能通过行动者的各种策略和实践来实现自身。"③ 被支配者也为他们自身被支配出了一份力，场域内生产阶层的系统性、社会结构也在各个向度上运作，

---

① ［法］布尔迪厄、［英］华康德：《反思社会学导引》，李猛、李康译，商务印书馆2015年版，第158页。
② ［法］布尔迪厄、［英］华康德：《反思社会学导引》，李猛、李康译，商务印书馆2015年版，第156页。
③ ［法］布尔迪厄、［美］华康德：《反思社会学导引》，李猛、李康译，商务印书馆2015年版，第171页。

来自各方的力量同时不分彼此地维系或改变社会结构自身。阶级再生产形成一个自成一类的体系，所有这些最后指向一个点：通过日常生活和生产维系身份。所以阶级身份是群体性积淀，是系统的生产与身份持有者自身的再生产。

中国学者王建香指出，布尔迪厄揭示了身份合法化的过程："对于布尔迪厄来说，有关地域、阶级、性别等社会身份的话语都是述行话语，其目的是要通过一套新的疆域或边界的定义来挑战原有的范畴与意义，使一个群体身份或是不同身份之间的疆域合法化，变成现实。因此，身份的合法化过程其实不过是一个赋魅的过程，一个'生产神秘序列'的过程。"①

在布尔迪厄看来，保证阶级身份合法化的重要因素是经济资本、文化资本、社会资本和符号资本，这些资本一起锚定行动者在社会空间中所处的位置。一个行动者拥有的资本越多，他控制市场的能力就越强。其中符号资本起到了身份标杆的作用，一个人掌握的符号资本越多，场域赋予他们的资本价值就越大，相应地，他们也能从场域获取更大的利益。而且越是在正式场合，越集中了各种资源，这样形成的后果就是，理论价值与实际价值之间的差距就越小。

所以在社会中标志阶级身份的方式是一个接受身份建构并再生产这种身份建构的过程，从这个角度看，我们在很大程度上无法选择自己的身份，只能接受上一代传给我们的文化身份。罗宾斯这样描述布尔迪厄的立场："我们附着于各种群体，无论是俱乐部还是政治的或宗教的组织，而且我们采用社会群体的认同意象——不管是发型或衣服，以此来确认我们的社会身份。出于同样的理由，我们设法将自己与那些属于其他群体的人相区别。我们的品味和我们的生活方式除了用来保持我们与所属群体的联

---

① 王建香、王洁群：《阶级身份述行：布尔迪厄社会学理论的言语行为视角》，《国外社会科学》2011年第6期。

系，并没有内在的价值。"①

正因为阶级身份是建立在符号资本基础上的再生产，所以要改变阶级身份就要争夺符号资本，而这就有赖于两个方面：社会结构的变化和主体性的运转，主体性的运转已在第二章进行过讨论，接下来我们将从社会实践层面探讨阶级的文化实践。

三 阶层的文化实践：阶级的表征

马克思关于阶级的认识为我们认识社会阶级建构提供了一个视角。尽管今天社会不平等的关系仍旧是稳定的，但在一个相对较高的物质生活标准和发达的社会保障体系之内，社会不平等的表现也出现了一种暧昧的情况。贝克指出："我们逐渐面临没有阶级的资本主义现象，而它却有着个体化的社会不平等以及所有相关的社会和政治问题。"②

新的阶级不平等的表现已经跟马克思所说的阶级斗争不尽一致，那么它变成了什么？韦伯认为，新的阶级不平等体现为社会购买力和居住区域、社交圈子等，布尔迪厄则将阶级分化的原则总结为"阶级、阶级区隔、阶级趣味、阶级斗争、资本的不平等分布、天才意识形态的掩饰功能和争夺符号权力的斗争"③，最终区分阶级的精髓在于文化商品的消费。如布尔迪厄的这个观点所展示的，内在经济结构的不平等为外部的消费品所表征。

（一）上层与中产：阶层固化

学术界对阶层问题的研究，以马克思对无产阶级的论述为代表，

---

① ［英］阿雷恩·鲍尔德温等：《文化研究导论》，陶东风等译，高等教育出版社2004年版，第114页。
② ［德］乌尔里希·贝克：《风险社会》，何博闻译，译林出版社2004年版，第107页。
③ 朱国华：《权力的文化逻辑——布迪厄的社会学诗学》，上海三联书店1998年版，第59页。

并较早地集中于底层阶级。20世纪50—60年代，贫困文化在英美学术界受到普遍关注。美国人类学家奥斯卡·刘易斯（Oscar Lewis）对墨西哥、波多黎各和美国的穷人进行了研究，而霍加特（Richard Hoggart）在《识字的用途》中对英国工人阶级状况也进行了系统的研究。他们的研究体现出一个共同点，都试图去理解贫困如何跨越世代造就更多的穷人，而最终的结论都导向底层共有的文化特征。

另外，文化特征与阶层问题也引起了大众媒体的关注。英国BBC拍摄的纪录片《人生七年》（7 Up）从1964年连载至今，跟拍了7年来自不同阶层的14个7岁孩子。14个孩子中，只有一个来自农民家庭的孩子尼克突破了自身所在的阶层。尼克从小向往城市，目标明确，后来考上了牛津大学学习物理，随后移民美国，42岁当上了教授。其他所有的孩子都没有实现阶层跨越，另一个来自工人家庭的托尼从小喜欢用打架解决问题，长大以后成为出租车司机，中途经历了几次财务危机，一直在为经济问题操心。而来自精英家庭的代表安德鲁，父母是金融从业者，从7岁就开始关注股票，后来进入剑桥学习法律，最后在一家被德国收购的大型公司法务部工作到退休，和妻子有一个日式庭院，过起了颐养天年的生活。从中我们看到，以经济差异为根本，底层人的生活环境、家庭教育方式等环境对后代的影响极大，布尔迪厄所说的文化资本对于阶层差异的运作几乎在现实中得到了印证。

底层与上层的阶层固化，以及这种固化可能引起的社会危机也经由大众文化引起广泛关注。2019年上映的韩国电影《寄生虫》，展示了一个居住在地下室的底层家庭利用谎言全部进入上流社会家庭里做佣人、家庭教师。然而，居住在地下室的人身上有浓重的"穷人的味道"，在上流社会的家庭里面依然难以散去。因此，阶层之间难以融合、上流社会对下层的漠视及歧视等关系，最终导致了下层阶级对上层阶级挥舞屠刀的悲剧结局。这部电影引起了广泛的讨论，电影中同样试图用文化因素的作用来解释阶层差异和矛盾。底层一家人聪明、努力,做过很多工作,也在试图以乐观的心态来挺过艰难的日子,但阶层的隔阂依然难以跨越,哪怕他们努力想改善一点点处境也显得徒劳无功。随着阶层矛盾在片尾爆发,最终升级为谋杀案件,失去了小女儿、父亲逃匿的整个底层家庭陷入了比地下室更深的深渊。

底层人挣扎在困境当中难以改变,而顶层社会则通过密集育儿的方式来稳固自身的地位。耶鲁人类学博士薇妮斯蒂·马丁《我是个妈妈,我需要一个铂金包:一个耶鲁人类学博士的上东区育儿战争》展示了在性别比例严重失衡的纽约上东区,占据人口大多数的女性之间的育儿战争。通过这部书,围绕全职母亲的育儿战争,薇妮斯蒂事无巨细地展示了上东区的阶层区隔。购房是阶层区隔的第一步,这一步充分显示出文化资本的运作。尽管经济资本依然是基础,比如在较高级的公寓购房不允许贷款,但是对于有基本经济能力进入上东区的人而言,更多的区隔体现在文化资本领域。比如购房申请上需要填写夫妻双方的信用卡卡号、大学 GPA 成绩、夫妻双方和二人父母以及小孩所念过的每一所学校,进入高级公寓需要提交资料获得所有邻居的许可,类似这些举措有效阻止了暴发户的僭越可能。上东区女性最大的竞争体现在育儿领域,因为上东区的性别结构也体现出明显的区隔,男性出现在工作场合,是家庭的经济支柱,女性则负责育儿,虽然不少家庭会有保姆等来协助,但全职妈妈在上东区较为普遍。薇妮斯蒂在书中引入了社会学家莎伦·海斯提出的"密集育儿"(Intensive Mothering)概念。在海斯看来,这是西方有钱人特有的现象,密集母职是一种性别模范,迫使母亲不得不将大量时间、精力与金钱用于养育孩子。社会期待有钱的母亲应该随时照顾孩子的情绪,时时刻刻关注他们的心理状态,并且通过各种活动促进孩子的智力发展。如果不能全方位培养孩子,那么这位母亲就是失职的。上东区母亲是密集母职的实践典范,并且母亲在育儿领域的相遇又形成其他方面的竞争。比如在接送孩子过程中,母亲们的相遇场所是争奇斗艳的领地，她们在此展示出当季最时髦昂贵的着装，展示自身保养得当的身体。上东区严密的阶层区隔甚至体现在彻头彻尾的商品消费中，贯穿书中的意象"铂金包"，尽管只是消费品，但是获得铂金包的过程设置了诸多阶层区隔的障碍，比如配货、需要熟客引见等，这些在基本的经济资本基础上附加的层层文化资本屏障是上流社会的一个表征：阶层的区隔和固化由成员共同运作和维系，在维系阶层的过程中几乎把所有的经济资本附加上文化资本，以此来增加区隔运转的有效性。

在西方社会，阶层焦虑最严重的是中产阶级。底层社会和上流社会相对固化，底层阶级各种条件相对匮乏，为了基本的生存疲于奔命，在经济资本欠缺的情况下难以获得更多的文化资本来改变自身境况，于是在贫困文化的习得性无助之下，难免出现代代复制的贫穷。而上流社会已经有较为稳固的经济资本，上流社会的财富积累已经过了原始阶段，几乎以世家为主，暴发户难以跻身其中，因而家庭成员间已形成稳固的财富网络。大多数人只需通过精心育儿，确保文化资本不下降，就能保住自身地位。而中产阶级作为新兴的阶层，是在资本主义发展起来之后才出现的，他们的历史只不过是 500 年左右的时间，欧洲中产阶级的大规模出现已是 17 世纪，而其文化形成的时间相对更短。

与上流社会可能拥有的世家历史相比，中产阶级的发家史大多立足于经济资本，历史上最早崛起的中产阶级大多依赖经商等活动获取财富。尽管拥有了一些财富，但中产阶级若想要进一步向上攀爬、拥有贵族般的地位，这几乎就是一道难以逾越的障碍。17 世纪后，城市中产阶级财富迅速增加，从事律师、公务员等工作的群体获得更多财富，据统计学先驱格列高利·金（Gregory King）估算，在 1695 年，除了贵族、高级教士、有佩戴盾形纹章资格的非贵族，英格兰约有 1 万人从事办公室工作，总收入达到 180 万镑。此外，还有 1 万个左右做国际贸易的商人，他们的总收入达到 240 万镑；

有1万多个律师，他们有140万镑的收入；1.2万左右的无佩戴盾形纹章资格的士绅分享了290万镑的收入。整个国家的工资收入是4350万英镑，上层中产阶级几乎占全部收入的1/5，相当于贵族和佩章非贵族收入总和的3倍多。①

在积累了财富之后，中产阶级试图以某种方式显示他们的地位。他们听歌剧，使用具有现代特色的物品来装饰房屋，为了开阔视界，他们游历四方。中产阶级享受着精致的饮食，而酒水饮料作为生活品质的表征，某种程度上就是由中产阶级带领起来的风潮。17世纪的中产阶级对新近出现在法国的上等葡萄酒特别钟情，比如拉图（Latour）、拉菲（Lafite）、玛歌（Margaux）、奥比昂（Haut-Brion）等酒庄的酒，气泡香槟也是在这个时期被引进伦敦和巴黎的社交圈的。在很多方面，城市诞生的中产阶级创造了现代生活的模范样式。

但从中产阶级出现直到今天，中产阶级在阶层品位上都有两个明显现象：一是不遗余力地模仿比自己更高的社会阶层；二是更多依赖消费主义彰显自身品位。如保罗·福塞尔（Paul Fussell）《格调》一书中所展示的，中产阶级一方面为自己的品位而担忧，"中产阶级总是为自己的品位，以及这些品位究竟对自己有没有好处忧心忡忡，因此总是将自己与想象中的金钱、权力和品位的拥有者联系起来（过于脆弱的联系），用来克制自己向下沉的自然倾向"②。另一方面，中产阶级通常用购物等机械行为满足自身的身份欲望。福塞尔辛辣地用房产广告为例来说明这个现象，"您属于森林公园社区！只要举步迈入我们这个社区，您就会懂得欢迎的含义；您是这个大集体的一分子"。

这种现象在今天的中国也不鲜见，虽然与西方的中产阶级发展

---

① 参见［英］伊恩·莫蒂默《中产阶级的崛起：向社会上层攀爬毕竟是件严肃的事情》，李荣庆译，https://mp.weixin.qq.com/s/NhrmaqI5S2YlnXsIcZEOeQ，2019年8月14日。

② ［美］保罗·福塞尔：《格调》，梁丽真、乐涛、石涛译，北京联合出版公司2017年版，第44页。

历史不尽相同，中国中产阶级尚是存疑的概念，但通过房产形成阶层区隔已是中国较为常见的现象。比如学区房、回迁房等的设置和区分，以及在2019年沸沸扬扬的"洋地名"事件。2019年6月，中国一些省市开始开展清理整治不规范地名工作，虽然不规范地名包括崇洋媚外、刻意夸大、怪异难懂和重名同音四类，但引起公众广泛关注的是崇洋媚外一类，虽然各地的命名有其地方文化色彩，但"崇洋媚外"的不规则地名有其同质性，比如海南有维也纳酒店，台州和温州都有包含"曼哈顿"的地名。华人学者加州大学戴维斯分校人类学教授张鹂在自己家乡昆明进行田野调查时发现一个有趣的现象，地产推销最常使用的一个词是"现代"："在当下，现代生活的愿景通过出售号称采用原汁原味的外国建筑样式的房产实现，它允诺了一种带有异域风情的、现代风味的光环。"① 很多情况下"现代"意味着"洋气"，它暗示了来自外国（特别是西方）的影响。地产商通过取洋地名来创造某种外国气息，同时大量使用白人模特和外国居住环境的图像放在广告宣传中来增强"洋气"的氛围营造。张鹂看到，昆明有超过1/3的新建地产项目取了一个"洋气"的名字。有一些是直接挪用外国地名或人名，比如"创意英国""挪威森林"，有一些是在名称中融入英文，比如"BOBO自由""GOGO新时代"，他们通过这种方式来指涉现代、打破常规和国际化。②

因为近几年中国高昂并且一直持上涨态势的房价，房产成为中国中产梦的一个重要表征，而"洋地名"只是这个梦想的缩影，尽管它是商业力量以及将现代美好生活和西方联系在一起的流行心

---

① 转引自林子人《全球化、中产梦与地名的空间政治：我们为什么在意"洋地名"？》，界面新闻，https：//baijiahao.baidu.com/s?id=1637016107340494959&wfr=spider&for=pc，2019年6月22日。

② 参见林子人《全球化、中产梦与地名的空间政治：我们为什么在意"洋地名"？》，界面新闻，https：//baijiahao.baidu.com/s?id=1637016107340494959&wfr=spider&for=pc，2019年6月22日。

态合流的结果,但如同孙骁骥在《购物凶猛:20世纪中国消费史》[1]中所说,在身份认同缺乏量化指标的混沌中,消费者的买单清晰展示了中国尚在崛起的城市新中产找到了一条确定身份的便捷有效的路径,即通过消费获得身份确认、阶级认可和自我价值的实现。

阶层与消费在中国被捆绑出现的另外一个深层原因是中国阶层构成的复杂性。由于中国特殊的历史社会形态,中国社会的阶层构成与其他大多数国家不一样。国学大师梁漱溟在《中国文化要义》当中指出,西方社会有史以来存在明显的阶级对立,古代有贵族和农奴对立,近代有资本家与劳工的对立。但中国社会自古以职业分途为主,在古代的原因是土地不集中,工业和商业受限,政治上未形成统治阶级,而只有皇帝一个统治者。这种社会格局呈现出一定的开放性,体现在经济上,未形成垄断,有大量独立生产者;在政治上,譬如科举制为各阶层提供了相对均等的竞争机会。因此社会各个阶层之间融合多于对抗,士农工商之间"气脉浑然相通而不隔"[2],各个职业之间更多是相互配合。

由于这样的历史原因,直到今天,中国的社会分层状况仍难以完全与欧美社会对接,尽管城市新中产通过"洋气"的消费方式在向西方靠拢,也出现过小区住户要求与回迁房隔离等极端诉求,但中国阶层区隔的根源与西方社会不尽相同。比如房产的区隔,更多还是与经济资本相关联。所以中国社会阶层的区隔状况比较复杂,一方面,相比欧美相对严重的阶层固化,处于转型期的中国社会,阶层逾越还存在较多可能性;另一方面,一部分中国人已经对阶层划分开始变得敏感,较有意思的是,在亚文化领域出现了不少与阶层话语相关的现象。

(二)亚文化:底层逆袭与自黑

关于阶层逾越现象,在国内有特殊的条件和结果。由于中国的

---

[1] 孙骁骥:《购物凶猛:20世纪中国消费史》,东方出版社2019年版,第3页。
[2] 梁漱溟:《中国文化要义》,上海人民出版社2018年版,第179页。

高考制度以及相对低廉的高等教育费用，高考往往被认为是阶层逆袭的重要杠杆。虽然各地高考状元来自各个阶层，但每年高考过后，媒体争相报道的多是"寒门贵子"。这些报道极力渲染状元的家庭经济困境及其努力程度，将他们进入清华北大等国内知名高校事迹作为"知识改变命运"的典型例子而大力宣传。在中国，自科举制形成以来，"知识改变命运"的话语几乎等同于依赖教育进行阶层逆袭。在各种民间故事中，寒门读书人"十年寒窗无人问，一举成名天下知"，在经历了穷困苦读等艰难之后，一旦科举考试成功，往往同时获得事业和爱情的美满。在民间的想象中，"洞房花烛夜，金榜题名时"往往同时发生，考中的读书人奇迹般地被高级官员及其女儿相中，同时获得功名与圆满的婚姻。而在今天，对教育改变命运的表征更多出现在对贫困地区的儿童公益宣传中。以希望工程"大眼睛"苏明娟为例，童年时期的苏明娟衣着简陋，手握掉漆的铅笔，是典型的穷困女孩形象，而在她工作以后的宣传报道照片里，上过大学进入银行工作的苏明娟衣着入时，形象靓丽，已然成为一名都市白领。

关于教育逆袭，也有人提出异议。北京大学教育学院刘云杉教授2017年做过一个访谈，追溯了一位农村学生孙学商（化名）考入名校后，努力进入投行工作的经历。后来形成《自由选择与制度选拔：大众高等教育时代的精英培养——基于北京大学的个案研究》一文，发表于《北京大学教育评论》。孙学商进入大学后，努力掌握了就业所需要的专业技能。但本科毕业后不清楚如何去社交，如何拿到实习机会，最后仍然没有如愿进入投行工作。刘云杉用布尔迪厄的文化资本来分析孙学商找工作失败的原因，即他的出身所携带的"文化资本"造成了他在人际交往上的视野差距，即便是专业的技能也难以弥补。刘云杉就此强调教育的有限性，"寒门贵子"的现象难以解决社会结构不平等的根本问题。

这种反思有利于我们冷静看待夸大教育逆袭作用的宣传。近几年中国社会已经有越来越多的人开始关注和思考社会阶层问题，关注点更多集中在教育领域。2018年年底，《冰点周刊》公众号《这块屏幕可能改变命运》报道了成都七中的远程直播教学。成都七中通过与东方闻道网校合作进行卫星直播，与248所贫困地区的中学通过直播同步上课。16年来，7.2万名被称为"远端"的学生中，88人考上了清华北大，大多数成功考取了本科。云南禄劝一中是"远端"学校之一，禄劝县教育局长王开富表示，根据世界银行的数据，高中毕业人群的贫困发生率只有2.5%，"在我们这样的贫困县，投资教育，是防止贫困代际传递最好的办法"。这篇报道经过社交网络的不断传播引起了广泛的反响和讨论，有人质疑它是否夸大了教育逆袭的作用，也有不少曾经在"远端"学习的学生现身说法，感谢远程教育改变了自身命运。在中国目前的国情下，鼓吹教育逆袭有一定的现实依据，但是一味鼓吹寒门贵子，却对教育资源分配不公、社会实际的贫富差距等持无视态度，未看到亟须改变的根本问题，显然并不合理。

而在亚文化领域，网络热词"屌丝"的悄然走红反倒让我们去正视中国特殊的社会分层问题。"屌丝"与"高富帅"起源于百度贴吧李毅吧"帝吧"，分别指社会阶层较低和社会阶层较高者。"帝吧"用户参照"粉丝"创造了"D丝"一词，用以自称。2010年，一些"帝吧"会员因与时任吧主的"传说中的13号"发生矛盾而退出，出走用户将"帝吧"成员称为"屌丝"，以示侮辱，但"帝吧"用户欣然接受，从此用以自称。之后还创作出一系列合成词，如矮丑穷（矮矬穷）、女屌丝、高富帅、白富美等，编织出一套独特的符号体系。① 2011年开始，网络上出现"屌丝文"，与"矮丑穷"和"高富帅"相对应。

按照述行理论，这是一个自我矮化和再赋义的行为。越来越多

---

① 参见邵燕君主编《破壁书：网络文化关键词》，生活·读书·新知三联书店2019年版，第415页。

的中国网民用以自称,甚至高收入人士也以此自称来表达相对被剥夺和相对贫困之感。随着商业资本的加入,"屌丝"成为互联网企业对目标消费者的代称。这一鄙俗不堪的词语成为热词,是一种寒门自贱的现象,既是底层人的自嘲,也反映出社会底层的反精英情结,他们甚至对精英一词表示反感。

关于中国经济的一些数据和现象可以让我们看到中国阶层分化的状况。中国基尼系数自1997年以来几乎一直在扩大,至2009年已经达到0.49,近几年稍有回落,2016年年末为0.47。如果跟经济合作与发展组织(OECD)成员国比,中国基尼系数大约排在倒数第三,仅小于南非和哥斯达黎加。北京大学、西南财经大学研究小组做的统计则显示,中国基尼系数为0.7和0.5,远高于统计局的数据。① 近几年,中国整个汽车业在下滑,九成中国人没车,但高端车销量在反弹;中国人买了全球最多的奢侈品,同时以价格低廉著称的电商品牌拼多多也广受欢迎;大城市的高端餐饮店可能排着长队,三四线城市的餐饮消费潜力却低于国际咖啡连锁星巴克和国内火锅连锁海底捞的预期;"90后"对19元以下的低价烟和90元以上的高价烟消费都是占比最高的群体……

另一个与"屌丝"相应的热词"三和大神"的出现侧面印证了中国底层的另一种状况。与"屌丝"一词相比,"三和大神"热度稍逊,但在表征上恰与"屌丝"相吻合。"三和大神",指的是聚集于深圳市三和人才市场旁边打日结零工的"游民无产者",2018年因日本NHK电视台的纪录片《三和人才市场,中国日结1500日元的年轻人们》,这个群体开始为外界所熟知。三和地区的打工者生存条件较差,周围卫生不好。工作多为流水线,供应伙食差,管理层运用各种理由克扣工资、变相请假,甚至有扣押身份证等行为。但这个

---

① 参见龚方毅《消费究竟是升级还是降级?18张图看中国人2018年的消费变化:年度消费小数据》,豆瓣网好奇心日报,https://www.douban.com/note/704558302/,2019年1月22日。

群体充满自嘲精神,"三和大神"多是第一代留守儿童成长起来的,以年轻人为主,他们熟悉互联网文化,通过网络创造出了属于自己的一套亚文化符号系统。"大神"一词本身就是借用起点中文网对"白金作家"的称谓,原本指的是"在作品点击量、粉丝规模、IP 影响力等方面远超普通网文写手的'超级'网络作家"①,后来被用以称呼网站粉丝消费中付费较高的一个级别,这个词本身被处于社会底层的劳动者采用,并且衍生出一系列与之相关的词汇,用于描述自身的生活,它在语义上与"屌丝"一词的自我矮化正相反,在现实的局促与词汇的拔高方面存在巨大的反讽。这个词汇在一定范围内的流行和"屌丝"一词的语境一样,有浓烈的反精英情结。

所以阶层问题在中国的情况比较特殊,西方的阶层研究是由庙堂到民间,而中国当下的情况是民间的青年亚文化在反向推动社会关注阶层问题。一边是网络炫富行为层出不穷,另一边是网民的自我矮化。中国经济建设的成就有目共睹,同时随着社会发展,社会分层、区隔等带来的社会问题及文化反映也是我们应当正视的。

总体而言,从全球范围来看,今天的社会阶层问题在各个国家都表现出复杂的态势。在大多数国家,各个阶层的生活水准都有提高,阶层之间并不是集中地体现为二项对立的尖锐矛盾,但是社会分层依然存在,并且随着社会发展程度不同体现出不同的表征。在西方,上流社会和中产阶级力保自身地位,研究阶层问题的学者更多基于自身所属阶层的人生体验及田野调查进行鞭辟入里的分析。而中国的情况是一种反向推动,青年亚文化领域的活跃创造及大众媒体的报道等反向引起热烈的社会讨论,但学术界相对较少涉及。实际上,在中国当下剧烈变迁的社会语境中,基于历史和现实状况,阶层问题以全新的样貌持续变化,是有待耕耘的实践领域,也是观察和思考中国历史及现状的重要窗口。

---

① 邵燕君主编:《破壁书:网络文化关键词》,生活・读书・新知三联书店 2019 年版,第 233 页。

而从阶级述行过程本身来看，无论是西方相对的阶层固化，还是中国活跃的阶层逆袭话语，都是一个身份书写及被书写的过程。各个阶层的身份塑造既不可避免地在整个社会各方要素共同运作的基础上进行，但身份塑造同时也是一个自我赋义的过程。上层与中产阶级利用经济资本和文化资本的表征标榜身份的行为是自我塑造，底层人的自黑与努力逆袭也是一个抗争式的自我塑造，这是我们作为研究者不能忽略的能动维度。

第三节　国族身份述行

种族问题和阶级、性别问题一起都是身份问题的重要组成部分，但与阶级和性别问题相对具有普遍性相比，种族问题的建构性虽然也得到认可，并且也因在国际政治、国家政治中存在的不平等而广受关注，但种族问题的特殊性在于，它受不同地域、文化和政治等因素的影响更大，因而在不同文化、不同政治体制下往往表现出更为复杂的内容，而一旦种族问题被触发，其引发的后果也比较尖锐，甚至导致暴乱、国际争端等。尽管如此，关于种族身份的述行，其基本点与性别和阶级等也有一致性，福柯关于权力和抵抗无所不在的基本观点同样可用于理解种族问题：历史上从来没有彻底或全面实现阶级、种族或性别的支配，并且身份的支配可以在我们的日常生活行为中受到挑战。因而认识种族身份的前提依然是其建构性。

在中国的语境中，由于中国的种族、民族特殊的构成关系，种族问题的表述往往与中国的国族性相关，学者姚大力称其为"国家民族主义"或者"族裔民族主义"。在本节的讨论中，我们对中国问题的表述将集中于"国族性"这个基于中国语境的概念。而相较于在西方文化研究中更为盛行的"种族"（race）这个概念，本节也更愿意立足于中国的视角,采用"民族"(nation)概念来探讨这个问题。

一 民族身份的建构性

民族问题经常以"民族主义"(nationalism)的概念来呈现。民族主义是一个现代概念,但其背后的意识形态却是人类最古老的,所以它既充满力量,又极为复杂。在古代,民族认同主要指大型的、按领地区分的社会群体,民族形成的相关因素是地域、部落、家族、宗教等。而在现代社会,世界形成了新的社会和文化关系,这种认同被粉碎了。尤其是在全球化的背景下,这种新的社会和文化关系"既瓦解了稳定的地方关系,也破坏了全球的宗教认同"①。

和性别、阶级问题一样,对于民族问题,我们虽然已经认可安德森(Benedict Richard O'Gorman Anderson)所说的"想象的共同体"这个理解框架,但民族身份就目前而言不可能消解,也不能消解,因为它依然在发挥着重要的作用。如安德森所说,民族造成深厚而强烈的个人归属感:

> 民族通过用一种新的时间感(一种线性的"历史"而不是循环的时间感)和一种新的空间感(世界被划分成边界明确的"领土")代替了更宽泛的、垂直有序的宗教和王朝的社会组织形式,筑起了一座能抵御某些现代性(modernity)的不安全感的堤坝,从而为现代世界中的人们提供了一种身份意识和安全感。②

民族认同在新形势下提供了一种有效的凝聚力,这种凝聚力首先服务于国家的需求。因为在很大程度上民族是为国家所制造的:

---

① [英]阿雷恩·鲍尔德温等:《文化研究导论》,陶东风等译,高等教育出版社2004年版,第162页。

② [英]阿雷恩·鲍尔德温等:《文化研究导论》,陶东风等译,高等教育出版社2004年版,第163页。

"这是一个企图在一个给定的领土上创造一个同质的文化的'工程'。"①那么这个给一个庞大群体构建身份的工程靠什么来完成？从事文化研究的学者认为，表征是构建民族身份的重要途径。事实上民族成员不能相互认识，在一个领土广袤的国家，民族内部成员也不能清楚知晓民族所有的地域景观。国家话语通过表征和制造国家的山河图景，比如日本的富士山，美国的密西西比，中国的长江黄河，无数次地在文学、绘画和音乐当中被塑造，这些形象被大规模再生产并在想象的共同体中广泛传播。

女性和民族主义有着密切关联。实际上这两个范畴的关联也显示身份的建构和管理是在一个系统内部进行的，居于同一个体制内，它们相互交会、互相维持。在"想象的共同体"内，女性被定位为一种特定的角色。首先是女性常常作为民族象征，类似"祖国母亲"等话语总是被反复提及，在各个民族具有纪念碑性质的文学艺术作品中解释民族起源问题时，通常总是归于一个女性母体。其次是女性总是被理解为民族的母亲和民族的家庭支柱。这表现为重视女性作为妻子和母亲角色的价值，而且把国家视为一个家庭，女性应为这个家庭负有更大的责任。尤其是在教育下一代的问题上，女性被建构为承担更大的责任，因而在一个国家的未来发展方面，女性承担更大的责任，虽然通常是在国家危急时刻这种责任被提得更多，而在国家和平时期，女性则较少被提及。这个问题在中国近代以来表现得更为特殊，将在下一个部分进行讨论。

在全球化的过程中，民族身份在某些方面有效地抵御了全球化可能带来的同质性后果。而在某些方面，过于激烈的民族情绪的表达又对国际交流形成一定的障碍。这些复杂的局面与民族身份本身的复杂性相关。与性别、阶级等问题相比，多重性在民族身份这里表现得更加突出。地理性是民族身份相关联的根本方式，民族共同的身份特征

---

① [英]阿雷恩·鲍尔德温等：《文化研究导论》，陶东风等译，高等教育出版社2004年版，第166页。

建立在作为地点和人民特征的象征的景观、图像等基础上。创制民族身份的过程是一个接纳的过程,但同时也是一个排斥"他者"的过程。

安德森将这一过程称为"想象的共同体",他基于这样一个基本的逻辑,因为民族被认定为特定的领土,民族身份建立在一个排除、划出边界的基础上,然后对共同体想象出集体的文化,"它通过对成员及外来者的表征来创造一个民族,这种表征则是通过撰写虚构的故事和历史,创作风景画和静物画,设计游行和庆典来完成的"[1],在这个过程中,共同创制的文化表征起到了重要作用,而且它不是后来附加的,而是通过文化确定了民族、民族身份和领土这些概念。

所以民族的认同过程必然是一个充满排除的过程,这个排除过程重要的后果表现为不平等的表述。这个不平等体系起源于非经济价值,并被表现为非经济价值。在这个过程中,文化是关键因素。

二 身份坐标:自我与他者

造成种族偏见的原因来自文化。弗赖尔(Fryer)已经指出,"种族偏见是一个民族对另一个民族(这些民族被认为是与自己不同的)所持有的流行信念的表达"[2],所以种族偏见是文化的,而种族歧视是把结构的不平等与文化差异相联系,通过调用大众对这些差异的感知来使压迫合法化。对种族身份而言,文化控制对经济控制和政治控制的本质作用更为突出,比如欧洲帝国主义者就利用文化差异,将对殖民地人民的偏见发展成屠杀、占领和文化侵略的口实。

(一)他者的暴力

种族歧视背后所倚靠的权力话语来自同一性和差异性的调用。

---

[1] [英]阿雷恩·鲍尔德温等:《文化研究导论》,陶东风等译,高等教育出版社2004年版,第163页。

[2] [英]阿雷恩·鲍尔德温等:《文化研究导论》,陶东风等译,高等教育出版社2004年版,第28页。

萨义德在《东方学》中称其为"想象的地理学"和"地域本质主义"（Geogrephical Essentialism），它实质上也是普遍性暴力。① 萨义德将世界划分为代表普遍性的"西方"和被建构为"东方"的他者，相对于"西方"，"东方"是一个具有罗曼司、异国情调、难忘的会议、美丽的风景、非凡的经历的地方，这种异质性并非东方本身就有，而是西方将其单一的意义固定到"东方"，因而产生这种刻板印象。这种异质性也带来两方面的后果，它既美丽迷人且神秘，但同时也是落后的危险的，因而西方对东方的攻击和占有便有了合法性理由。虽然萨义德的东方主义有其局限性，比如主要是针对他自己所生活的伊斯兰世界，而且他所描述的东方是一个被动的形象，但是萨义德提出的关于同一性和差异性的运作、他者的运作被普遍接受。

在描述这种不平等结构的时候，"帝国主义"与"殖民主义"这两个术语经常被互换使用，并用来描述一个社会对另一个社会的统治。殖民主义主要指在经济、政治、军事和国家主权上，国家对国家进行侵略、控制和干涉，在宗主国和殖民地之间还存在形式上的殖民关系。而后殖民主义所面临的殖民，已经在形式上解除了这种统治关系，更多表现在文化、知识、语言和文化霸权方面的控制。后殖民主义整合了帝国文化、对抗帝国主义的抵抗文化和解殖民地化国家的文化、第一世界大都会文化与第三世界文化间的关系。

归根到底，无论是殖民主义、帝国主义，还是后殖民主义，这些理论话语涉及的根本问题都与普遍性暴力和他者相关。因为在地域间划分边界的民族身份的创建过程是通过"我们"与"他们"的对立来进行身份创建的。这中间体现了殖民主体运用权力和支配关系来夸大二者的距离和差异。"他性"是所有社会身份中的一个基本要素，但在民族身份论域，这个要素最为凸显，而且暴力性的后

---

① 参见［美］萨义德《东方学》，王宇根译，生活·读书·新知三联书店 2019 年版。

果也最为严重:

> 对他者的恐惧常导致盲目的仇恨:法西斯主义,种族主义,种族灭绝,以及对民族身份、语言和领土的盲目忠诚。它也会产生另一种危险:若将他者整合进一种文化的主流结构,就否定了它们之间的差异,其实也否定了它们享有差异的权利。①

如何避免这种极端情形的发生?朱莉娅·克里斯蒂娃(Julia Kristeva)为我们提供了一个思维框架:"要充分理解'他异性'(alterity),就必须把'差异'概念当作一种内在条件而不是一种外在因素(例如一个人的明显的性别或她/他的肤色)来理解。"②她指出了这样一个事实:当一个文化、社会或社群把某些个体当成他者边缘化时,它所排斥或压迫的实际上是它自身难以理解和接受的一部分。因为同一与差异本身是社会所制造的,我们认为制造同一性,并接纳、珍爱同一性,但把异质性排除,被排除的部分就构成了他者。所以克里斯蒂娃着力颂扬他者的差异性,因为这些差异性的存在才能够形成文化的多元特征。

(二)从"他者"到"我和你"

要真正认可他者的地位,彻底推翻这种等级制度,也许仅仅颂扬差异本身的存在还不够,还需要重新认识主体性本身。黑格尔承认模式所包含的主体间性结构为我们提供了启示,黑格尔指出,我们发现自身需要他者。在黑格尔的承认模式中,主人有奴隶的存在及其承认才能确保主人的身份。这个承认结构对于后人考察自我与

---

① [英]丹尼·卡瓦拉罗:《文化理论关键词》,张卫东等译,江苏人民出版社2005年版,第124页。

② [英]丹尼·卡瓦拉罗:《文化理论关键词》,张卫东等译,江苏人民出版社2005年版,第123页。

他者的关系影响深远。在这个承认结构中，承认的双方都是自为的存在，但是这种自为是辩证的，只有扬弃了自己的自为存在，与此同时，要保证对方也是自为存在的情况下，才能实现自己的自为存在，二者之间互为中项：

> 每一方都是对方的中项，每一方都通过对方作为中项的这种中介作用自己同它自己相结合、相联系；并且每一方对它自己和对它的对方都是直接地自为存在着的东西，同时只由于这种中介过程。它才这样自为地存在着。它们承认它们自己。因为它们彼此相互地承认着它们自己。①

黑格尔主体间性的结构是一个相互依存的结构，但是巴特勒在《自我的解释》中指出，这个结构正是在互为中项这一点上存在重大缺陷。"中项"是自我认识自身的媒介，这说明自我的发现过程不得不通过媒介，然而另一方面，他者只是作为媒介而存在，这也就意味着它和主体的关系并不对等，他者只是在主体外部而非内部。所以承认的结构是一种近乎剥夺的模式，因为吸收了外部的一些特征后返回自身铸造自我，巴特勒认为这只是在挪用他者而已。②

所以巴特勒主张将承认的运作视为"相关性"（relationality），"'相关性'一词将我们试图表述的关系中的断裂缝合了，而这个断裂正是构成身份本身的一个要素"③。这更像一个交流而非剥夺。我们应当置身于他者当中去理解他们，他者不是对我的侵占，我也无须剥夺他者，而是在与他者的对话中一面理解他人，一面看清自身。在

---

① [德]黑格尔：《精神现象学》（上），贺麟、王玖兴译，商务印书馆1997年版，第147页。

② Judith Butler, *Giving an Account of Oneself*, New York: Fordham University Press, 2005, p. 27.

③ [美]朱迪斯·巴特勒：《消解性别》，郭劼译，上海三联书店2009年版，第19页。

社会共同体当中,要真正实现我与他人的相互理解,我们应当将自己交付他人:

> 在自己身边,保持界限的渗透性,将自己交付他人,认清在自己所处的欲望轨道上,自己被置于自身以外,并被不可逆地放到一个不以自己为中心的、和他人共处的环境中。属于身体生活、性生活以及性别区分(这种区分,一定程度上,总是为他人而作的区分)的特定社会性建立起一个和他人在道德上彼此牵连的场,并建立起一种第一人称角度——也就是自我角度——上的方向感丧失。①

2004年11月,在"坎德尔事件"②后,巴特勒为维护德里达,为《伦敦书评》撰写了《论雅克·德里达》一文。文中运用"负债感"这个观念,巴特勒将交付他人的态度推向了一个新的高度。巴特勒从回顾德里达"哀悼"的话题谈起,2001年,在《哀悼之作》(*The Works of Mourning*)③中,德里达公开追悼了罗兰·巴特、保罗·德曼、福柯等思想家,德里达声称写这些文章不是因为人到暮年,而是因为"负债感"。巴特勒认为,有负债感是因为"他们是他无法离开的作者,是与他共同思考的人,德里达通过他们进行思考。他写作,这是因为他阅读。他阅读,只是因为有这些作者存在,可以让他一读再读。如果没有这些作者,他就无法写作,仅从这一点

---

① [美]朱迪斯·巴特勒:《消解性别》,郭劼译,上海三联书店2009年版,第25页。

② 2004年10月8日德里达去世后,同年10月10日《纽约时报》发表坎德尔(Jonathan Kandell)撰写的讣告,讣告以轻佻的笔法描述了德里达的生平与学术生涯,称解构主义"晦涩难懂",称"许多并无恶意的人仅仅为了能减免理解解构主义的负担而期望它死去"。这篇讣告甫一登出立即引起轩然大波,欧美地区学人立即做出回应,引发了一场捍卫德里达的运动。

③ Jaques Derrida, *The Works of Mourning*, trans. Pascale-Anne Brault, Chicago: University of Chicago Press, 2003.

来说，他常常'亏欠'他们"①。

"负债"这个观念来自犹太学者列维纳斯（Emmanuel Levinas），列维纳斯的负债公式几乎是对尼采还债故事的逆转。列维纳斯认为，道德的极致是向他者亲近，而这源于我们对于他者的债务："我对邻人的关系，决不是他对我的关系的逆命题，因为我永远无法偿清对他者的债务。这种关系无可逆转。"② 巴特勒提醒我们有责任宣布自己对于他人的负债感，但要保持警觉，宣布并不等于了结，宣布只是责任，而债务是永远无法偿还的。

这在某种程度上与犹太哲学不期而遇。犹太人的精神领袖马丁·布伯（Martin Buber）倡导"我—你"相遇哲学，他以渊博的学识呼吁犹太人与阿拉伯人和平共处而为世人敬仰。列维纳斯则因大力倡导犹太教"为他人"的道德主张而被称为20世纪最后一位道德哲学家，列维纳斯重新阐释了犹太教对他者的态度。他认为犹太教对他者的态度是一种道德的态度，这种态度是以"我对他者负责"的态度实行精神自救，因为"上帝是最杰出的他者，作为他者的他者，绝对的他者——然而我与这位上帝之间的摆平只能取决于我。宽恕的工具掌握在我手中"③。通过他者回转自身，与他人达成"我与你"式平等交流态度而非对抗立场。

所以对民族国家身份的研究，同样应当既质疑现有的规范又寻求团结式的认同。但民族问题与性别问题及自我建构有较大差异，在民族身份建构过程中，普遍性暴力涉及面更深更广。所以当身份问题进入更广阔的政治视野，寻求开放性的问题就显得更加迫在眉睫，而这个需求与我们每个人都息息相关。

---

① ［美］朱迪斯·巴特勒：《论雅克·德里达》，何吉贤译，《国外理论动态》2005年第4期。
② ［法］埃马纽埃尔·列维纳斯：《从存在到存在者》，吴蕙仪译，江苏教育出版社2006年版，第2页。
③ ［法］埃马纽埃尔·列维纳斯：《塔木德四讲》，关宝艳译，商务印书馆2002年版，第19页。

三 中国的国族建构

吉登斯曾说,"现代性催生了一些独特的社会形式,其中最引人注目的就是民族国家(nation-state)"①。中国的国族建构是在中国近代面临内忧外患的情况下发生的,国族身份与性别认同相交织,形成中国国族话语的独特品格。直到今天,这种建构方式还以特殊的方式存在于大众文化的话语中。

(一)近代:妇女与国家

回溯历史,我们会发现中国的国族身份认同走向了两个截然不同的方向,这两个方向都与女性相关。一方面是传统的"封建女性"作为落后中国的表征;另一方面却是"五四"以来的"现代女性"成为中国的新希望。

因此,中国女性在近代曾经两度被符号化:首先是作为封建时代理想道德的模板,其后成为近代中国的落后表征。在学者张念看来,中国妇女所经历的追求性别平等的历程与西方不同,西方女性是在男女差异的方向上被识读,而传统的中国女性是在中西差异上被识读。这其实是一体的过程,在很长一段时间之内,让女性承载更为严格的道德,而后,当现代社会兴起之际,女性自然成为落后的所谓"封建道德"的表征。这种独特的状况是因为近代中国性别进步与国族概念相纠缠的结果。

夏晓虹的《晚清女性与近代中国》对近代以来对女性的两度符号化勾勒了较为清晰的脉络。作为理想模板的传统女性建构主要通过"男降女不降"的历史重构。清末的现代民主概念其实与反清、抗清等话语相纠缠,重提对明朝的忠诚实质上有其特殊的政治意义,

---

① [英]安东尼·吉登斯:《现代性与自我认同:晚期现代中的自我与社会》,夏璐译,中国人民大学出版社 2016 年版,第 15 页。

在这种局势下,"男降女不降"此类话语的提出让女性承担及树立了"忠"及"民族"相混淆的标准,将女性视为民族气节的代表。"男降女不降"指的是清初满族统治者颁布了一系列改变明人传统的法令,其中影响较为深远的便是男子剃发与禁止女子缠足。男子在清人高压之下剃发,而女子缠足屡禁不止,后来甚至同化了一部分满族妇女。如孙玉生在《十不投》笔记中的解释:"如'男投女不投',男穿胡服女仍汉装,男不如女,可耻孰甚。"① 清末反封建呼声风起云涌之际,中国传统的华夷之辨与西方民族主义相结合,在反封建与抗清的复杂话语中,"男降女不降"的话语甚至进入民谚中,进而为学界所重视。1904年7月13日,《警钟日报》"史谭"栏以《妇女不降》为标题表扬明代妇女的民族气节:"秦汉以降,妇女以奇节著闻者,彪炳于史册,然卒未有为民族殉身者。惟明季妇女,其志尤坚。"② 其后同年9月,柳亚子先后在《女子世界》"史传"栏刊载《女雄谈屑》及《为民族流血无名之女杰传》,这些论述系统阐释了明代以来女子拒绝投降清政权的故事。在夏晓虹看来,"借助20世纪初'女权'思想的传入,原来民谚中对处于弱势的女性故意的拔高,倒正好应和了时代的特殊需求,而为妇女解放论者所喜用"③。遂将创造新中华的任务托付给纯洁无瑕的女性。

然而,因被符号化而获得高度赞誉的传统女性,其地位是脆弱的,这种地位为了时局的需求而设,这也意味着当不符合时局之时可能马上被改写。中国最早的现代启蒙者受到中西方巨大差距的冲击时,不少人便对西方人对中国的批判产生不加辨识的深刻认同感,变本加厉地批判起本国的女性。于是近代初期承载旧式道德的传统女性,在转向现代之际自然成为背负传统阻碍进步的代表。譬如晚清之际对缠足态度的转变就颇值得玩味。女子缠足解除之难,在清末曾经被大

---

① 夏晓虹:《晚清女性与近代中国》,北京大学出版社2014年版,第159页。
② 夏晓虹:《晚清女性与近代中国》,北京大学出版社2014年版,第152页。
③ 夏晓虹:《晚清女性与近代中国》,北京大学出版社2014年版,第166页。

加赞赏,因满人提倡"放脚",故而女子的"小脚"成了汉人的象征,脚的大小与否一度成为满汉差异,因而坚持缠足的汉族女子成了民族气节的坚持者。而到了现代初期,缠足则已经成为陋习。总之,在夏晓虹看来,"接受了至高赞颂的女性,也必得为中国的衰亡负责"①。

所以当中国在清末面临内忧外患之时,女性马上成为落后的表征。梁启超等思想家们认为国贫民弱的根源就在于女性:"吾极推天下积弱之本,则必自妇人不学始。"② 于是按照这个逻辑,要变革中国当然首先从女性开始。基于这样的理论,近代思想家开始大谈妇女解放的必要,在这个时期,"把女人从强制生育和被迫低下的社会地位中解放出来的基础理论,可能和基于种族纯洁的教条以及启蒙思考的抽象观念一样多"③。因此,近代思想家的共识之一便是民族解放从妇女解放开始。

为何妇女代受民族之过?成为落后国族的责任承担者?究其原因,主要有三,其一为中国的思想先驱以西方中心的视角来体察中国的性别问题。金天翮的《女界钟》④问世于1903年,这是中国近代论述女权思想的集大成著作,在这部横贯中国历史的考察及对西方想象的著作中,金天翮参照了一个虚构的西方,来批判想象的旧中国传统。在金天翮的想象中,欧洲已经进入"人人有自由权,人人归于平等"的庄严璀璨新世界,而中国女人"绝不知文明国自由民有所谓男女平权、女子参与政治之说也"⑤。接下来,金天翮分别从道德、品性、能力、教育、权利、政治、婚姻七个方面历数中国女性的困境与前景。他思考中国女性问题的动因是觉察到中西差距,

---

① 夏晓虹:《晚清女性与近代中国》,北京大学出版社2014年版,第103页。
② 转引自乔以钢、林丹娅主编《女性文学教程》,河北教育出版社2007年版,第44页。
③ [美]汤尼·白露:《中国女性主义思想史中的妇女问题》,沈齐齐译,上海人民出版社2012年版,第15页。
④ 关于这部著作在中国女权思想发展史上的里程碑价值,前人已有过系统论述,参见上海古籍出版社2003年版《女界钟》,陈雁所作"前言"及熊月之的"导言"。
⑤ 金天翮:《女界钟》,上海古籍出版社2003年版,第2页。

"立于不自由之亚东大陆国,局处不自由之小阁中"而仰慕"欧洲文明新鲜之天空气",便产生自由、现代、文明的梦想:"因而梦想欧洲白色子,当此时日,口烟卷,手椰杖,肩随细君,挈带稚子,昂头吊臂于伦敦,巴黎,华盛顿之大道间,何等快乐,何等自在,吾恨不能往。"由于意识到中西差异,中国男性产生焦虑和自卑,于是,金天翮思考中国女性问题皆以西方女性为最高标准,"今以欧洲女子之发达,比我中国,我中国人其知愧乎?"同时充满对欧洲的美化,比如"吾未闻罗兰、玛利侬之相勖,有河东狮吼之声也;吾又未闻加里波的、马尼他之相慰藉,有长生牵牛之泪也"。以及透露出深深的自我贬低:"至于刺绣一事,本为美术之一,西国尝与唱歌、体操殿学科,而金剪玉尺、取给机工,实优胜吾中国女红万万也。"深受缠足之害、装饰之害、迷信之害、拘束之害的中国女性,让他的现代梦想不能够实现。金天翮极力贬低清朝现阶段的女性,就连中国流芳百世的花木兰和班昭,也比不上西方的贞德和罗兰夫人等。他采用了达尔文的物竞天择的进化论框架,形容传统中国是"野蛮时代",中国女人是野蛮落后的象征,从此优生学和进化论话语进入了中国性别话语。

其二,在国族危机的框架中审视性别问题,让种族、阶级、社会议题的混杂成为近代性别进步理论的特色。性别进步与国族进步的不可分割,这种观点是近代中国一部分知识分子的共识,陈绶荪在《社会问题词典》中也提出,近代社会问题中最重要的是劳动问题、妇女问题,前者是以食为中心,后者是以性为中心,都是人们生活上最根本的问题。妇女问题不仅限于妇女自身,它与男女生活、社会生活都有密切关系,"这个问题最重要的是改造现在男子中心的文明,而撤废从来妇女底奴隶地位,建设男女平权的新社会为唯一目的。至今女性底社会地位,不待言是被男性彻底征服了,完全变成一个被支配阶级,差不多与男子显然成了两个世界"①。所以改变

---

① 陈绶荪:《社会问题词典》,民主书局1929年版,第598页。

妇女，让妇女与男子同进步自然成为当时社会的重要问题。同一时期，梅生创立的《妇女问题讨论集》和《社会科学大词典》亦将"一夫一妻制"和妇女问题、性别运动等囊括其中。

其三，这些具有性别进步色彩的主张仍未摆脱传统性别意识的束缚。金天翮提出，女子应有六点权利：入学、交友、营业、掌握财产、出入自由、婚姻自由，并有具体的新女性设想："一、教成高尚纯洁、完全天赋之人。二、教成摆脱压制、自由自在之人。三、教成思想发达、具有男性之人。四、教成改革风气、女界先觉之人。五、教成体质强壮、诞育健儿之人。六、教成德性纯粹、模范国民之人。七、教成热心公德、悲悯众生之人。八、教成坚贞激烈、提倡革命之人。"① 总而言之，金天翮要求女性保持传统德行，但走出家庭与男子共事业。日本学者须藤瑞代指出，尽管金天翮主张应从女性个人到社会风俗推行全面改革，但他还是认为女性的角色在家政，这包括育儿、卫生、经济、法律、行政等，所以他虽不愿女性盲从，却还是不能摆脱女性传统的"性别角色"。认为家庭就是国之雏形，爱国与救世乃女子的本分。他虽然依据天赋人权希望所有中国女性做国民之母，却仍只是主张把女性的家政角色改造成救亡中国的角色，因此仍未能摆脱传统性别意识的束缚。②

但这些观念在当时就产生了巨大的社会反响，连一些女性也对男性的批判照单全收，进一步内化男性的焦虑。以进步的现代妇女自居的三个才女林宗素、黄菱舫和杨女士，在为《女界钟》写序时痛斥需要解救的落后妇女自甘沉沦。黄菱舫女士序曰："为今日女界卑贱、鄙污、奴隶、玩物种种惨恶之现象，岂男子举手投足区区压制之能为力哉？毋亦我二万万同胞不学无术，自放弃其权利也。"③

---

① 金天翮：《女界钟》，上海古籍出版社 2003 年版，第 44 页。
② 参见王政、陈雁主编《百年中国女权思潮研究》，复旦大学出版社 2005 年版，第 46 页。
③ 金天翮：《女界钟》，上海古籍出版社 2003 年版，第 1 页。

同邑杨女士序："方今女权堕地，女权不昌，顺从以外无道德，脂粉以外无品性，井臼以外无能力，针绣以外无教育，筐笥以外无权利，胶蔽耳目，束缚形骸。"① 女理论家三四在《我们的姐妹》一文中指出，文化被男人掌控，所以女人只是附属物。这种性别不平等变成了男人的个人资本，从而进一步巩固了男人的统治。女人在男人的压迫下变得愚昧和绝望。过去的女人大多没受过教育，后天又受到低级俗气的文学和儒家思想的过度影响，所以她们愚昧、迟钝、淫荡，依附于男人而不独立，在道德上大有问题。"到梅生（三四）重发该文章的时候，对女人的一些定罪——无理智的、残忍的、不完善的、有缺陷的、色情的、顺从的、非常人的、生理残疾或缺乏特征的——已成为启蒙理论中根深蒂固的老生常谈。在充满幻想的情景中，女人基本上是一个有缺陷的理论主体。"②

总之，无论是将女性作为道德模板，还是作为落后表征，近代女性的两度符号化并未因时代前进而完全停止，这些偏见从近代一直持续到"五四"，然后在中华人民共和国成立后乃至新时期的女性主义阶段一直被持续地接受着。这种符号化造成了现代女性与所谓传统女性之间的断裂。如同张念所说，这是带有政治治理意味的传统"男女之别"，悄悄地演化成旧式妇女与摩登女性的区别。就表象而言，节妇与新女性是互相排斥的，但就话语运作而言，其逻辑的同构性值得深入辨析。③

此外，晚清以来对传统女性的贬低一直持续至今，思考为何如此，对于今天的性别理论建设及国族观念建构有着深远意义。汤尼·白露（Tani E. Barlow）对这个问题的思考极富启发性。她认为，这是在厌女症和进化论的合作中形成的。在儒家的主流性别理论研

---

① 金天翮：《女界钟》，上海古籍出版社2003年版，第6页。
② ［美］汤尼·白露：《中国女性主义思想史中的妇女问题》，沈齐齐译，上海人民出版社2012年版，第127页。
③ 参见张念《性别政治与国家：论中国妇女解放》，商务印书馆2014年版，第83页。

究中,老一套的规范经常以女性为中心,"妇女"代表着儒家家庭教义符号体系中的女性亲属整体。现代性使得妇女成为一种基本的社会范畴,然而今天鼓舞着女性主义的那些设想,既以早期的大众优生学为前提,但又将女性视为本质上不健全的人。所谓"传统"女性一再被建构,一再被否定。

中国女性的命运与中国历史命运之间有着特殊的关联度:"中国现代政治与妇女史的内在关联性程度之高——有时平行并置,有时又完全融合,这在其他政治体中是罕见的。"① 从性别视角来看,中国近代以来的政治形态切换,无疑难以忽略妇女问题在其中占据的重要位置。

在近代,"女性"在反儒家话语的框架中构成了一个话语符号和主体位置,"这场现代主义的符号革命同样引发产生了一些新的符号,诸如:'社会'、'文化'、'知识分子'、'个人主义'和大量其他新的中文词汇,赋予了'女性'或'女人'广泛无边的话语权力"②。尽管这种权力的基点在于将旧式女性作为批判礼教的依据,但事实上的确曾将中国建立现代文明希望的部分重任赋予了女性。自晚清以来,女性的进步屡屡成为衡量国家现代化的重要标准之一。

在中国女权思想先驱金天翮看来,"民权与女权如蝉联附萼而生,不可遏抑也"。晚清之际中国女性在中西差别、民族差异的方向上被识读,一方面从民族主义的范畴来讲,男子是清政权的奴隶,而女人则是奴隶的奴隶;而在国际上,缠足的女性已然成为中国落后的耻辱表征。于是,妇女首先可归到爱国阵线上一同排满,建立新的国度。郑紫阳1907年编选了《女子新读本》,在这本关于品德高尚的女性故事选中,第一个故事赞扬贤德治家的旧式女子,第二

---

① 参见张念《性别政治与国家:论中国妇女解放》,商务印书馆2014年版,第312页。
② [美]汤尼·白露:《中国女性主义思想史中的妇女问题》,沈齐齐译,上海人民出版社2012年版,第80页。

个故事颂扬西方为国效力的女性。这些文本表现出在时代变迁中对女性要求的悄然转变，但这种转变以坚持传统的女德为基础。

从梁启超到毛泽东，无论是试图改造旧式妇女，还是动员女性参与爱国阵营，都在表达通过解放女性塑造新女性将使国家受益的观念。所以李陀指出："中国的妇女解放不是针对着以男权中心为前提的民族国家。恰恰相反，妇女解放必须和'国家利益'相一致，妇女的解放必须依赖民族国家的发展。"① 近代学者王平陵在《新妇女的人格问题》中提出，新女性的要求是要有哲学家的头脑，文学家的态度，科学家的眼光，劳动家的身手。易家钺在《家庭与婚姻》中则把启蒙编入历史进程：一是性爱；二是指出男人和女人两者都不应该在对他人的奴役关系中被取代，自由选择异性婚姻是最自然和文明的形式，因为它使自然的性欲得以自由的表达，即自由恋爱；三是支持个体特别是个体女性的运动，将个体视为进化的主体。汤尼·白露犀利地指出，在这种看似进步的言论背后，它所暗含的逻辑是女性不只会让男人受益，它还使作为整体的国族受益，妇女进步成为人种改良、优生学的组成部分。

此外，女权主义各项议题为政党政治所吸纳。在两党领导的"妇女解放运动"中，"五四"以来深入妇女之心的女性主义口号、原则、议题都得到彰显，这是一个排斥、收编、吸收和改造同时进行的复杂历史过程。② 这些成果的进一步巩固是在共产党的政权中。"妇女"这个修辞在共产党的话语体系中代表非传统、大众化的政治主体。"妇女"是一个特殊的词汇，它代表一个国族化的主体，最终这个代表着所有政治上合格或正派的妇女整体，取代了儒家遵循家庭利益的和情欲化的主体"女性"。在推翻了"男主外、女主内"的陈旧习俗之后，它首先被定位于国家的范畴之内，"妇女"被置于现代家庭的范畴之内，"它设想出一个国族女性——'妇女'，她直接

---

① 贺桂梅：《女性文学与性别政治的变迁》，北京大学出版社2014年版，第17页。
② 参见王政《越界：跨文化女权实践》，天津人民出版社2004年版，第23页。

参与到社会革命和社会主义现代化的国家进程中,由于她作为国族主体的成就而促使家庭现代化"①。由此这个在国家理论中被重新分类的修辞便与普通"女性"区分开来,成为社会主义的表征之一。

向警予在这方面的工作最为突出。她在 20 世纪 20 年代便提出要将"妇女"替换成女性整体名称,同时把"女性"归类为资产阶级产物。此后,共产党人、社会主义者和社会科学家开始系统地运用"妇女"来代替社会理论中的"女性"。汤尼·白露指出,这个修辞"将妇女主体置于社会生产和置于家庭生育中同样的程度"②。它教育农村妇女懂得其利益和国家而不是和家庭联系在一起,这已经为后来的妇女湮没在阶级范畴中奠定了基础。

在《妇女运动与国民运动》中,向警予阐发了妇女与国民革命相互依存的深刻关系,她提出,没有国民运动便无所谓妇女运动,妇女运动是跟着国民运动起来的。同时也呼吁女性肩负起国族责任和性别责任:在国民革命中,妇女要能代表全国人民的要求,提出救国救民的政见;同时要能代表全体妇女的要求,提出男女平权的主张。

从诞生之初,社会主义"妇女"的内涵不断丰富。到了 20 世纪 30 年代末和 40 年代,毛泽东经常在"国家"和"家庭"之间进行交换来阐释"妇女"。周恩来在 1947 年的再造家庭、建立民主家庭的运动中,则提出男人应该像妇女一样承担家庭责任,此举使得国家和家庭互相贯通,使女人的身体成为一个国家的领域,与此同时,它通过家族关系使国家发生变化。除了领导人之外,在中国存在的特殊官方妇女组织中华全国妇女联合会(简称"妇联")来维系妇女的国家主体性,邓颖超、康克清和蔡畅等"妇联"领导人都在文献

---

① [美]汤尼·白露:《中国女性主义思想史中的妇女问题》,沈齐齐译,上海人民出版社 2012 年版,第 64 页。

② [美]汤尼·白露:《中国女性主义思想史中的妇女问题》,沈齐齐译,上海人民出版社 2012 年版,第 83 页。

中强调国家和妇女运动之间不可分割的关系。

在《浮出历史地表：现代妇女文学研究》当中，戴锦华和孟悦阐释了中国现代女性独特的处境："令人羡慕的社会平等和女性主体的丧失。"① 她们的主体既在国家机构和意识形态话语当中呈现，也因此而被遮蔽。尽管看到了意识形态的限制，但从中国的启蒙时期一直到当代，李小江等人看到这样的事实：改善妇女的命运有助于国家的富饶和强盛，中国性别进步的倡导者一直都在这个民族主义的框架中讨论性别进步，所以不管拒绝与否，实际上国族话语和性别话语互相渗透，"如果说一百年来，中国女权主义思潮跟以男性为主体的国族主义是分不开的话，那么现在的很多女权主义知识精英们是在这样的话语中建构自己的主体身份"②。不厘清和正视这个问题，便对中国的性别解放难以做出全面的解释。

所以自近代以来，中国的国族身份与女性身份建构相交织，"人权"与"女权"共生。放眼全球，中国国族建构与其他国家的相同点在于，"民族"概念的兴起几乎都是同时发生于19世纪、20世纪之交。但不同点在于，在中国，国族身份与性别身份的识别相交织。近代以来，中国女性的性别身份在中西差异的方向上被识读，对性别身份的辨析又反过来推动国族身份的建构。这个特性或隐或显地持续至今。

(二) 当代：网络民族主义

如果说近代以来中国国族身份的书写以现代传媒出版为重要平台，那么在今天这个平台则变成了网络。在当代中国，国族问题与阶层问题一样，在网络社会有更大的反响。近年来还诞生了"网络

---

① 孟悦、戴锦华：《浮出历史地表：现代妇女文学研究》，中国人民大学出版社2004年版，第78页。
② 王政、高彦颐、刘禾：《从〈女界钟〉到"男界钟"：男性主体、国族主义与现代性（代序）》，载王政、陈雁主编《百年中国女权思潮研究》，复旦大学出版社2005年版，第28页。

民族主义"的特殊现象，"帝吧出征"就是网络民族主义的典型代表。"帝吧"是以足球运动员"李毅"为关键词生成的百度贴吧，因为"屌丝文化"最早发源于此，因而成为百度所有贴吧中会员数量第一的贴吧。2016年1月20日，"帝吧"大量用户前往境外社交平台 Facebook 上的蔡英文、《苹果日报》、三立新闻网等主页，发布海量"反台独"言论和图片、表情包，制造出视觉冲击力强烈的刷屏效果。"帝吧"成员采用了大量符合主流意识形态的内容，比如"八荣八耻"条文、周恩来画像、爱国歌曲《歌唱祖国》等，此举第一时间得到了官方媒体诸如共青团中央官方微博等的认可。

当代中国青年网络民族主义的爆发不是偶然的。按照复旦大学学者王涛的观点，"帝吧"会员以"90后"为主，在中国改革开放与繁荣富强的年代成长起来，有更强烈的民族自信心，对执政党有更强烈的政治认同。而且，这一代人从小所受的历史教育和政治教育以国族主义和爱国教育为主。[①] 而从中国的历史文化来看，中国是世界历史上大一统历史最长的国家之一，在安史之乱等一些大的历史动荡之后，从国家层面到民众层面的社会舆论都会发出国家统一的呼声，比如唐代的杜甫、韩愈等作家在个人言论及作品中都对此有过充分的表达。国家统一、民族融合已形成根深蒂固的历史意识形态，这种集体无意识在今天依然影响到年青一代。

如果说"帝吧出征"还带有较多网络狂欢特质的话，那么意大利高端时尚服饰品牌杜嘉班纳的广告就触及了更深层次的关于国族身份认同的历史与现实问题。2018年11月，杜嘉班纳原定在上海举办主题为"DG loves China"大秀，这场秀邀请了40位明星和360名模特，光是为这次大秀搭建的舞台就耗资800万元人民币。在为之预热的一套系列短片中，一个眯眯眼的中国女孩坐在一家中餐厅里，分别尝试用筷子品尝三种意大利传统美食——披萨、意大利甜卷和

[①] 参见王涛《从帝吧出征看国族主义与民粹主义的合流》，《探索与争鸣》2016年第4期。

意大利面。而当她面对一个大号的甜卷、拿着筷子无从下手的时候，旁白一语双关地问道："这对你们来说还是太大了吗？"

这些短片在社交平台上投放之后引起了中国网友不满，网友认为该品牌对中国文化缺乏了解，选择这位眯眯眼模特出镜也有种族歧视之嫌，杜嘉班纳随后在官方微博上删掉了这三条视频。当网友在 instagram 上私信品牌设计师斯蒂芬诺·嘉班纳（Stefano Gabbana）表达他对这三条视频的看法时，嘉班纳在几个回合的争论之后，开始发表辱华言论，称中国是"屎之国""物质、肮脏、恶臭的黑社会"，等等。就在上海大秀举办的当天上午，网友将聊天记录截图转发到新浪微博，两小时内，陈坤、章子怡、王俊凯等明星纷纷表示将不会出席当晚的上海大秀。章子怡还表示，她本人及团队此后不会再购买或使用任何杜嘉班纳的产品。品牌和嘉班纳本人对此则只是解释被盗号了。杜嘉班纳这次事件并非个案。2017 年 4 月，在一组针对中国市场的宣传照中，杜嘉班纳针对北京、香港和日本市场拍摄了几组宣传照，宣传照里，模特身穿杜嘉班纳的时装，在一些地标与普通市民合影。将三组大片稍作比较不难发现，日本的一组取景地相对多元，既有传统日式街道，也有繁华的商业区，而香港和北京的两组照片中，古老、破败、落后的场景占据多数，这组照片当时就因"矮化中国"而遭到质疑。

在两起事件中，杜嘉班纳都显示出殖民主义居高临下的心态，他们丝毫不避讳反而随时在放大对中国的刻板印象。首先在审美方面，将中国女性的长相刻板化为细长的"眯眯眼"，英文中有对应的单词称之为"squintly eyes""chink eyes"或"slanty eyes"，有人直接称其为"中国眼"。这种面部特征被认为是典型亚裔特征，它被作为"他者"的表征与西方人高鼻深目形成对比，并被贬低。眯眯眼的刻板印象由来已久，在历史悠久的电影《傅满洲》系列当中，英国演员所饰演的华裔傅满洲，同样也是细长的眼睛。所以在欧美，刻意眯起眼睛模仿亚洲人有种族歧视之意。同样，在 2016 年，美国内衣品牌维多利亚的秘密上海大秀之前，网红模特吉吉·哈迪德（Gigi Hadid）因一张照片遭到中国网友抵制，最终未能参加上海大秀。在这张照片里，她举着一块佛像造型的幸运饼干，做着佛眯起眼睛的动作。

而对中国筷子的"他者"性塑造形成了另一种隐喻。西方人对中国筷子的困惑也有较长历史，而且他们毫不忌讳这种歧视性强烈的"他者"式困惑，诸如"筷子怎么喝汤"式疑问，以及杜嘉班纳短片中匪夷所思地用筷子吃面包的奇特行为。在诸多国际连锁快餐和西餐厅已遍布中国的今天，依然将东方筷子与西方饮食的相遇设定为"初见"，无疑依然设定了中国的封闭性与保守性特征。

面对这些刻板印象的书写，当下中国网友以及明星的强烈反应体现出中国民众对于民族歧视已经具备了一定的鉴别能力，对殖民话语有了一定的警惕性。另外，也在一定程度上体现出对民族审美的自信。不再唯西方是从，这种政治敏感值得庆贺。再往前推一年，2015年国产彩妆品牌卡姿兰推出的一款睫毛膏广告还在使用"放大中国眼"的文案，当时并未引起中国消费者反响。而仅仅是在一两年之后，当西方话语调侃中国人的身体时，普通民众及公众人物都能够挺身而出。

杜嘉班纳的上海大秀最后草草收场，但这并不意味着反歧视的完全胜利。西方人面对中国的居高临下并非个案，但是除了这种直接的辱骂能刺激国人的神经外，一些隐性的刻板印象依然能大行其道而国人毫无警觉。维多利亚的秘密在2016年巴黎大秀的"前路奇缘"（The Road Ahead）单元中，同样大量使用了中国元素，诸如青花瓷，模特艾尔莎·霍斯卡（Elsa Hosk）甚至直接裹着一条"龙"走了出来。然而这个旨在礼赞文化多元融合的单元，却被 Vogue 杂志生活方式版的执行主编贺林荣（Helin Jung）批评为"居高临下的种族主义"。因为它将中国文化简单粗暴地简化为一条龙或者几片青花瓷，而这样的刻板印象中国消费者毫无知觉地接受，甚至因此津津乐道中国文化的发扬光大。

更为悲哀的是，这种西方对东方的简单"挪用"的思维甚至还会被中国人进一步消化，形成对自身文化的粗暴理解。国内常见的一些艺术设计等，也在反复地"挪用"西方的刻板印象。所以归根到底，我们既要警惕西方的殖民主义思维，更要警惕我们自身对这种框架的接受，我们自己要深入理解和发扬自身的民族文化，才能彻底摆脱殖民话语。

上一章谈到，挪用西方生产方式是中国中产建构身份的重要方式，比如小区利用洋地名。在近几年话题度较高的国产剧中，所谓"接地气"一直是热度较高的话题。"接地气"可以有好几种具体体现，其中之一就是电视剧符合当下中国人的生活状况，但国产剧在这方面显得不尽如人意，比如从职场大环境到家居环境的营造都脱离现实生活。而其中一个较为奇特的现象就是，虽然近几年如"舌尖上的中国"等中国美食纪录片崛起，而在我们的国产剧中，中国的饮食元素却是相当缺乏的。在大多数国产剧中，美食元素不被重视。古装片中的美食只有毫不起眼的镜头，不少体现中国人当下生活现状的现代剧，日常中餐沦为配角，在重要场合主角往往喝红酒、吃西餐。2020年暑期热播的《三十而已》，几乎每一集末尾都出现了常见的街头小吃葱油饼，但并未体现出"好吃"、吸引人的特征。与中国相反，在日本，诸如《深夜食堂》等放大本土食物元素的电视剧比比皆是。饮食相对单一的韩国，也在电视剧、电影中放大韩国饮食元素，随着韩流热潮，将韩国拉面、韩国料理推向世界，比如2003年热播的《大长今》展示了韩国宫廷菜，2013年的韩剧《来自星星的你》则炒热了啤酒和炸鸡。

近年来，虽然国内有所谓"国潮"热兴起，比如以美妆师毛戈平为代表的国潮美妆受到关注，以及汉服受年轻人追捧，但总体而言，这股热潮目前主要以商品化和消费为主，缺乏在文化艺术作品中塑造民族身份的意识，而且主要由商业资本运作，消费群体则以年轻人为主，总体上未能跃出商品化的消费话语，受众也有限。尽管中国人开始对西方商品及其宣传的殖民话语有所警惕，但近年来在多起"辱华"事件中，一般中国人的回应也仅限于拒绝购买这些品牌的产品，或者转而以支持国货来表明立场。这些显然只是浅层次的民族情绪的表达，所以关于国族身份的建构，在大众文化中尚缺乏较为深入的思考。在现阶段，由于国际社会的风云变幻，国族身份在中国以新的形式被大众热烈讨论，它们成为我们观照中国国族身份的重要资料。同时对这些现象进行深入思考和引导，也成为当前文化研究学者的重要任务。

　　总之，对性别、阶级、国族这三个文化身份的述行，目前已形成整体性的研究。当然，性别述行起步最早，已形成蔚为大观的成果。阶级述行和国族述行紧随其后，不同思想家也对之进行了深入探讨。总体而言，性别身份的建构与被建构已经被讨论得比较充分，而阶级和国族身份的述行，因为相对涉及更为复杂的社会元素的运作，我们能看到的更多是权力话语述行的一面，而在身份主体的自我述行方面，主体的能动性似乎不是那么明显。与性别身份相比，阶级身份有经济因素、国族身份有国籍和民族因素作为根本因素在起作用，自我述行的空间似乎有限，这个问题将交由下面的"身体"和"表演"来继续讨论。

第四章　身体述行与身份

今天，身份的建构性已经被普遍接受。身份的建构最终落实到身体，如果仅仅在社会层面进行身份建构，而身体没有权力话语书写的痕迹，那么身份建构只是流于表面的身份表演而已，就不会涉及主体性建构这样的根本问题了，但与社会建构相比，基于身体的身份建构所面临的问题是：身体的肉体生命在理论上难以化约，那么如何在这个具象身上寻找权力话语的蛛丝马迹？这就是本章所要深入探寻的内容。

第一节　身体的述行性

长期以来，在"身体/灵魂"的二元对立中，身体一直遭到贬抑，长期被视为一个被动的客体，这也阻碍了我们对身体建构性本身的认识。另外，由于身体在客观上难以化约，这产生了两方面的影响：一方面，这让我们产生身体是一个既定事物因而难以建构的误识；另一方面，因为身体本身的物理性，当社会身份置于权力话语中难以喘息时，身体却有可能成为反抗的重要场所，因而重新书写身份，身体便成为重要的场所。

一 身体的兴起

在某种程度上,身体在不同时代的地位也昭示了哲学话语的时代特征。在 20 世纪以前,物质化的身体作为精神和灵魂的对立面,长期以来处于被贬抑的地位。在西方传统哲学中存在"身体/灵魂"(body/soul)二分,在这个结构中,灵魂饱满充盈而自由,身体则被视为灵魂的禁锢。柏拉图在《斐多篇》谈到苏格拉底之所以能够从容赴死,是因为哲学家一直都在练习死亡,只有死亡能够让灵魂得到真正的自由。因为"身体对于知识、智慧、真理来说,都是一个不可信赖的因素,身体是灵魂通向它们之间的障碍"①。

身体的地位在基督教统治西方世界时变得更加次要,极端的苦修者还要折磨自己的身体,通过这种方式来惩罚自我,净化灵魂,接近上帝。丹·布朗(Dan Brown)的畅销小说《达·芬奇密码》中患白化病的杀手便是这样的一个苦修者,在小说中和电影中都对他残忍的苦修进行了视觉化的细节呈现。在这样的二元框架中,"精神不但征服了身体,还不时做着完全逃离肉身具化的幻想"②。

身心对立的二元框架建构了一个长期被认可的等级秩序,这个等级秩序的重要副产品便是性别的二元对立及其等级秩序。灵魂/身体的对立支持着男/女二元对立和等级划分。因为女性在种族繁衍和人口增殖这个过程当中充当了孕育生命的重要渠道,从生殖来看,"女人被认为是贡献了物质;男人则贡献了形式"③。所以在《蒂迈欧篇》中,柏拉图认为女性是容器,因为她同时是物质的本源和孕育生命的场所。在这样的思维框架当中,女性就被全面地身体化了,成了身体的

---

① 汪民安、陈永国编:《后身体:文化、权力和生命政治学》,吉林人民出版社 2011 年版,编者前言第 2 页。
② [美]朱迪斯·巴特勒:《性别麻烦:女性主义与身份的颠覆》,宋素凤译,上海三联书店 2009 年版,第 17 页。
③ [美]朱迪斯·巴特勒:《身体之重:论"性别"的话语界限》,李钧鹏译,上海三联书店 2011 年版,第 8 页。

表征。从语言学上来讲,"物质"(matter)、"母亲"(mater)和"母体"(matrix)有着共同的词源。从希腊语到拉丁语,以及近代的马克思对物质生产的阐释,都将"matter"视为事物的本源,女性特质与物质的天然关系被哲学和语言等合法化了,并且建构出了不对称的关系。

在身心二分的结构之后,哲学话语总是将理性和精神赋予男性,而女性只是被看作被动的身体和自然,只有男性的主体才能赋予它意义。在黑格尔式的主奴辩证法公式中,精神与肉身在其中博弈,男性在否定肉体后可以获得超脱肉身的普遍性,而女性则只是一个被否定的肉体和语言中的匮乏。在这个结构中,男性代表了理性,女性则和儿童、牲畜一起代表物质性的堕落。正是这种对立的结构支持着性别政治和精神上的臣服与等级关系,并且将其自然化。这种自然化的过程由来已久,并持续多年,人类学学者玛丽琳·斯特拉森(Marilyn Strathern)和卡罗尔·麦克尔迈科(Carol MacCormack)指出,"自然/文化话语惯常把自然比喻为女性,需要文化的征服,而文化总是被比喻为男性的、主动的和抽象的"[1]。在人类学家这里,文化和自然是相对立的二元结构,尤其是早期结构主义学家习惯将非洲部落等同于自然,欧洲等同于文化,这种观念带有强烈的殖民色彩,它同样将文化对自然的征服自然化合法化了。

而对身体地位的重新思考始于现代思想家对形而上学的反抗。斯宾诺莎较早就提出身心平行论,提出身心共处的平等地位来反对笛卡尔的二元对立及其等级秩序,斯宾诺莎建议在科学和哲学中开辟新方向。他认为我们整天喋喋不休地谈论意识和精神,但我们居然不知道身体具备何种力量以及为何要积蓄这些力量,也根本不知道身体能做什么。

尼采作为现代哲学的先驱明确提出,人的身体和动物性应该取代传统哲学中的形而上学位置。他高呼以肉体为准绳,亮出肉体及

---

[1] [美]朱迪斯·巴特勒:《性别麻烦:女性主义与身份的颠覆》,宋素凤译,上海三联书店2009年版,第51页。

感官的多样性和生成性,并以此来反抗主体性及先验论,他认定"肉体的健康乃是灵魂健康的先决条件"①,为身体唱赞歌:"根据智者的观点,身体这一整体现象高于意识和精神,高于他们有意识的思维、情感和意志,就像代数高于乘法表"②,将灵魂、意识与精神作为主体性的等同物,试图克服存在与意识、主体与客体之间的对立,通过这种途径来重估一切价值。

尼采哲学在欧洲复兴后的两大继承人是德勒兹和福柯,德勒兹将尼采的权力意志理解为欲望,福柯则将其理解为权力。权力不管来自哪里,终将落脚于人的身体,因为事物的体系中唯一不可化约的就是人的身体,那是一切压制的形式最终都被记住的"场所"。德勒兹认为,每一种力的关系都构成一个身体,任何两种不平衡的力,只要形成关系,就构成一个身体——无论是化学的、生物的、社会的还是政治的身体。这便是德勒兹的"无器官的身体",它是欲望的机器。福柯则通过对权力话语的考察,建立了身体谱系学,他强调人体是最细微和局部的社会实践与权力的大规模组织相联结之所在:"他声称已经分离了权力借以运演的机制:权力的微观仪式;他声称找到了权力借以集中的方式:肉体政治技术;他声称已经表现了权力动力学:权力微观物理学。"③德勒兹和福柯不仅仅为身体正名,颠覆二元对立的等级秩序,并且更重要的是,福柯率先系统思考和展示了身体的规训过程及权力运作,将身体视为充满可能性的历史范畴,④ 关于这个问题,在下一部分将继续讨论。

---

① [德] 弗里德里希·尼采:《权力意志:重估一切价值的尝试》,张念东、凌素心译,中央编译出版社 2000 年版,第 121 页。
② [法] 吉尔·德勒兹:《尼采与哲学》,周颖、刘玉宇译,社会科学文献出版社 2001 年版,第 62 页。
③ [美] L. 德赖弗斯、保罗·拉比诺:《超越结构主义与解释学》,张建超、张静译,光明日报出版社 1992 年版,第 150 页。
④ 参见 Judith Butler, "Performative Acts and Gender Constitution: An Essay in Phenomenology and Feminist Theory", *Theatre Journal*, Vol. 40, No. 4, Dec. 1988, p. 521。

梅洛-庞蒂（Maurice Merleau-Ponty）来自现象学传统的具身（embodiment）认知同样对 20 世纪的身体哲学产生了巨大影响。梅洛-庞蒂在马勒伯朗士（Nicolas de Malebranche）的基础上提出了自己的理论。马勒伯朗士是笛卡尔的信徒，他首先通过吸收与修正奥古斯丁与笛卡尔来构建自己的哲学。首先，马勒伯朗士提出感知经验的重要维度。笛卡尔对西方哲学影响甚大的"我思故我在"呈现了主体与意识同一的局面，马勒伯朗士补充说需要感知经验来理解理念，因为感知更接近我们自身的存在，我们是经由感知才接触到理念的。其次，针对笛卡尔坚称的身体与灵魂二元结构，马勒伯朗士强调了感知与精神之间的关联由肉身的持续行动所决定，这就质疑了身体的被动性。

马勒伯朗士的思考为梅洛-庞蒂提供了新的思维框架：身体作为可感知场所，它是形成感觉与认知的基础，拥有超越自身的无限潜能。沿着马勒伯朗士的道路，梅洛-庞蒂继续深入探究身体的潜能。他质疑身体只是活动性的空间场地这种观点，主张肉体实际上是各种因果关系交织的场所，主体间性与瓦解主体中心地位的场景都落实于身体、表现于身体，在这个动态的身体之网中并不存在先在的主体，肉体并不是主体单边施展实践的场所，主体与身体一起随时处于生成状态。因而梅洛-庞蒂的肉身具现论重新颠覆了身心二分的秩序，不是灵魂首先面向事物，而是身体首先感知事物，意识是通过身体的感知而产生的，他的知觉现象学正是仰仗身体的感知来重返事物本身。

可以看到，身体话语的兴起有其深厚的历史和文化原因。正是因为传统二元对立的思维方式遭到了现代主义、后现代主义的挑战，身体话语兴起了。这对于文化身份研究至关重要，因为身体是身份呈现的重要场所，也是身份建构的最终落脚之处。

二　身体的规训

从理论上说，揭示身体的建构性有着难以逾越的物质性难度。身体本身并非存在的生命表征,看似权力话语难以直接在身体上展开述行。但福柯的肉体政治技术(biopolitics)为我们出色地展示了身体建构的可能性。

福柯的身体观源自尼采,尼采认为,人的动物性存在就是身体化的,它就是权力意志。尼采的权力意志被福柯理解为权力,权力最终实施于人的身体,肉体被包含在政治领域当中,权力最终是生命权力(biopower),它的实施策略就是肉体政治技术。权力直接掌握肉体,标示它的界限,驯服它,折磨它,强迫它执行任务,表演礼仪,做些示范动作。惩戒技术的目的是改造"可以被征服、使用、转变和改进的顺从的肉体"[1]。所以肉体政治技术是将权力关系、肉体和知识交叉起来所形成的。

福柯在《规训与惩罚》中,清晰地展示了肉体政治的图景。福柯首先分析的是君权社会的肉体技术,他开篇就以犯下弑君罪的达米安所遭受的酷刑宣告君主的权力,而行刑的刽子手代表君王执行处决,刽子手以及他的行刑工具成为君权的象征。在公众场合,达米安遭受了类似于中国五马分尸的酷刑才悲惨死去,囚犯的肉身在这里成为权力的载体,"被展示和受刑的犯人肉体被用来公开支持在此之前一直被遮掩的程序"[2],权力找到了可视化的空间,"公开的酷刑和处决的仪式,使所有的人都看到,使君主能实施法律的那种权力关系"[3],血淋淋的场面向民众宣示了君主至高的权力。

君权社会另一个肉体策略是鼓动群众参与惩罚的暴烈行动,群众可以辱骂罪犯,向罪犯抛掷物体,与君王一起对囚犯的肉体施虐,获得参与权力实施的快感,但他用自己的特权严格地限制这种行为,不

---

[1] [法]福柯:《规训与惩罚》,刘北成、杨远婴译,生活·读书·新知三联书店2003年版,第136页。
[2] [法]福柯:《规训与惩罚》,刘北成、杨远婴译,生活·读书·新知三联书店2003年版,第47页。
[3] [法]福柯:《规训与惩罚》,刘北成、杨远婴译,生活·读书·新知三联书店2003年版,第54页。

让它超出君王的期望或发生意外。君权社会的肉体政治术利用"看与被看"的权力策略,以罪犯的肉体空间为实施场所,产生警诫作用:权力可以使人死,让人活。因犯的肉体本身属于君王本人,君王可以操控生死,甚至可以让死亡的过程充满痛苦和屈辱,就像达米安所遭受的酷刑,它用精心计算的间歇和连续的伤残来拖延死亡和加剧死亡的痛苦,这种野蛮的权力展示了君王惩戒的权威,同时令作为看客的普通民众心生畏惧。

而到了规训社会,这种通过惩戒和酷刑来展示权力的野蛮方式改变了。比起针对过去的惩戒原则,新的原则是生产肉体:它征服肉体,改造肉体,使用肉体。新的权力原则充分运用了肉体的可塑性。运用全景敞视主义,权力运用新的"看"的体系来生产肉体,这个体系建立在现代技术的基础上。如第一章所述,这些技术被用于医院、学校、监狱等封闭空间。不过,监狱对肉体的改造功能自然是不言而喻的。那么学校和医院如何改造?福柯的洞见在于,他借此阐释了知识对真理的操控,并且这种操控最终也作用于身体。福柯认为,医学话语的询唤、精神分析的病理化都是通过科学话语来运作权力,其中身体是话语审查机制运作的重要场所。福柯在《临床医学的诞生》中就批判医学话语的操控性,医学话语区分了躯体可见不可见、可述与不可述,这种区分是"临床经验在西方历史上第一次使具体的个人向理性的语言敞开"[1]。关于这个问题,美国文学批评家苏珊·桑塔格(Susan Sontag)有一个著名的研究《疾病的隐喻》,[2] 在这本书里,桑塔格展示我们文化史上特殊的现象——被美化的疾病:比如19世纪出现在《茶花女》中的肺结核,女主角面色苍白偶尔泛红晕的面庞成为病态美的象征;被妖魔化的疾病,比如今天的"癌症",成为不治之症的象征。在今天的中国,"癌症"

---

① [法]米歇尔·福柯:《临床医学的诞生》,刘北成译,译林出版社2001年版,前言第7页。

② [美]苏珊·桑塔格:《疾病的隐喻》,程巍译,上海译文出版社2003年版。

甚至衍生出一些诸如"直男癌"这样的流行词语。譬如在现实生活中女性的"宫颈糜烂"这样的医学术语，它让一个普通的并不是疾病的女性生理现象，成为一个具有道德暗示的词，让部分女性遭受耻辱。我们的医学话语以及依照医学话语所形成的话语，将身体进行了特殊的分类，而且这种分类更隐蔽，更难以辩驳。

在围绕身体的权力关系中，福柯犀利地指出，知识和权力机制最为着力的要素是性范畴，权力话语对性的掌控为其他统治手段有力地提供了支撑点和连接点。在《性经验史》中，通过对18世纪以来性经验机制的发展进行知识考古，福柯发现"性"具有自身的内在属性和法则，是一种"不同于身体、器官、躯体定位、功能、生理解剖系统、感觉、快感"[①]的东西，权力和知识话语生产和繁衍性话语。从我们对自身身体的描述来看，性器官本身在很多文化和场合的"不可描述"或者是"隐晦描述"，反倒让它带上了标出性的特质，而成为身体上一般最不可见但是在文化上有特殊象征意义的身体器官。比如对性侵的界定，有的儿童性教育认为，应该教育孩子不让别人碰触自己的性器官，但实际上侵害身体的事实并不一定需要碰触到性器官，碰触身体其他部位也能造成侵害。福柯指出，四种伟大的战略集合"女人肉体的歇斯底里化""儿童的性的教育学化""生育行为的社会化""反常快感的精神病学化"，这些共同形成18世纪以来性的知识和权力机制。[②] 从我们人类对性问题的不同时代的阐释和关注来看，福柯的这些理论令人警醒。比如关于女性性别气质的刻板印象中，多数时候女性都被赋予情绪化的标签，而对于儿童是否应该进行性教育、如何进行性教育，至今依然争论不休。

福柯为我们展示了身体在权力体系中被生产的过程，因而"身

---

① ［法］米歇尔·福柯：《性经验史》，佘碧平译，上海人民出版社2005年版，第99页。
② ［法］米歇尔·福柯：《性经验史》，佘碧平译，上海人民出版社2005年版，第68页。

体的物质性不应被视为理所当然,在某种意义上,它是通过形态学的发展而被获取、构筑的"①。身体的物质性是权力的产物和后果,但是话语最终遮蔽了这个过程,被建构的身体呈现出来的是非建构的、自然化的身体,这个过程难以察觉。但是身体的非先在性毋庸置疑,话语无论承认与否都是在进行身份的生产。

不过,不管是将身体视为自然范畴的梅洛-庞蒂肉身具现论,还是福柯的肉体政治技术,都被认为没有根本改变肉体被贬低的地位,因为他们仍然把身体当作一个工具或媒介,一整套的文化意义跟它只存在外在联系。如吉登斯所说,福柯在权力之网中的肉体是"驯服的肉体",它是在"道德奴役和组织权威双重影响下沦落到消极状况下的肉体"②。身体在这里依然属于从属地位,沦为"在权力之压下有待书写的白纸"③。同时福柯与梅洛-庞蒂一样,依然预设了一个先在的肉体,它等待被打上权力的印记。直到20世纪末期,文化研究的深入思考才让这种状况有了根本改变。

三 身体的述行

我们思考身体是可变的、可塑的,但又是顽强的,意识形态可以通过"看"与"被看"策略规训身体,但身体并非完全是等待书写的白纸。基于这个认识,文化研究继续深入研究身体的可塑性及反抗性。

文化研究接纳了这种观点:人的身体是文化的客体,同时也吸收了福柯的身体技术这一关键概念。但与福柯等思想家相比,今天

---

① [美]朱迪斯·巴特勒:《身体之重:论"性别"的话语界限》,李钧鹏译,上海三联书店2011年版,第52页。

② [加]查尔斯·泰勒:《现代性之隐忧》,程炼译,中央编译出版社2001年版,第128页。

③ Judith Butler, "Foucault and the Paradox of Bodily Inscriptions", *The Journal of Philosophy*, Vol. 86, No. 11, Eighty-Sixth Annual Meeting American Philosophicial Association, Eastern Division, Nov. 1989, p. 604.

的文化研究坐拥更为广阔多元的文化实践资源,在当今纷繁的文化现象中,身体问题不仅是作为理论兴起,也作为文化实践兴起。消费文化中视觉形象的优势强化了身体外表的重要性,从大众媒体对性、明星和节食减肥等的关注来看,身体已经在全球成为大众关注的焦点,而文化研究理论也对人的身体产生了更为浓厚的兴趣,"并将其作为展现社会和文化差异的主要处所"①。

对于建构主义者而言,这些变化最重要的是彰显身体的诸多二重性:身体横跨了人的本质和文化两个领域,"物质身体的功能的发挥是由自然过程所支配的,而它在这个世界上的行为活动是由社会和文化因素所形成的,且这点是不容忽视的"②。身体在物质层面是一个有机整体,它也是一个表征对象,二者彼此缠绕。

所以我们拥有身体,同时我们也是身体。身体本身也通过服装、装饰等肉体及外在的呈现表明了两个层面:文化认同和社会参与,这关乎人的身份问题:我们是谁以及是什么,社会身份的界定与身体意象相关,身份的边界无一不作用于身体:"身体尽管不太稳定,却在解释世界、设定社会身份、获取知识的过程中扮演着关键角色。"③

20 世纪 90 年代以来,生物政治学(biopolitics)已经毫无疑问地兴起,身体被看成是自我身份的标志。这背后有复杂的社会原因,首先一个原因是消费主义的兴起,按照苏珊·波尔多(Susan Bordo)的看法,当代的身体政治反映了资本主义和消费文化的矛盾:既歌颂独立自主的自我,又无情地把人商品化。资本主义培育出了一种分裂的心态,一方面期望作为生产者的自我养成节俭、高效的职业道德;另一方面鼓励作为消费者的自我耽于享乐。女性杂志一再将

---

① [英] 阿雷恩·鲍尔德温等:《文化研究导论》,陶东风等译,高等教育出版社 2004 年版,第 267 页。
② [英] 阿雷恩·鲍尔德温等:《文化研究导论》,陶东风等译,高等教育出版社 2004 年版,第 278 页。
③ [英] 丹尼·卡瓦拉罗:《文化理论关键词》,张卫东等译,江苏人民出版社 2005 年版,第 97 页。

美味佳肴与低热量食品的图片并置,就充分说明了这种两面性。① 个人的身体作为一个微观世界,复制了社会体(Social Body)的焦虑和脆弱。这种焦虑对于今天的中国人并不陌生,一边是词汇"吃货"大行其道,美食纪录片及作为网红打卡地的各类饭店在刺激人的视觉、味蕾和消费;另一边是对身材管理的大肆宣传。

生物政治学兴起的另一个原因无疑与生物学本身的发展密切相关。基因技术让克隆成为可能,基因剪辑技术已被用于植物,并已在市场推广,虽然一直饱受争议。而对于更高级的哺乳动物,由最早的克隆羊多利到中国科学家贺建奎引起巨大伦理争议的克隆人实验,如果不是严格的科学伦理的控制,科幻小说及电影当中展示的身份混乱将会更早降临人世。这些变化让今天的身份问题面临更加复杂的境地,同时也展示了身体建构在技术上的可行性,这是以往的哲学话语未曾碰触的方面。

吉登斯早就作出论断,生殖技术与基因工程是自然进入人类活动领域的一般性演进过程的构成部分。一直反对福柯将身体视为被动客体的吉登斯,在今天生物学及医学迅猛发展的背景下,清晰地看到从技术角度塑造特定的身体形象已成为事实,整容、变性甚至改写人类身体的基因,这些技术变化让身体的物质性也成为可塑的,吉登斯称其为"反身性",这种反身性意味着身体并非只是作为"给予物"来运作,而是更多地在进行自我动员。从大规模的包括健身、美容等行为在内都是在对身体进行建构。

与当今在消费文化及技术变革背景下对身体建构性确定无疑的研究相比,性别研究对生理性别建构性的研究是一个更显悲壮的历程,它对身体述行性的探讨也因时代背景所限,较多体现在理论层面,因而在理论上更显系统性。

对身体物质性的珍视是女性主义重要的遗产之一,这有利于促

---

① 参见[英]阿雷恩·鲍尔德温等《文化研究导论》,陶东风等译,高等教育出版社2004年版,第101页。

使女性主义冲破传统哲学的束缚向前发展。以波伏娃为代表的第二波女性主义继承了肉身具现论,并试图通过对身体的珍视来改变身体被贬低的局面。波伏娃深入地思考了身体与女性的联系,她认为在传统的二元对立结构中,女性被局限于身体,男性在否定身体后获得了超脱肉身的普遍性,但实际上男性作为非物质的存在,只获得了表面的自由,而被贬为身体的女性,她们最有力的反抗并不是要超脱肉身,而是干脆就拥抱身体,将身体视为女人获享自由的情境和媒介,"而不是一个定义与限制的本质"①。然而遗憾的是,如同第三波女性主义所看到的,第二波女性主义以波伏娃为代表恰恰就是表现出明显的厌女症,这种厌女症往往指向女性自身的身体特征,比如波伏娃在《第二性》中就对女性生育哺乳等自然行为表达了强烈的反感。就像凯特·米利特(Kate Millet)所说:"群体自我憎恨和自我厌弃,对自己和对同伴的鄙视,造成这种结果的根源是对女性卑下观点的反复宣扬,无论这种宣扬是多么含蓄,最后,女性对此也信以为真。"② 波伏娃肉身具现论的矛盾性,其根源在于并未真正摆脱身心二分的笛卡尔式框架。要改变身体的地位,就要彻底质疑身体概念及生产身体概念的整个制度。

然而,要理解身体物质性建构并不容易,身体物质性建构极为隐蔽。因为身体的建构是通过知识的运转来进行的。譬如在婴儿出生时,医生宣布"这是一个男孩"或"这是一个女孩",这就是医学话语对性别的询唤:"这种询唤将婴儿从'它'转换成'她'或'他',而在这个命名过程中,女孩被'女孩化'了,通过对性属的询唤,她被引入语言与亲缘的界域。"③ 巴特勒批判依据性器官来确

---

① [美]朱迪斯·巴特勒:《性别麻烦:女性主义与身份的颠覆》,宋素凤译,上海三联书店2009年版,第17页。
② [美]凯特·米利特:《性政治》,宋文伟译,江苏人民出版社2000年版,第65—66页。
③ [美]朱迪斯·巴特勒:《身体之重:论"性别"的话语界限》,李钧鹏译,上海三联书店2011年版,导言第8页。

定性别的行为其实是将身体碎片化了,"把阴茎、阴道、乳房等命名为性器官,不仅把身体的性感带局限于这些部位,同时也造成了身体这个整体的分裂。生理性别范畴强加于身体的'统一性',事实上是一种'不统一',是一种分裂与区分,是对情欲的生发的一种简化"①。

坚称身体的物质性不可化约的巴特勒更愿意将身体视为述行的场所,身体是历史情境,是做事、戏剧化和再生产历史情境的方式。在巴特勒看来,性别述行与身体述行是一体的进程,社会性别的建构条件就是行为和身体(act/body)。在《述行行为与性别建构:关于现象学和女性主义的随笔》中,巴特勒运用行动理论来分析波伏娃关于"女人是变成的"观点,推导出性别是风格化和程式化的动作重复,依靠身体的风格化动作来建构不同的性别,在成为它自身性别的过程中,身体经过了一系列不断对自身更新、改造和巩固(renewed/revised)的行为。

无独有偶,女性主义者也批判福柯的身体观念实际上抹杀了性别,从女性主义角度来说,身体是积淀的遗产而不是本质。彼得·迪尤斯(Peter Dews)指责福柯缺少关于"力比多身体"的理论,巴特基对福柯的批评是其他女权主义者均认同的一点:对福柯来说,所有的身体都是一样的,他不承认性别差异。②巴特勒借精神分析为福柯的身体添加力比多的维度,她认为身体虽然被强制实施规训,但身体有不容忽视的能动性,身体的自发冲动和快乐冲动很可能使身体成为反抗之所。

巴特勒主张物质化身体也在述行过程中所建构。在《身体之重:论"性别"的话语界限》中,巴特勒将这个过程总结如下:(1)重

---

① [美]朱迪斯·巴特勒:《性别麻烦:女性主义与身份的颠覆》,宋素凤译,上海三联书店2009年版,第149页。
② 参见[美]桑德拉·李·巴特基《福柯、女性气质和父权制力量的现代化》,陈翠平译,载[美]佩吉·麦克拉肯主编《女权主义理论读本》,广西师范大学出版社2007年版,第314页。

塑身体为动态力场，令身体的物质性从权力的控制（regulatory）中脱离；（2）述行不是由主体执行的行动，而是由话语来重复生产规范和限制的；（3）在生理性别建构为文化规范的过程中，物质化的身体被抹除；（4）主体作为言说的我（speaking I）来参与整个过程；（5）异性恋规范在生理性别的形成及身份认同（identification）过程中起着重要作用，并最终将非异性恋的性别身份排除出去。① 在这里巴特勒清晰地表明了她对身体的看法，身体不是先在的，而是在动态过程中所建构的，同时性别和身体的建构是一体的过程，在建构的过程中生理性别及社会性别也被建构。

所以，身体是我们窥见主体身份建构的重要场所。透过身体的述行，我们可以清晰地看到权力话语如何在身体上书写，同时可以看到自我如何通过身体来反抗这种书写。这对于我们深入思考身份述行的建构与反建构意义重大。

第二节 缠足：身体的规训与反抗

在第三章谈论国族问题的时候，我们看到在中国现代化的进程当中，中国女性与家国的关系更多呈现为一种互文式的建构。而在身体问题这一方面，虽然西方女性被身体化这一问题也较为普遍，波伏娃就批判大众文化中广泛存在的男性凝视将身体交予女性。但与西方相比，中国的身体问题还将女性身体与国族身份相交织。这种特殊性从古代的缠足女性到反缠足话语，从女性时尚到今天的整容风潮，从未停止。

中国古代的缠足是研究身体规训的绝佳例子。在对中国古代及

---

① 参见 Judith Butler, *Bodies that Matter*, New York and London: Routledge, 1993, p. ii.

近代女性的性别研究中，缠足是屡屡被提及但又轻易被放过的话题。中国近代对传统女性的批判，可以说是从反缠足开始的。高彦颐（Dorothy Ko）、杨兴梅等学者的系统研究，显示了在中国社会现代化的过程中，反缠足的种种话语热闹非常，但悖论的是，其中恰恰缺乏缠足妇女自身的声音，即女性自身的生命体验。高彦颐曾经将缠足归为三类："荣耀的身份""作为封建社会的落后符号""作为被解放者"。作为一种文化现象，缠足已经终止。但承载缠足的身体和生命，尚有一些顽强地存活至今。所以我们要从历史的蛛丝马迹中重新来寻找缠足女子身体上被话语书写上了什么印记，以及缠足妇女本身的生命故事，又如何给我们展示身体的顽强性。

一　缠足：藏匿女人的空间实践

今天我们对缠足的认识已经形成了一些定见，譬如将缠足视为社会对妇女的摧残，以及缠足妇女生活多有不便，等等。毋庸置疑，缠足的终结是中国妇女解放的重要成就，中华人民共和国的成立加快了缠足终结的历程，减少了妇女双足遭受的痛苦。目前缠足史的研究已钩沉出一些史料，主要体现为对缠足史的梳理。在性别研究方面，反缠足的研究取得突破性成果，系统地思考反缠足运动在一百多年间的艰难历程。所以倘若以反缠足运动为起点，逆向梳理缠足与道德、婚姻等复杂社会因素的联系，不难发现缠足女性的身体如何被建构。

（一）缠足的污名化

在当代，"缠足"已经成为古老落后的象征，曾经在古代拥有"三寸金莲"美誉的小脚，沦落到审美和时代的边缘位置，这背后透露出的不仅是时代和审美的变迁，其中还有一段被污名化的历史。缠足污名化的历史始于近代。清代的历史以留辫始，以反缠足终。清初康熙年间官方即开始反缠足，但收效甚微。一直到鸦片战争后，西方人将中国的缠足影像带到西方作为落后国度的陋习展览，将缠足、留辫、鸦片等视为落后中国的标志，大大刺激了中国的知识分子，进而催生大规模的反缠足运动。

所以反缠足运动首先是国族化的运动，最初体现为反缠足运动中的一些关键概念来自西方。西方人对中国人的刻板印象并不客观，因为缠足兴起以来，中国并不缺乏不缠足的群体，比如一些少数民族和底层民众，反缠足的声音也从未断过。但在中国时代交替内忧外患的历史语境中，反缠足运动被国族话语更为深刻地交织在一起。反缠足话语中的一些关键概念借自西方，比如"天足"（heavenly foot），即天然生长的双脚，根据高彦颐的记载，它由英国传教士麦高温牧师（Rev. John MacGowan）于1875年在厦门首次使用，强调其"造物主赋予的身体"之宗教意义。在西方传教士居高临下的倡导下，作为基督教义的"天足"观念开始盛行，其后在反缠足运动中被中国人广泛使用。

在赞美西人的天足声中，小脚成为现代性他者的象征，拥有小脚的女人"被压迫得如此厉害，使得她们根本无法拯救自己"①，唯有通过改良主义的国家或知识精英赋予她们新的生活，解放才有可能。缠足的污名化成为污名化女人的重要手段，为了把她们变成需要拯救者，于是先将她们踩在脚下。这种话语运作再次体现了近代中国"女性解放"与西方女性主义所谓"性别平等、男女平等"之间的微妙差别：一个是居高临下的拯救，另一个是要求变男女主体客体之关系为主体间性的平等。

缠足污名化的话语主要由医学话语和国族话语等几方面的话语运作共同组成。在近代，主要通过医学话语构建缠足与人口素质的关系。首先论及缠足让妇女血气不舒，易生疾病。而后在反缠足运动中数次提及一旦有兵祸，小脚不利于逃生。传教士甚至将缠足和

---

① ［美］高彦颐：《缠足："金莲崇拜"盛极而衰的演变》，苗延威译，江苏人民出版社2009年版，第2页。

西方的束腰相比较，认为缠足比束腰的伤害性更大。然而这种观点较早就遭到了反驳，雒魏林（William Lockhart）在《从1840—1841年度舟山医院医疗报告》里指出，"因裹脚扭曲脚骨而引发腿部溃疡或其他疾病似乎只有一两例"①。对缠足妇女所遭受的折磨以及缠足对健康危害的描述有较多想象的成分，至少它并不比西方的束腰更甚。传教士美魏茶（Willian Charles）也观察到缠足女人每天可以步行几英里，缠足的护士可以轻松自如看护婴儿。无论是以三寸金莲摇晃行走的年轻妇女，还是在街道上嬉戏玩耍的小女孩，脸上都没有痛苦的表情。妇女喜欢用小脚玩踢毽子游戏，卖艺的妇女用两只小脚蹬着一张四条腿的桌子，使之平衡在空中，并用两只脚轮番转动桌子，都丝毫没有痛苦的样子。②尽管医学话语已经反驳了对缠足痛苦的夸大，而且事实上缠足妇女的生活并非像一些描述说的那样不方便和凄惨，然而将缠足妇女构建为柔弱之躯还是大有市场。医学话语还进一步论及缠足对生育的影响，缠足妇女被认为身体羸弱，"分娩时终多不测之虞"，甚至影响脑力及胆力，由此最终与国家富强联系在一起，从西方人的角度解释了中国"民弱"的根源。医学话语的使用影响深远，因其借助了"科学"话语，尽管并不符合事实，但在反缠足运动中被作为确凿证据广为引用。

　　这样，传教士的医学话语"天足"与中国古老的医学话语产生某种历史关联，以"足"为媒介，将女性身体与国家兴衰相捆绑。这种捆绑源于女性身体的生殖功能，费侠莉（Charlotte Furth）的研究显示，宋代中国的妇科兴起，对母性给予高度的医疗和社会关切，将女性的身体生殖功能置于优先地位，促使"欲望身体与生殖身体的分离"。近代的反缠足医学话语继续将女性身体的生殖功能放大后

---

　　① 杨兴梅：《身体之争：近代中国反缠足的历程》，社会科学文献出版社2012年版，第10页。
　　② 参见［美］高彦颐《缠足："金莲崇拜"盛极而衰的演变》，苗延威译，江苏人民出版社2009年版，第11页。

来观照缠足的危害。

此外,古人也曾动用过医学话语来对妇女缠足进行道德贬低,有人将缠足解释为出于"防淫"的需求:"女子之性强悍,所以先王制缠足的法,以杀其威,使归和顺。"与之相应的是,反缠足运动同样借助医学话语在道德上贬低缠足妇女:"女人刁悍,裹足养成;如不缠足,气血流通;心无积聚,气必和平。"杨兴梅的解释一语中的:"这样为宣传而肆意诋毁全体缠足妇人,与此前将妇女关闭在家中的思路其实接近,都把女性视为一个可能犯错或正在犯错的整体。"①

到了近代,女人不仅被塑造为容易犯错的群体,甚至彻底成为废物。女性因缠足造成的种种行动不便,成为男性攻击她们是寄生虫的借口:"自泰西人来华后,每言中国致弱之由,因无用之人太多,一为妇女之不能皆读书识字,一为妇女皆误于缠足以致艰于行动,不能作(做)事,竟成废物,其不能不仰食于男子者,职是故也。"②但根据高彦颐的研究,江南一带的妇女主要的经济来源是丝织,所以缠足并不会真的让其坐享其成,因为缠足对在家从事丝织劳作的妇女影响不大。并且缠足最先在宫廷和贵族妇女当中流行,在缠足的兴盛期,缠足一度是权贵和身份的象征,普通劳动妇女缠足者相对较少,并未从根本上影响女性的劳作。

然而这些事实在反缠足话语中几乎被湮没,当近代妇女成为衡量文明进步的参数之时,在西方人审视的眼光当中,女人的缠足和男人的辫子一样成为格外刺眼的表征。这种污名化一方面由男性来执行,另一方面由知识女性来完成。缠足女性和新式女性就分别成为"旧"与"新"的代表。

为何要追溯近代的反缠足话语?因为它在当代几乎被毫无批判

---

① 杨兴梅:《身体之争:近代中国反缠足的历程》,社会科学文献出版社 2012 年版,第 45 页。
② 杨兴梅:《身体之争:近代中国反缠足的历程》,社会科学文献出版社 2012 年版,第 33 页。

地接受。今天中国人解释缠足,认为它的推动力量主要来自两个方面:一个是迎合男性的审美需要,另一个是满足性的需求。这体现出对男性霸权的批判,以及对传统女性能动性的贬低,女性的主体性依然被排除在外。这种简单的解释忽略了缠足起源和维持缠足的复杂力量,忽视了它与医学、性学、宗教等相关的社会学内容。唯一不同的是,比起近代大加挞伐的批判,对于今天还在世的为数不多的年老缠足者,今人更多了些居高临下的伤感。

当代的缠足研究者较有代表性的观点首先是批判男权话语。如同近代将缠足与西方束腰相比一样,当代的研究者将缠足与高跟鞋相比较来解释缠足源于女性为满足男性的欲望。李为香认为,女性的审美一直以男性眼光为重要参照。只要社会由男女两性构成,女性的美就融合了男人的眼光与女人自身的品位。若无男子的感情和欲望,就不会有女人的高跟鞋。缠足、高跟鞋实际上与染发、美容整容、隆胸、拔眉、减肥等身体修饰一样,都是女性追求身体美的方式,这种美在很大意义上是用来取悦男性或适应男性审美目光的。①而后的反缠足亦如此,并且反缠足运动的诸多研究资料显示,主要的发起者为男性,于是"从缠足到不缠,女性控制自己身体的权利扩展十分有限,毋宁是从一种控制形式转换为另一种,开一系列'解放妇女'运动之滥觞"②。

在这种逻辑之下,自然认为缠足是社会强加的,女人的身体被视为可变物,缠足妇女被动地受压迫,被迫缠足与放足,再次构建妇女"被解放"的话语。学者常精彩的研究将缠足视为中国古代社会迫害妇女的主要证据之一,女性因为被动缠足产生了奴性心理,并且这种奴性心理成为文化积淀。尽管小脚女人即将消失殆尽,但

---

① 参见李为香《从缠足到高跟鞋:中国近代女性身体审美符号的变迁》,《山东女子学院学报》2011年第1期。
② 黎燕珍:《女性是怎么告别"三寸金莲"的》,《中国社会科学导刊》2006年第15期。

"小脚文化产生的阴影——奴性心理,仍然束缚着中国妇女的发展,因此女性必须摆脱奴性心理,才能追求本质意义上的人的解放"①。

另外一种态度体现为居高临下的暧昧怀旧。由于尚还在世的缠足者已日渐稀少,便有媒体及个人以文字或影像来加以记录。面对跨越时空的缠足老人,这些影像与文字充满恍如隔世的感伤色彩,但对小脚的怀旧并非肯定小脚,而是肯定新社会,其中暗含的依然是近代"旧"与"新"的修辞:社会对比、女性形象对比、缠足与天足对比。比较典型的是摄影师李楠的作品"中国最后一代小脚女人"。李楠在影像资料中意味深长地将年轻现代女性与缠足女性并列,构成行将就木的老人与年轻时尚的现代女性对比强烈的视觉冲击。高彦颐已经敏锐感受到,在这种唱挽歌的感伤说辞背后,面对这些即将消失的缠足者,令人有一种沉重的历史即将成为过去的轻松感。在"新"与"旧"的修辞中,从传统的缠足老人到今天的时尚女性的转换过程是被视而不见的,他们只是将缠足老人作为被抛弃的传统的代表,这种修辞与近代解放中国的传统女性并无根本差异,它彻底贬低所谓传统妇女而赞扬新女性,人为地在"新""旧"女性之间划定巨大的断裂与鸿沟。那么,我们的研究就有必要试着去寻找在这种断裂当中,女性的身体曾经承载过什么。

(二)隐匿的女体:道德的象征

回溯历史,关于缠足起源众说纷纭,通常认为缠足起源于五代,兴盛于宋,并在明代达到巅峰。在关于缠足起源种种解释当中,研究者基本接受了这样的观点:缠足首先源于建构男女气质之分的需要。缠足不是强调而是创造了男女之间的差异,然后,这些差异就可以以道义的名义永存永续了。伊沛霞指出,缠足以近似于手术的方式使男女身体上的差别超出天然的程度。缠足给女人身体带来的

---

① 常精彩:《小脚与中国妇女:浅析脚的解放与人的解放》,《中华女子学院山东分院学报》2005年第4期。

改变不是局部的,它牵扯到整个体态。它让女人变得更小、更柔弱、更不爱动、更提不起精神,成为诗歌当中慵懒、忧郁、怀着思怨的美人,当然会衬托出男性的强壮、结实和好动。从审美上来看,在讲究阴阳协调的中国,这种衬托是有必要的,宋代男子已经有别于唐代男子的骁勇之风,"宋代理想的上层男人形象是内敛、温和和优雅,除非女性更优雅、沉默不语、待在家里不走动,否则男人就像是带着女人气"①。

缠足不仅构建了女性呈现于身体外在的性别气质,同时缠足的身体实践是女性空间规训的重要组成部分。近代以来的反缠足话语一再强调缠足女子行动不便,深锁闺中不能为家为国创造财富。根据历史资料,宋代商品经济较为发展,女子可从家庭丝织业获得收入。在江南地区,妇女通过家庭纺织所得实际上非常丰厚,这让不少下层妇女得以脱离野外劳动,可隐匿到闺房当中劳作,缠足便不成为负担,至少在经济上并非如此。这样一来,即便是农户家庭中的下层女子,也可以参与家庭手工业,缠足从上层社会的下倾便成为可能。所以缠足实际上"无法使妇女脱离繁重的劳动,更多的却是使她与世隔绝"②。于是在男子以身为本向外扩张的时刻,女子具备了内敛的理由和条件。"内外有别"的道德理念具体呈现在妇女的身体取向上,其所构筑的内在收敛型的人格及生活空间便体现在闺阁当中,它与闺房之内向性互相呼应,形成一个"妇女=内人"的性别理想。③

这样的闺房是中国文化进行社会性别建构的场所,"女性的身体和性(sexuality)、生育(reproduction)、母性(motherhood)联系起

---

① [美]高彦颐:《缠足:"金莲崇拜"盛极而衰的演变》,苗延威译,江苏人民出版社2009年版,第36页。

② [美]曼素恩:《缀珍录:十八世纪及其前后的中国妇女》,定宜庄、颜宜葳译,江苏人民出版社2005年版,第207页。

③ 参见[美]高彦颐《缠足:"金莲崇拜"盛极而衰的演变》,苗延威译,江苏人民出版社2009年版,第181页。

来，它们在婚姻和家庭的结构中找到了它们的合理秩序。男女占据了分离的领域，女性控制家庭经济和私密生活"①。女人藏匿在内闱当中参与道德理想的实践，这是"女人们用其全部的生命所培育的文化土壤，固化并滋养着文化元语言的生成"②。女人在其中完成了巩固家庭基础、延续传统的重要使命。张念认为，传统文化便是在这个意义上由女性来延续的，因为内闱是相对稳定的所在，而向外扩张的男性是"可变的参数"。

一方面，隐匿在闺房当中的女性承担了女德，但与之矛盾的是这些女性隐匿在裹脚布当中的身体又挑起身体的情欲想象。自中国古代天足衰落缠足兴起以来，"足"被视为女子身上的性感与私密部位，与之有关联的鞋子便与情色有了一定关联。市场上几乎没有女鞋出售，鞋子作为私密物品，即便是上层家庭的女子也是自己做。于是在文学作品里一些与情色有关联的段落中，鞋子成为突破男女大防的最后防线。捏脚或者获得鞋子的行为，都预示着欲望可能会被满足。鞋子成为女性性欲的象征之一，在《金瓶梅》和《肉蒲团》当中，都对鞋子与小脚有情欲化的描写。

这种情欲想象与缠足所带来的身体变化也有关联。缠足让脚看起来更小，形体更美，腰部挺拔，充满女性魅力。日本学者冈本隆三这样描述缠足带来的仪态变化："'莲步轻摇'的步子，不晃动的姿势，柔弱的腰肢，穿着时髦的短袖衣服时，扯着衣服，摆弄手帕，一只手叉在腰上，都合乎小脚女人的礼节。据说左肘要和身体成直角，5根手指合在一起，手背放在腰上，指尖朝向身体的后方。这姿势简直让人浮想联翩。"③ 在缠足和束胸的合谋作用下，中国女性长

---

① 柯素芝：《修行与转变：唐代道教女仙生活中的身体和实践》，易素梅译，载邓小南、王政、游鉴明主编《中国妇女史读本》，北京大学出版社2011年版，第140—141页。

② 张念：《性别政治与国家：论中国妇女解放》，商务印书馆2014年版，第48—49页。

③ [日]冈本隆三：《缠足史话》，马朝红译，商务印书馆2011年版，第41页。

期形成了含胸坐臀的体态。

变化的身体随即带来的是服饰审美的变迁。清代学者胡应麟看到，正是缠足的兴起带动了足服的性别分殊化发展，让男鞋与女鞋截然不同。在缠足出现之前，古人所穿足服并无明显性别差异。而后"罗袜""纤足"等文学辞藻便成为女性的专属修辞。缠足首先带来了新的鞋子样式：弓鞋。鞋子的精美与否，是一个女人的女红与审美的双重展现。在缠足兴起后，缠脚及其照护，已成为"闺阁中人"的一个日常装扮项目。一双周正的缠足，是女人毕生的手艺心血。鞋子之内首先是裹脚布，裹脚布的选择与清洗，是足部卫生的重要事项。裹脚布包裹的双脚，日常需要精心呵护，洗、泡，甚至上香粉药膏。与此相搭配的，还有膝裤、上衣、发型等一整套身体修饰。

所以倘若将缠足简单视为回应男人的审美，便抹杀了女性在维护身体过程中的自我塑造。购买何种衣料，制作何种服装，再到穿什么鞋，戴什么首饰等，高彦颐认为这是女性"享有形塑自我、超越旧式社会区异的新机会"[①]。并且，女性通过一起同做女红，建立了某种性别网络与同性情谊。

由此可见，在缠足的萌芽阶段，缠脚所标示的"与其说是吃苦耐劳的作业，还不如说是贵族式的精致优雅"[②]。精美的足服是一种"炫耀性休闲"（Conspicuous Leisure）的记号，宋代文人就普遍认为缠足代表着精致的美感。曼素恩（Susan Mann）指出，"当时的中国妇女大概把它看成是地位、贞洁和良好教养的身体标志"[③]。一直到清代，缠足都是社会体面的象征。

---

① ［美］高彦颐：《缠足："金莲崇拜"盛极而衰的演变》，苗延威译，江苏人民出版社 2009 年版，第 235 页。
② ［美］高彦颐：《缠足："金莲崇拜"盛极而衰的演变》，苗延威译，江苏人民出版社 2009 年版，第 242 页。
③ ［美］曼素恩：《缀珍录：十八世纪及其前后的中国妇女》，定宜庄、颜宜葳译，江苏人民出版社 2005 年版，第 30 页。

于是三寸金莲成为蕴含着富有、闲适、美丽、娇弱、肉感、依赖性和身份等各种意味的人身记号,"双足的大小是婚龄少女社会地位的尺度"①,拥有一双小脚便拥有保持或攀登社会阶梯的资本。这也部分解释了为何反缠足运动前后反复且难以禁绝。为何在近代首先不缠足的是受教育的女性,杨兴梅就此指出,事实上,"只有受过教育、有各级学校的文凭、获得'女学生'的身份认同,才可以不必缠足就能较容易地论婚嫁"②。因为缠足女子本身关涉整个家庭的荣辱即"面子"问题。

回顾历史抛开成见,我们便不难发现缠足的复杂性,所以不是男性霸权、女性奴性等任何简单的解释可以一以概之。重要的是,我们在重新审视这段历史时,首先要抛开女性被动的偏见,看到女性在其中的自我建构。身体固然可被权力书写,但依然有其自身无可抹杀的顽强性。

二 金莲绝唱:身体的顽强

缠足作为一种传统已然消失,但正如缠足的起源难以划定某一个时期,缠足的终结也不以官方的命令为终,一直到20世纪60年代尚有部分人依然在给女孩缠足。因此,至今依然还有缠足者存活于世。这些健在的缠足老人就以自身的身体和生命展现了身体的顽强性,这个群体中最知名的是云南玉溪市通海县六一村的缠足老人,被称为"最后的小脚部落",20世纪末还生活着近300位缠足妇女。因本土作家杨杨《小脚舞蹈》一书及国内外媒体的宣传,六一村成为社会关注度较高的缠足村落,以影像、文字等方式出现在BBC等西方媒体及学者高彦颐《缠足》等著作中。与近代反缠足运动中对

---

① [美]曼素恩:《缀珍录:十八世纪及其前后的中国妇女》,定宜庄、颜宜葳译,江苏人民出版社2005年版,第72页。
② 杨兴梅:《身体之争:近代中国反缠足的历程》,社会科学文献出版社2012年版,第236页。

缠足妇女的大加鞭挞相比，面对尚还健在的缠足老人，今人表现出复杂而暧昧的态度。

六一村缠足老人知名的原因，一是相对集中，在20世纪90年代尚有300多位缠足老人在世；二是组织化，由六一村老体协组织，缠足老人相继参加从县级到国家级体育比赛并获奖，曝光度高；三是有相对丰富的文本，生长于斯的本土作家杨杨出版了一系列相关著作。

对六一村缠足老人的宣传及解读渠道主要有本土官方宣传、大众媒体、学术研究等几个渠道。本土官方宣传资料主要集中于《通海县志》及《通海文史资料》。这些材料记载了六一村缠足老人1985年组建的老年协会为全国第一个农村老年协会，1992年参加全国地掷球赛，1994年以六一缠足老人为对象、由云南省电视台拍摄的体育电视专题片《金莲绝唱》在四十八届国际体育电影节上获"比蒙特省"奖。这些材料总体肯定缠足妇女的精神风貌，侧重于展示她们在新社会的幸福生活。

大众媒体对六一村缠足的关注度最高。六一村缠足妇女最早因杨杨《"三寸金莲"跳出的奇迹》一文登于1989年的《玉溪报》而见诸媒体，其后国内外媒体争先报道。国内媒体的报道主要有两种基调：其一以中央电视台《二十世纪女性史》的专题片为代表，将六一缠足老人作为妇女解放的象征，侧重展示其幸福生活；其二以西安《新西部》杂志为代表，表现出控诉旧社会和伤感交织的怀旧暧昧调子。

20世纪90年代，六一村缠足已引起港澳台媒体诸如《大公报》等的关注，这些媒体将六一村缠足作为中国尚存活的文化传统进行报道。西方媒体诸如法新社、美国《基督教科学箴言报》、法国电视一台、日本《朝日新闻》、BBC等媒体随即也先后到六一村采访，将六一村缠足作为一种文化奇观进行报道，将其视为一种独特的性文化及服饰时尚。

通海六一村现存的缠足老人作为跨越了缠足衰亡期、反缠足运动期及缠足消亡期的独特历史存在,她们的生命轨迹可让我们重新追问,在所谓"封建"传统中如何认识缠足?女性身体如何顽强对抗各种意识形态话语,又如何被收编?"传统"女性到"现代"女性的过渡如何在一个人的生命形态中完成?这些追问已经被囊括在中国当代性别研究的议题之中,并在关于反缠足运动的研究中有丰富成果。而当六一村缠足老人作为缠足的经历者与见证者见诸媒体时,媒体对她们的解读策略既与反缠足运动中的性别话语有历史性的相似,又有微妙的差异。

关于六一村缠足消失较晚的解释,不少人认为是由于地方偏僻。比如苑坚在《"金莲村"里看"三寸金莲"》一文中,将六一村描述为闭塞的山村,润泽《云贵高原上的小脚女人》及《六一村古风犹存:探访中国最后的小脚部落》等文都将六一村视为保留传统的乌托邦。这种解释吻合缠足的消失趋势,在反缠足运动兴起之后,缠足的确是随着从沿海到内陆、从城市到乡村这样的轨迹逐步消亡的,但这不能概括所有的情形。六一村地处云贵高原,但并非偏僻的山村,而是在滇中富庶之地,离县城仅三公里。恰恰由于离县城较近,所以在反缠足的稽查员出动时,缠足妇女们能够及时得到消息躲避。

事实上,在全国范围内,云南缠足的兴起及消失有着相对特殊的历程,六一村恰好给我们提供了一个鲜活的样本。云南的少数民族基本不缠足,云南缠足兴盛的地区是汉族聚居地,缠足兴起的时间相较于江南地区要晚。根据《通海县志》记载,通海本地汉族居民是在明代大规模迁入的:"洪武十四年(1381),傅友德、蓝玉、沐英率明军入昆明。次年(1382),遣宣德侯金朝兴取临安路。县人张思铭率民迎明军,人民免遭战乱。"① 汉族的涌入带来了缠足的习俗,另一个重要的原因是本地纺织业兴盛,历史上"河西布"为本

---

① 云南省通海县史志工作委员会编纂:《通海县志》,云南人民出版社1992年版,第7页。

地名产，当地妇女多以此为生。《通海县志》记载了本地妇女的缠足及其原因：

> 缠足要求"尖、圆、瘦、小、铁"，才符合"三寸金莲"的标准。姑娘长至5、6岁，便开始缠足，每天洗脚一次，收紧一次缠脚布带，洗脚时幼女呼痛之声惨不忍闻。缠至13、14岁时，脚背腰骨已折，脚趾缠成一柄老姜形。无数天真活泼的小姑娘，在缠足陋习的残害下，行动变得艰难呆滞。谁家的姑娘如裹得一双"三寸金莲"，就有望找到一个如意郎君，父母脸面也随之光彩倍增。谁家的姑娘如果是双大脚，则被人讥为大脚丫头，婚配难找对象。脚的大小成了衡量妇女外形美丑的重要标志。①

这段记载表明缠足与婚姻之间的关联，杨杨对六一村缠足老人的采访证实了这种关系确实存在："那些小脚老太太们说：'不为别的什么，就为找个好子弟。'"② 一双裹得周正的小脚是联系深闺生活的必要条件，流传至今的民间谚语也传达了当时的审美：

> 金凤花，包指甲，姑姑包，我也包。姑姑嫁，我不嫁，我帮姑姑提手帕。提到六一街，见到个老奶奶，脚又大，嘴又歪，提着歪箩上大街。
>
> 我老倌，本姓张，一讨讨得个胖婆娘，瘪胸膛，凹脊梁，大脚大手大裤裆，吃饭要吃几斗米，喝水要喝几大缸。
>
> 隔壁有个老大嫂，一声比一声哭得好。我问她呀哭哪样，

---

① 云南省通海县史志工作委员会编纂：《通海县志》，云南人民出版社1992年版，第631页。

② 杨杨：《金莲迷踪：探访中国最后的缠足部落》，安徽文艺出版社2012年版，第26页。

她说这双大脚裹不小。我说隔壁有个老铁匠,请他打把修脚刀。削的削来雕的雕,再加一个小皮条,中间勒个细花腰。①

在通海本地有一些习俗来维持与彰显这种审美。在 1887 年的《点石斋画报》127 期曾刊有通海洗足大会的绘画。每年农历三月属猪日,通海妇女到六一村旁三教寺洗脚、烧香、磕头,"祈求能尽快裹成一双小脚,或祈望自己的小脚不疼不痒,岁岁平安"②。六一村 1949 年前出生的妇女大部分参加过洗足会,这个习俗在中华人民共和国成立后一度中断,但 20 世纪 90 年代又重新兴起。此外,在元宵节,通海县城一直有举办花展的传统,称之"花街",同时会举办"赛足大会",届时缠足妇女们在座椅上伸出小脚展示,评选当年最美的"金莲"。官方资料没有记载,但在六一村流传着不少赛足会的故事。杨杨在 2000 年采访到六一村王张氏,1925 年,在她 15 岁时夺得了赛足会第一名,直到她去世,依然是六一村公认的最俊俏的小脚老人。按照杨杨的观察及采访,缠足妇女比同龄的大脚女性更为重视容貌服饰。缠足老人自认小脚为美,要配以精美的绣花鞋,与小脚配套的全套服饰通常是阴丹布所做,发型也别有要求。民间谚语也表明,时人认为缠足妇女体态更有风情:"小脚小了走线花,大脚婆娘走锅巴。"

然而,在反缠足兴起后,这些缠足妇女马上就面临另一种审美。1913 年,通海县县城女子小学堂成立"天足会",号召成年妇女放足,幼女不再缠足,但收效不大。1931 年,通海县奉令成立"天足委员会","明令规定已缠足者无论年龄大小均要放足,未缠足的姑娘不准再缠足。并于县城、集镇设卡检查。自此,刹住了幼女缠足

---

① 杨杨:《金莲迷踪:探访中国最后的缠足部落》,安徽文艺出版社 2012 年版,第 47—48 页。
② 杨杨:《金莲迷踪:探访中国最后的缠足部落》,安徽文艺出版社 2012 年版,第 92 页。

之风,已缠足的年轻妇女多数放了脚。但也有极少数家长仍强迫女儿裹脚"①。六一村最年轻的缠足者,杨杨的母亲周秀英是1955年缠足的。

反缠足的艰难反映了婚姻与审美对缠足影响之大。杨杨说外婆逼迫母亲缠足的原因是"三个姐姐都是小脚,决不能让我母亲成为周家唯一的大脚"②。还有另一位妇女杨赵氏,在1949年依然为女儿缠足,"杨赵氏本来不想为女儿裹脚了,但一想到她们以后的婚事,她就害怕。她害怕别人骂她不会做人,骂她懒惰,骂她不为女儿操心。更害怕以后听到姑爷骂姑娘脚大,走起路来叭嗒叭嗒的难听"③。同时,还因为反缠足话语的反复。自清初,官方就提出反缠足,然而一直在"放"与"缠"之间纠结近百年而始终未见真正禁绝,如同清末自称"尤事老人"的一位男性所作《奉劝女子不宜缠足说》所说:"始存不缠之心,又恐耽误青春,一难也;继为亲友所劝,反致游移无主,二难也;终虑无人问字,富贵岂肯联姻,三难也。"④

在种种犹疑当中,这些最后的缠足者成为被新旧两个时代都抛弃的人。如同杨杨说的:"她们的'小脚',使她们永远成为'另类',永远成为'边缘部落'。"⑤ 这在杨杨母亲周秀英身上体现得最为明显,幼年时被天足妇女嘲笑:"大脚大了有米卖,小脚婆娘犯'八败'。"成年后必须参与社会主义农业生产,不能再锁在深闺当中做纺织。

在作为文化的缠足衰落之后,缠足妇女活在一个尴尬的境地,

---

① 云南省通海县史志工作委员会编纂:《通海县志》,云南人民出版社1992年版,第631页。
② 杨杨:《金莲迷踪:探访中国最后的缠足部落》,安徽文艺出版社2012年版,第95页。
③ 杨杨:《金莲迷踪:探访中国最后的缠足部落》,安徽文艺出版社2012年版,第89页。
④ 杨兴梅:《身体之争:近代中国反缠足的历程》,社会科学文献出版社2012年版,第29页。
⑤ 杨杨:《金莲迷踪:探访中国最后的缠足部落》,安徽文艺出版社2012年版,第6页。

但是她们有自己的方式来应对时代的变迁。尽管缠足之美已被社会抛弃，但她们的身体依然保留了缠足，因为放足实际上比缠足更为艰难，尤其成年女子放足几乎不可行，反倒会造成足部的残疾。此外，她们依然坚持自己的审美。杨杨的大姨妈李杨氏，幼年母亲去世，小脚为自己所缠，缠足之初必然要经过肉脚腐烂随后长出新肉，李杨氏为了让肉脚腐烂，竟用指甲将肉抓破，疼痛难忍之时，将小脚伸进门口水沟的污水和淤泥中止痛。最终将一双天生偏大的双足裹成周正的小脚。李杨氏因此成为缠足者的偶像和英雄，全村的母亲以此来教育和鼓励裹足的女儿们。李杨氏的一双小脚也常常被参观，一直到晚年，李杨氏都保持了见人就骄傲地伸出小脚的习惯。另一位至少缠过五十双小脚的"裹脚婆"罗普氏，杨杨采访她的时候已经89岁高龄，但依然对杨杨说："小脚当然漂亮，不然，怎么会有那么多的人来六一村看小脚呢？……他们一见小脚就照相，肯定是喜欢我们村的小脚。"[①]

这些骄傲的话语无疑颠覆了我们一直塑造的唯唯诺诺的落后女性形象，更为颠覆的，还有她们的身体穿越时空表现出的活力，迥异于反缠足话语的描述。缠足妇女并未失去劳动能力，29岁守寡的李普氏发明了特制的插秧鞋、耙田袜等一系列劳动装备，下田劳动养活六个子女。绰号"老水车"的李普氏能和男子一起扯水车灌溉农田。在中华人民共和国成立之后，六一村缠足妇女就几乎全部被迫参与农业劳动，20世纪五六十年代参与修建水利工程和大炼钢铁，挑重担、拉风箱，还曾经获得过"促进派"的劳动红旗。

如果说20世纪五六十年代缠足妇女参与劳动是被迫的话，那么在80年代之后缠足老人的表现就几乎是自发行为了。六一村缠足老人的知名首先正是因为她们参与体育活动，根据《通海文史资料》记录，六一村1985年8月12日成立了老年人体育协会，是中国农村

---

① 杨杨：《金莲迷踪：探访中国最后的缠足部落》，安徽文艺出版社2012年版，第87页。

第一家老年人体育协会,缠足老人便是老体协文艺宣传队的主要成员。1987年迪斯科传入通海县,老体协编排了适合老年人的一套动作,"六一村老年人协会44个小脚老奶学会跳迪斯科,她们动作整齐、潇洒自如"①。正是由于这套"迪斯科",她们开始受到媒体关注。1988年8月7日《春城晚报》以"三寸金莲迪斯科"为题,报道通海六一村的老年迪斯科。同年这批老人开始组建地掷球队,1989年在县级比赛中作为唯一的一支小脚队伍获得冠军,其后参加市级、省级等比赛获奖,1992年作为特邀嘉宾参与全国比赛,虽然最终未获奖,但打败了上海队和四川队。自此六一村缠足老人获得更大范围的关注。

这些缠足妇女所参与的活动,既是自发的,也得到当地政府的支持。当她们见诸官方视野,就被当作跨越"新"与"旧"修辞的表征:表征中华人民共和国成立前的苦难与中华人民共和国成立后的幸福。比较典型的有1998年通海文化馆编的舞蹈《金莲曲》,舞蹈前半部分色调阴郁,表现中华人民共和国成立前的痛苦,后半部分走向高昂,象征着在中华人民共和国成立后重获新生。此外还有两部纪录片,一为《二十世纪女性史》,二为《金莲绝唱》,两部作品都肯定了缠足老人后半生走出闺房的历史,但对于她们生命历程的变迁,则是静默不言的。

然而,在这样的二元对立修辞中,实际上缠足老人的自我塑造再次被遮蔽了。她们适应时代变迁之举不应被抹杀,比如1981年55岁的王海氏学会了自行车,其后缠足妇女纷纷效仿,周秀英等学会了三轮车。就连她们身上看似传统的服饰也体现出了时代的印记,杨杨的书中展示过六一村老人一双绣有英文字母的弓鞋。这些女性无论是在旧时代,还是在新时代,都如同任何时代的女性一样保持了自己的骄傲,我们不妨将这视为缠足女性的主体性声音。

---

① 云南省通海县史志工作委员会编纂:《通海县志》,云南人民出版社1992年版,第531页。

六一老人们打球、骑车的身影之所以屡屡令人惊叹，就在于她们颠覆了小脚女人行动不便的话语。这些跨越历史的生命，曾经走过漫长的历程：高贵与美的象征——民族落后的象征——取笑的落后对象——作为封建的受难者接受同情。

作为文化现象的缠足终结了，然而缠足者的个体生命及身体不会马上消亡，她们不仅仅是代表封建的符号，而且是被时代风潮裹挟着的尴尬生命。诚然，在她们跨越历史的身体上曾书写过时代的苦难，而她们今天能够颐养天年，以一双小脚跳起舞蹈甚至走出国门，正是中国社会发展和妇女解放的写照。但我们倘若仅仅将她们视为时代的符号是不够的。我们还应当看到她们被时代风潮挟裹着的个体生命和身体。从缠足的起点到老年，这种尴尬境地伴随一生：在少女时期，缠足女性已经失去市场，但仍有一部分男性眷恋缠足，不过总体而言，她们已经不被时代认同，成为笑柄；在中年时期，以小脚承担家庭重担；在老年时期，身兼表征封建及被解放的双重文化符号被展示。然而，正是这些出于小历史当中的缠足妇女，用她们自身的身体和生命，呈现了女人顽强的反抗以及自我建构，也彰显了女性身体及生命的复杂性，这是任何话语都无法化约的。这些老去的女性，通过她们的生命历程，在书写中国女性的骄傲和自我。当我们看到她们的自我建构，也就看到中国妇女自我书写的绵延与传承，认识到这样的事实：中国的妇女解放从来不是西学东渐，中国女性并非在西方冲击之下才觉醒，中国女性一直在通过身体、通过各种方式在自我赋权。现代女性与所谓"封建女性"之间并未横亘着巨大鸿沟，而是存在生命的关联。

第三节　时尚：现代女性的身体表征

身体的觉醒被当作中国现代性的重要标志，当近代知识分子接受西方思想洗礼之后，他们开始以西方文明为标准来改造中国人的身体，但他们改造的首先是女性的身体。缠足是古老中国的时尚，所以现代性的起点之一便是把女人从缠足当中解放出来。新女性的塑造也被表征于身体，近代以来的女体解放便是女性解放的重要组成部分。对于女体解放，女性主义者产生两极化的论争，或认为它是身体自由的积极表现，展现了女性的主体性；或认为是男性统治结合消费来共同操控与复制女人，让女人成为被观看之物（Female being as being-perceived），从而持久地将女人视为客体。

一 近代：身体的解放

在我们传统的观念当中，女性身体是被道德话语等遮蔽的物质存在，汤尼·白露指出，鲁迅的小说《肥皂》向我们展示了现代中国妇女的物质身体，并已经成为一个有意义的、无法正当承载所指的宝库。[①] 所以，近代以来女性觉醒的标志之一便是身体的觉醒，解开缠足的反缠足运动与解开束胸的天乳运动成为中国女性身体解放的表征。

与缠足相比，束胸的功能稍为简单，主要是遮蔽女性的乳房。束胸的出现晚于缠足，约在明代开始。据高罗佩对明代春宫画的考证，明代女性穿着"缠绕乳房的宽布条或绣花的绸布，上抵腋下，下至肚脐。抹胸用一根绕过乳房的绢带系紧，绢带下不过胸"[②]。这种抹胸让女性胸部显得平坦，在宽大上衣的遮蔽下女性的曲线几乎不可见。

到了近代，这种遮蔽女性曲线的装束遭到了质疑。和反缠足运动一样，由男性精英倡导的天乳运动依然动用了强国保种的修辞，

[①] 参见［美］汤尼·白露《中国女性主义思想史中的妇女问题》，沈齐齐译，上海人民出版社2012年版，第83页。

[②] ［荷兰］高罗佩：《中国古代房内考：中国古代的性与社会》，李零等译，商务印书馆2012年版，第149页。

譬如朱家骅在1927年向国民党广东省政府委员会第三十三次会议提交了《禁止妇女束胸的提案》，他指出，束胸"于心肺之舒展，胃部之消化，均有妨害。轻则阻碍身体之发育，重则酿成肺病之缠绵，促其寿短。此等不良习惯，实女界终身之害，况妇女胸受缚束，影响血运呼吸，身体因而衰弱，胎儿先蒙其影响。且乳房既被压迫，及为母时乳汁缺乏，又不足以供哺育，母体愈羸，遗种愈弱，实由束胸陋习，尤以致之"①。

天乳运动的兴起已是在反缠足运动之后，天乳的出现与天足一起共同改变了明清时期女性含胸屈膝的姿态，构筑了新的健康自然的女性体态。从此丰满圆浑、自然健康的自然化的身体，逐步取代清代绘画中削肩、平胸、细腰、莲足的柔弱女性身体。对健康女性的推崇在民国时期达到兴盛，此时体育运动成为培养新女性健康体魄的手段，参加体育活动及健身亦成为摩登女性的标志之一。到了20世纪30年代，"健美"的概念影响到大众文化各个领域，1933年的《玲珑》杂志号召女演员要具有现代"雄赳赳"的阳刚气质，以与西方国家那些运动健美的女演员媲美。② 30年代，联华影业公司诸如黎莉莉这样的体育明星，代替了20年代阮玲玉等柔弱女性的地位。这些演员拥有健康的身体，演出的角色"开放、活泼，有点豪放且精神健康"③，构建了健康的国民形象。

然而，天乳运动与反缠足又不尽相同，由于乳房是体现女性第二性征的重要器官，它势必触及伦理的敏感层面。如果说天足运动在某种程度上实现了"男女同质"，让女人的双足和男人一样自然生长，

---

① 转引自曾越《社会·身体·性别：近代中国女性图像身体的解放与禁锢》，广西师范大学出版社2014年版，第69页。
② 参见高云翔《性、体育与中国的国难（1931—1945）："体育明星"黎莉莉》，载林少雄编《镜中红颜：华语电影的性别体认》，中国电影出版社2013年版，第211页。
③ 高云翔：《性、体育与中国的国难（1931—1945）："体育明星"黎莉莉》，载林少雄编《镜中红颜：华语电影的性别体认》，中国电影出版社2013年版，第216页。

那么天乳运动则是正视和肯定女性的身体特征,在解开束胸之后,让女性胸、腰、臀的曲线凸显。所以,曾越指出:"如果说缠足运动提出两性作为社会人的同质性,将女性视作和男性一样的社会'生利者',初步实现了女性在第一个层次的、作为'人'的解放,那么,'天乳'运动则开启了女性第二个层次的解放,即性别上的解放。"①

一方面,女性身体曲线的显露马上就遭到了大众文化的收编,月份牌和报章杂志广告大量使用袒露乳房的女性形象为噱头吸引消费者。尤其是在1916年刘海粟使用人体模特作画之后,裸体艺术风靡一时。乳房天然的性征色彩促使民众参与热情高涨,诸如《良友》等杂志将女性人体作品视为审美对象、先进文化和健康生活方式的代表来予以推介,而《北洋画报》则以人体艺术为名,刊载了一些超越艺术范畴,具有色情意味的图像,画面上的女人多做出挑逗状,所以大众文化"将这场以'强国保种'为初衷的女性身体解放运动演变成了乳房的视觉消费狂潮"②。

另一方面,身体的暴露也引发中国的服装从传统的平面式服装向立体式服装变化,时髦的女人开始露足,裤腿和衣袖渐渐缩短,暴露出赤裸的小腿和前臂,衣领也开始出现深V,露出雪白的脖子。传统旗袍也开始改良,以便突出女性的曲线。到了20世纪30年代,衣服面料也从厚重变为轻薄,夏季女装可让肌肤若隐若现。时人李愚一赞美这是"美装":"坦胸露膝,极力的把人体'曲线美',女体的'女性美',全个裸露出来,我国时髦妇女的装束近于此。这两派的装束,比较上裸装来的切当些,很近于所谓'美装'。"③

天乳运动带来的"解放"与"暴露",塑造了视觉化的"摩登女

---

① 曾越:《社会·身体·性别:近代中国女性图像身体的解放与禁锢》,广西师范大学出版社2014年版,第80页。
② 曾越:《社会·身体·性别:近代中国女性图像身体的解放与禁锢》,广西师范大学出版社2014年版,第72页。
③ 曾越:《社会·身体·性别:近代中国女性图像身体的解放与禁锢》,广西师范大学出版社2014年版,第126页。

郎"。"摩登女郎"属于现代女性，但在大众的认知中又与新文化运动以来所塑造的"新女性"有所差别，"新女性"积极吸收新思想，参与社会变革，但这个群体并未被大规模视觉化。而随着反缠足运动和天乳运动的推进，促使服饰改革，加之中国城市现代化的发展，在民国时期开始出现的这批"摩登女郎"具有了视觉化的群像：她们是以"烫发，涂着香粉、口红，穿着高跟鞋，在电影院、舞厅等公共场所频繁出没的浪荡女子"①。时髦的外表造成了大众的刻板印象，白薇等同时代作家批判她们拜金、虚荣、堕落，抛弃传统美德。

这种刻板印象得到了官方的回应。蒋介石结束北伐成立国民政府后，认为当时青年男女竞逐西方浮夸虚华的物质文化是导致社会问题的重要根源，因此在1934年宣布发起新生活运动。新生活运动的宗旨是"在于恢复并发扬中国固有的礼义廉耻德性，以求国民之生活合理化；从革新私人生活开始，来改造社会，进而强化国家御侮及备战能力"②。新生活运动反映了将人民身体和日常生活纳入国家权力掌控的企图，试图动员和影响社会各个阶层。其中的妇女新运工作由宋美龄主持。宋美龄的观点首先是"复兴民族的工作，女性是基本方面的切实服务者"③，其次是妇女是家庭的中心，所以妇女事实上不仅成为传统美德的承担者，同时也成为被改造者。摩登女子被冠以无益于社会、反贤妻良母本质、国难当头却不知觉醒以及不爱国货四大罪名。

由此可见，随着时代的推移，时髦的摩登女子已经日益被建构为物质女性，这种建构在被定位为"妇女国货年"的1934年达到高峰。时人批评摩登女郎耗用洋货，不事生产，她们购买和使用进口

---

① 曾越：《社会·身体·性别：近代中国女性图像身体的解放与禁锢》，广西师范大学出版社2014年版，第202页。
② 许慧琦：《过新生活、做新女性：南京国民政府对时代女性形象的塑造》，载邓小南、王政、游鉴明主编《中国妇女史读本》，北京大学出版社2011年版，第347页。
③ 许慧琦：《过新生活、做新女性：南京国民政府对时代女性形象的塑造》，载邓小南、王政、游鉴明主编《中国妇女史读本》，北京大学出版社2011年版，第348页。

香水脂粉、衣饰之举被批判可使人倾家荡产,并且致国货难销,卫道人士甚至开骂"摩登足以亡国",将女性的消费和身体再次提高到国族话语的地步。

总而言之,一方面,近代以来的女性身体解放及时尚消费无疑彰显了性别进步及女性的身体自主性;但另一方面,这种进步既可能被商业收编,又可能被误识为女性的物化。当时间走到20世纪90年代,中国的消费文化再度兴起时,我们依然还能看到历史的回响。

二 时尚:消费与国族审美变迁

20世纪90年代以来,随着中国期刊的市场化转型,时尚杂志异军突起。它们以"爱情、婚姻、时尚"为主题,着力打造中产阶级的白领丽人形象。在以时尚杂志为代表的大众媒体中,女性的形象是单一及刻板的。在《第二性》当中,身在时尚之都的波伏娃就指出,时尚杂志的全部热情在于教导女性"擒夫""理家"和"献身于社交活动"的艺术,中国的时尚杂志依然延续了这些话语实践。

中国时尚杂志兴起的时间在20世纪80年代以来"女性意识"建构之后,通过大众传媒的复制生产,它进一步将"女人味""男人味"自然化了。首先,它将美丽的身体视为女人的第一资本,"时尚杂志一方面通过利用封面图片的形式大规模采用身体符号,直接刺激消费者的感官,另一方面通过杂志内容的文字符号,大肆宣扬'美丽是每个女人的必修课'等观点,潜移默化地对读者施加心理影响,让她们认为美丽是一种资本,女人的美可以得到社会更多的认可,也会得到男性的欣赏与青睐"[①]。以明星为榜样,传递"没有丑女人,只有懒女人"的信息,告知读者身体的可塑性,这种可塑性

[①] 孙薇:《时尚杂志消费主义倾向的符号学阐释》,《合肥师范学院学报》2009年第2期。

可以通过减肥等自我管理来实现,亦可通过美容护肤、衣饰等进行弥补。通过身体的综合塑造与管理,它告诉读者:"对女性而言,塑造并保持青春的、漂亮的、健康的身体,不仅为了在社会上取得认可,更是为了获得令人激动的生活方式。"①

时尚杂志对女人身体的社会化管理以潜在的男性眼光为基准,所以一方面,时尚杂志中的女人要具有性的吸引力,具备"能最有效地引发男子的情欲的女性的身体美";而另一方面,又要符合"贤妻良母"的传统女性气质的定位,所以她必须在"女人的性技术(时装和美容)和性别技术(理财管家和养育子女)之间寻求某种平衡,归根到底还是把女性引向家庭的取向"②。所以时尚杂志中的女性,既是对特定爱情对象有性感的吸引力,但同时又是贞洁的,她既要被男人看,还得被男人爱。杂志假定女人是为美而生、为爱而生的尤物,婚姻由此成为女人的伟大志业,女人最大的成功便是婚姻,她孜孜以求的美丽最终目的是寻求更好的婚姻,并且在婚后成为相夫教子的好主妇。

所以不少研究者认为,时尚杂志实际上代表了中产阶级的审美及消费理念。斯梅尔在《中产阶级文化的起源》中指出,"中产阶级建立了一套新的性别关系。即女人不再参与商界和政界的活动,那个领域被划分给男人,女人退守家庭,专事社交、礼仪和家务"③。弗里丹在《女人的奥秘》当中也展现过美国20世纪60年代类似的女性气质建构,当时在社会经济稳定发展的局面当中,要求女性"回归家庭"的口号甚嚣尘上。

不过在中国,由于社会阶层的划分与西方不同,实际上至今未

---

① 汪民安、陈永国编:《后身体:文化、权力和生命政治学》,吉林人民出版社2011年版,第335页。
② 刘芳:《时尚杂志与中产阶级女性身份:以〈世界时装之苑——ELLE〉为个案》,博士学位论文,上海大学,2006年,第58页。
③ 刘芳:《时尚杂志与中产阶级女性身份:以〈世界时装之苑——ELLE〉为个案》,博士学位论文,上海大学,2006年,第46页。

有稳固的所谓"中产阶级"。于是在时尚杂志当中建构的阶级身份主要依赖消费符号来达成,所以时尚杂志"一直在强化读者通过购买奢侈品进入上层社会的理念,将人们购买奢侈品提升到与社会地位相当的高度"①。比如《时尚 Cosmo》刊登的文章《拿什么拯救你,我的奢侈梦想》直露地宣扬通过符号的象征性消费来达成身份认同:"名牌,是关于'认知性'。包含了公众的认同、品质的可信、名气的响亮、等级的分别、身份的代表等等。它,被铸成一种标记,像一个路标,一个指引,成为一种消费模式。它,让你乐意多花一点钱,来拥有这份'认知',换回一份你需要的'心安'。衣食住行的名牌,都可以一概而论。"②

时尚杂志的这些言论被研究者强烈批判,总体而言,目前的研究主要批判时尚杂志塑造和强化女性的刻板形象,另外还有消费主义对人的物化建构。然而有意思的是,尽管在今日中国,将消费品与人的阶层挂钩成为大众的某种共识或者说误识,譬如已经被符号化的"LV"以及宝马汽车,但是对消费主义的批判几乎一边倒地转向女性。透过以时尚杂志为代表的消费文化,学者批判的矛头几乎都指向女性:"城市的商业化随之带来十足的女性身体性别化和商品化,而且说,像以前一样,男性一直企图利用女性为现代化'付出代价',即履行其牺牲品的作用。"③女性追求名牌,整形、美容等行为被简单阐释为"女为悦己者容",以及为消费文化所收编,"在时尚杂志的意识形态里,爱自己被片面等同于爱商品"④,女人尤其容易受到商品的蛊惑,杨扬批判道:

---

① 孙薇:《时尚杂志消费主义倾向的符号学阐释》,《合肥师范学院学报》2009年第3期。

② 转引自孙薇《时尚杂志消费主义倾向的符号学阐释》,《合肥师范学院学报》2009年第3期。

③ [美]汤尼·白露:《中国女性主义思想史中的妇女问题》,沈齐齐译,上海人民出版社2012年版,第429页。

④ 徐连明:《意识形态语境里的时尚杂志评析》,《福建论坛》(人文社会科学版)2005年第1期。

> 女性天生缺乏安全感,她们终其一生都在寻找安定与归宿。在主流价值观淹没的当下,时尚对现代女性而言,便有了综合其审美观的价值与意义,透过时尚,现代女性可以觅得宗教般的归宿与安定。因此,女性们将更多的注意力投向了时尚,投向了琐碎的快乐与内在的身体,她们希望可以从中找到希望与寄托。而自恋也渐渐成为文明这个时代的一大主题,越来越多女性拒绝政治热情、拒绝宏大叙事,只是将个人囚禁于狭小的个人天空,以求安稳与自全。①

这段充满征候的文字较有代表性地道出了一些研究者对时尚杂志传播效果的普遍认知,首先是对女性气质的刻板化认知,即当代女性普遍通过商品拜物教来填补内心的空虚;其次,将个人的日常生活与宏大的公共空间二元对立;最后,假定女性容易受到物质的诱惑,认定时尚杂志的询唤是成功的。

这依然延续了将女人视为容易犯错群体的修辞,在商品文化的冲击下,当代女性似乎容易成为物质女人。近年来,媒体通过各种方式在制造物质女孩的话语,诸如当代女性的结婚条件需要房子、车子等做保障,以及对礼金的需求,等等,单方面谴责女性的择偶观将物质放在首位,而忽略了这些物质条件的要求与文化习俗之间的复杂关系。在"拜金女马诺"出现之后,这些谴责话语集中爆发。2010年,在江苏卫视的相亲节目《非诚勿扰》中,马诺曾坦言喜欢奔驰和宝马,当一位爱好骑自行车且无业的男嘉宾问马诺:"你喜欢和我一起骑自行车逛街吗?"她毫不犹豫地回答:"我更喜欢在宝马里哭。"一时间马诺成为众矢之的,媒体和网友众口一词谴责马诺的择偶观以物质为基准,而忽略了她本来是以这句话来回应不喜欢的男嘉宾。在媒体的报道当中,我们会发现一个现象,坦言追求名牌

---

① 杨扬:《时尚杂志对青年女性美学观的影响》,《当代青年研究》2013年第4期。

的女性被建构为物质女孩,而男性则会被视为有上进心。

总之,目前对时尚的个案研究已较为丰富,但充满女为悦己者容的假设和女性被物化的担忧,充满女性被消费和被凝视的被动解读,这依然落入解读传统女性的被动话语中,一面看到了杂志的身体规训和刺激消费企图,另一面还要劝诫女性警惕被时尚吞噬。这样的解读忽略了时尚可能具有的意义:"在几十年强制性的千篇一律后,时尚为女性打开了一条道路——特别是都市中有经济收入的女性——让她们可以在理解和表现她们自己的性别特征时探索不同的意义。"① 此外也忽略了女性自身对身体的美化实际上也是一种身体管理,这种管理既有回应商业文化询唤的可能,但也不能忽视女性自身的声音。

这种腾飞与中国整体环境发展转型相关,也与中国社会对女性气质的认知变化相关。在中华人民共和国成立之初,以毛泽东1964年6月在十三陵水库提出的"时代不同了,男女都一样"为标志,一直到改革开放这个时期,形成了在消除性别差异基础上实现性别平等的特殊语境。在这种语境下,女性的"自然属性"被消除,女性被塑造成"铁姑娘"等形象,以各种方式向男性靠拢。与之相匹配的,便是"不爱红装爱武装"的审美,女性将自身的曲线遮盖在灰色或绿色不显露曲线的服装之下,女性的身体属性也被遮蔽。到20世纪80年代,"长期遭受压抑的知识分子的精英意识和'五四'新文学传统开始逐渐复苏"②。新时期以来,逐步复兴"五四"战斗精神和个性解放传统,重新发现和认识人的尊严,在这样的氛围中,一是来自人道主义的启蒙,二是由于禁欲主义的衰落,形成中国女性觉醒的又一次浪潮。

---

① [英]艾华:《中国的女性与性相:1949年以来的性别话语》,施施译,江苏人民出版社2008年版,第129页。
② 陈思和主编:《中国当代文学史教程》,复旦大学出版社2005年版,第190页。

所以 20 世纪 80 年代是中国女性主义发展的又一个重要阶段，由此诞生了中国女性主义拔高女性气质的一个特殊词汇——"女性意识"。"女性意识"是 20 世纪 80 年代女性主义作品中屡次出现的关键词，学者王政较为全面地概括了"女性意识"：天生的自然女性意识，它包括女人对美的追求，对自身魅力的意识；女性对成为社会经济政治生活主体的有意识追求；对社会体制结构中阻碍女性发展的因素的警觉。① 总体而言，中国女性意识侧重探讨感情，而避讳女性的生理经验和情欲，对感情精神式的书写实际上回应了传统性别话语的询唤，因为它将与性有关的一切视为不洁的，与身体有关的一切都被赋予道德判断。身体的缺失间接导致 90 年代身体写作的极端反叛。

80 年代性别话语主要集中于"意识"层面探讨女性主体，女性的身体主体是缺失的。"女性意识"将女性塑造为纯洁的象征以及刻意回避性，甚至将性视为堕落，这实际上是中国封建话语"女子正德"的延续。但随着 90 年代消费文化的到来，"身体"渐渐浮上水面，从张洁等作家早期作品对身体的清教徒式态度，到铁凝、陈染等展现身体美，再到卫慧等作家手里，"性"和"身体"不再是禁忌话题。中国女性的身体描写，经历了从回避到直视的过程，身体也在 90 年代成为一个公共话题，由此启动中国女性身体层面建构自我及主体，乔以钢等指出，"传统的父权文化系统发展出一整套关于女性身体的代码系统，但真正的女性身体却是缺席的。女性的身体除了作为男性欲望与权威的对象外，实际上很难进入文化中。因此，女性主义范畴内的身体书写同时具有了颠覆与建构的双重意义"②。但这个身体并非自足的身体，因而很容易沦为被男权观看的客体："在男权文化的巨大阴影下，一方面，具有女性诗学意味的'身体写作'

---

① 参见王政《"女性意识"、"社会性别意识"辨异》，《妇女研究论丛》1997 年第 1 期。
② 乔以钢、林丹娅主编：《女性文学教程》，河北教育出版社 2007 年版，第 128 页。

经常被有意无意地曲解和误读;另一方面,在 90 年代商业文化语境中,一些女性文本对身体的书写也越来越背离了其原初的文化目标,滑落为'被看'的质料。"①

女性主义研究者普遍认为,改革开放前的中国性别观念由革命话语统领,但在改革开放后由消费主义裹挟。20 世纪 80 年代,西方时尚品牌相继进入中国,也深刻影响了中国的时尚审美。1979 年法国皮尔卡丹首秀中国,1984 年该品牌进入中国,1985 年圣罗兰也来到中国。在 80 年代,消失了 30 年的化妆品重回中国消费市场。无论从国家层面还是大众文化领域,在改革开放的背景下,都张开双臂迎接西方时尚潮流的到来。1984 年,中国领导人着西装出席中华人民共和国成立 35 周年纪念活动,象征性地肯定了社会放松控制个人身体和接受西方着装规范。同一年,在国家第七个五年规划中(1986—1990)涵盖了引领时装潮流的要求。20 世纪 80—90 年代,1979 年创办《时装》,到 1988 年《Elle》(世界时装之苑)中国版创立,时尚杂志在中国崛起。同时在 21 世纪初,职高和大学重新开始教授时装设计和相关科目。如果说在欧美国家消费主义的负面效应或许更大,那么在中国的语境中,80 年代到来的消费主义实际上又在某种程度上承担了对抗革命话语和单一化审美的任务。在当时社会转型的背景之下,消费主义的正向价值相比更大,因为这意味着国际化、开放性,是对"男女都一样"的审美意识的对抗。

在中国,女性个人身体和国家形象互相体现,彼此影响,这个问题在讨论缠足话语时验证过。而到了新时期,女性身体也在一定程度上成为现代国家形象的重要表征。从审美上看,新的女性形象表达了主流意识形态的审美。中华人民共和国成立初期,代表中国形象的女性是健康的工农女性。而学者包苏珊注意到,在改革开放后的中国女性则是以女运动员(中国女排)和时装模特为代表,她

---

① 乔以钢、林丹娅主编:《女性文学教程》,河北教育出版社 2007 年版,第 128—129 页。

们一个代表了吃苦耐劳勇敢拼搏的形象,另一个则象征了中国的现代化进程。① 从政治诉求上看,新时期以来对时尚的追求与主流意识形态相吻合。在改革开放以后的国家政治修辞中,"小康"的表述意味着富裕、舒适、繁荣,而时尚美容业被认为是引领时尚,同样能为人民带来更好的生活。党的十九大报告指出,我国社会主要矛盾已经转化为人们日益增长的美好生活需要和不平衡不充分的发展之间的矛盾。无论是对"小康"还是"美好生活"的表述,美丽时尚的女性都成为这种表述的表征之一,而为国家政治话语所支持。

而在民间层面,中国在进入20世纪90年代以后,对"性"问题的重新指认也促成了女性身体的重构。在中华人民共和国成立后到改革开放这个时期,从官方到民间都是采用禁欲主义的视角来看待"性"。而80年代以来,这种性压抑的状态迅速被性本能的爆发和对性快感的渴望所取代。从80年代作家的创作,比如贾平凹《废都》和陈忠实《白鹿原》中大胆的描写,以及大荧幕上身体和欲望的展现,诸如张艺谋《红高粱》等都体现了这种变革趋势。而在民间的表现是,90年代以来,婚外性行为开始成为普遍现象,"二奶""小三"等词汇进入公众视野。随着这种现象的出现,中国出现了一种新的性文化:"强调有吸引力、性化(sexualized)的女性形象,消费性感女性身体。"② 美丽迷人的年轻女性被用来描绘中国的国家现代化,这种形象与中国20世纪上半叶的月份牌女郎形成了一种饶有意趣的呼应。

所以,从中国近代以来现代性进程开始,我们看到中国女性身体承载了现代化、民族主义和消费主义的汇聚。而女性以身体体现了文化与政治的诸多表征,身体同时也成为反抗之所。

---

① 参见文华《看上去很美:整形美容手术在中国》,刘月译,华东师范大学出版社2019年版,第15页。

② 参见文华《看上去很美:整形美容手术在中国》,刘月译,华东师范大学出版社2019年版,第19页。

三 整容：身体的自主权与收编

如果说时尚业触及的身体或多或少有身体"表演"的成分，那么在中国近年来异军突起的整容业则更深层次地涉及身体的述行。21世纪以来，整容业在中国飞速发展。2004年，中国第一届人造美女选美大赛在北京举行，共有19位选手参赛，参赛者年龄跨度从17岁到62岁，其中还有一位是变性人。这次赛事经BBC等国外媒体报道之后，在西方引起一些震动。整容研究者文华认为，西方人的震动是因为中国的现状与外部形象之间的脱节："中国人正在用包括整形美容手术在内的一切方式自由地追求美丽，而国外的人们对中国的印象可能还停留在'一个压制对美的追求的社会主义国家'。"[①]

中国的整容业蓬勃发展，被认为是当代的缠足。这种比较如同缠足被比喻为中国的灰姑娘辛德瑞拉，显然体现了整容对身体造成的痛苦和改造，不过"当代"的语境赋予整容更多的消费主义内涵，这是"古代"的缠足所没有的。当代中国女性整容这一行为本身所承载的话语也更为复杂，以女性身体为载体，再次将国族话语、消费主义、性别问题等共同集中在女性身体上。

整形手术在20世纪初从西方传入中国，早期的发展与中国刚起步的现代化进程密切相关。20世纪30年代，中国开始出现整形美容手术，消费者以女性为主，主要是一些今天同样流行的双眼皮、隆乳、隆鼻等手术。在中华人民共和国成立后，整形外科被政治化，主要用于战后伤病员的整形恢复。因长期的审美偏好是"铁姑娘"型，整形被斥为具有资产阶级虚荣心的行为，因而整形业在较长一段时间内处于停滞状态。改革开放后，在全国倡导科学的环境下，整形外科开始复苏。王连召2005年对北京一所整形医院的手术统计

[①] 文华：《看上去很美：整形美容手术在中国》，刘月译，华东师范大学出版社2019年版，第3页。

资料显示，从1991年到2004年，这家医院整形美容手术的数量上升了336%。① 到了21世纪初，中国整形美容业进入腾飞时代。

学者文华在2006年和2007年在北京做了关于整容的田野调查，后来以此成书，中文版名为《看上去很美：整形美容手术在中国》。在文华做整形研究期间，中国的整形业已经呈现出异常繁荣的局面。据她引用2006年《中国日报》的一篇报道，当时中国已经达到每年进行100多万台整形美容手术，这个行业一年产值是24亿美元，且正以20%的速度增长。在文华写作这本书十二年后，整形业的发展远远超过当年的预期。2018年8月，某医疗美容与健康服务平台发布的一份《医美行业白皮书》显示，2018年中国医美市场规模或达2245亿元，同比增速27.57%，未来五年中国医美仍将保持20%的年增速。报告还显示，中国社会有超六成人对医美持正面态度，近两年的消费数据也表明"00后"大量消费医美的趋势已初露端倪。据这份白皮书估算，中国医美消费还有近6倍增长空间。② 而据文华在对澎湃新闻记者王芊霓的采访中表示，在成书至今十余年后，整形业也的确发生了诸多变化，除了数字更为庞大，还出现了一些新的现象，比如男性整形的比例已经达到了15%左右。

通常认为，整形手术的需求是消费文化和媒体话语的推动联合制造的。在学术界，以纳奥米·沃尔夫（Naomi Wolf）的"美貌的神话"观点为代表，她认为整容代表了男权和资本市场对女性的控制。从整形手术需求来看，这种观点有相关论据支持。从整形手术在中国起步至今，最为常见的整形手术几乎一直是双眼皮、隆乳、隆鼻等。到如今盛行的"网红脸"：欧式双眼皮、高耸的鼻梁、V形小脸（又称"蛇精脸"）和精致妆发，网络甚至流传"宁可美得千篇

---

① 参见文华《看上去很美：整形美容手术在中国》，刘月译，华东师范大学出版社2019年版，第56页。
② 参见徐鲁青《从人造美女到网红滤镜：中国人的二十年变美路》，界面文化，https://mp.weixin.qq.com/s/BtvIxThjjrl00GwzkeIKzg，2019年6月6日。

一律，也不要丑得与众不同"，市场与技术潜移默化地影响着大众审美，审美同质化倾向日趋严重。尽管所谓"网红脸"似乎也引起公众的反感，但明星等公众人物的形象同质化及"网红滤镜"等软件的出现，甚至使普通人也在社交媒体大量制造具有"网红"属性的自拍照，可见在视觉文化盛行的时代，利用手机等便捷的图片制造工具，身体审美观念的趋同性日趋严重，而且似乎在迎合男性的偏好。

与普通人整形相比，明星整形引起较多的争议。有不少明星在被质疑整形之后矢口否认，比如疑似整容的杨颖。而另一位明星柳岩是公开整容的女明星，甚至用整容的事实来自黑。但她的演艺道路及在演艺圈中的处境也相对集中地体现了公众对整形的复杂态度。柳岩 2000 年做主持人出道，2007 年因参演电影《画皮》而进入演艺圈。2015 年，柳岩参加活动公开承认整容，称打过瘦脸针，成为中国娱乐圈少数公开承认整容的明星之一。柳岩因身材丰满，在大多数影视作品和娱乐节目中都有性感人设。她参演的《四大名捕》《奇门遁甲》等影片都将她的身材和容貌作为看点。她参与综艺节目时通常也穿着暴露，主持人与嘉宾经常调侃她的性感。她自己也在电影中自嘲说："柳岩啊，什么都不会的，就会借胸上位。"(《煎饼侠》)柳岩的性感人设在另一位明星包贝尔的婚礼上终于碰触了雷区。2017 年，柳岩在包贝尔婚礼上担任伴娘，韩庚、杜海涛、王祖蓝等男明星要将柳岩扔到水中，后来遭到另一位明星贾玲的阻止才罢休。事后当事人以及包贝尔夫妇非但没有诚恳道歉，反而有言论称柳岩的不满扰乱了整场婚礼，并且称柳岩想借此炒作。这场婚礼上，柳岩并非唯一的伴娘，还有另外 5 位明星伴娘。柳岩当时遭到这种羞辱以及一众明星事后的态度，体现出柳岩一贯的性感人设已经产生"荡妇羞辱"，在场明星和不少公众认为，柳岩一向以性感形象示人，也不避讳自黑，有如此遭遇并不意外。

明星承认整容要承担比整容本身更大的压力，从柳岩的遭遇可见一斑。大众虽然审美趋同，但仍然希望公众人物的美是"天然的"

而非"人造的"。某种程度上,其实正是公众的趋同审美制造了娱乐圈明星的趋同化,但反过来,公众又对失去个人特性的公众人物的身体表现出复杂的态度。

这种复杂性,其实也正是当今中国社会身体焦虑的一种体现。虽然对普通中国人而言,他们所要背负的整容压力要小,但如文华在与澎湃新闻记者的访谈中所说,普通整容者"对整容的选择实际上是嵌入在社会转型、就业歧视、城乡流动、婚姻家庭和性生活模式变化等社会和文化结构的变革之中的"①。根据文华的田野调查,整形美容已经进入了女性日常生活的方方面面,整容的目的关乎毕业求职到恋爱结婚,从产后修复到衰老预防等。从整容者的构成及其理由来看,这背后所折射的正是普通中国人处于转型期的身体焦虑。

普通人的整形群体以年轻女性为主,其中有不少女大学生,她们整容的理由是"漂亮就是资本"。面对大学扩招和严峻的就业市场,以及广泛存在的职场性别隔离和歧视,日渐增加的大学生整容群体想通过整容来提升自身的就业资本;目前的性别分化状况也对职场女性身体阴柔化和性别化要求更高,此外也还有婚姻市场男才女貌的要求;而对于下岗女工,她们多半人到中年,面临经济困难和重返就业市场的渴望,要提升个人形象寻找更多机会;对于中产阶级,富裕的中年女性面临丈夫出轨的危机,为了维持婚姻,通过提升容貌水准来挽留丈夫;而对于农村打工女性,她们试图通过整容摆脱土气形象,看起来像城市女孩。所以文华根据田野调查得出的结论是,媒体和社会期待打造出理想的身体形象,然后被公众接受,而部分女性为这种期待买单,改造自己的身体。

但是,身体本身的复杂性意味着它不可能只是被动的改造肉体,凯西·戴维斯(Kathy Davis)就认为,整容是女性通过掌控自己的

---

① 王芊霓:《文华:整容是中国人身体焦虑的窗口》,芊霓的咖啡馆,https://mp.weixin.qq.com/s/CYQIgsOFnAvShDvRx2FwAA,2019年6月6日。

身体为自己赋权,如同缠足女性的缠足本身也包含自主性一样,女性整容者也在通过对自我身体的改造来为身体赋权。被称为中国第一人造美女的郝璐璐就清晰地表明了这种观点。2003年由时任医院市场总监的暴淮介绍,郝璐璐参加了北京一家医院的"美人制造工程",由医院免费为她做手术,她帮医院做广告。从2003年7月开始的6个月内,郝璐璐接受了一系列总价值40万元的整形美容手术,包含做双眼皮、鼻形改良、脸部轮廓矫正、去眼袋、提臀、隆胸、腹部和大腿抽脂术等在内的全身共几十个手术。暴淮联系了CNN记录并报道了郝璐璐整形美容手术的全过程,随后引起美联社、法新社等媒体关注并报道,也在中国媒体引发了一阵狂潮。而这也给医院带来直接收益,医院从最初10万元的营业额猛增到200万—300万元。①

整容之后,郝璐璐的生活也发生了巨大变化。郝璐璐来自北京一户家境普通的市民家庭,因整形走红之后,她在2005年参演电影《鬼城谍变》。郝璐璐本人也变得富裕,文华采访她的时候,郝璐璐身着价格不菲的时装,出入高档咖啡厅和购物场所。面对外界的争议,郝璐璐表示"身体是我自己的,追求美丽是我的自由,我对自己的身体进行改变,那也是我的权利"②。而她本人借由整容获得的美丽资本转化为经济资本,也满足了自己对美丽、幸福和自由的向往。

文华采访的另一位中年女士也通过改变身体给自己带来了幸福。当时47岁的张女士原本在国企工作,但在1999年下岗。下岗后每月只能领到280元失业救济金。张女士在2004年成为一家私人美容诊所的清洁工。在听说诊所老板为了推广业务愿意免费为一些中年女士提供整形美容手术之后,她便加入了这个项目。手术后获得在

---

① 参见文华《看上去很美:整形美容手术在中国》,刘月译,华东师范大学出版社2019年版,第58—67页。
② 参见文华《看上去很美:整形美容手术在中国》,刘月译,华东师范大学出版社2019年版,第82页。

诊所全职上班的机会，每个月有 800 元固定收入。张女士整容还有一个目的，作为单身母亲，她想借更好的容貌来找到一个好丈夫。

从这些例子可以看出，整容者既是受大众审美标准的影响做出整容的决定，但是选择整容这个过程本身，也是她们试图改变自身命运的主动性选择。而且部分女性通过整容也确实达到了改变命运的目的。但这种主动性的悖论又在于，她们变得年轻貌美，但这个年轻貌美的标准本身是时代所造就的，所以是一种既顺从又自我赋权的行为。如同文华所说，消费主义把美包装成自主选择，但其实选项是早已给定的。所以"整形美容手术同时包含了对身体的利用和解放、对女性的奴役和赋权"①。

整容在中国面临特殊的语境，它不只是为消费主义的欲望所制造，同时也是顺应资本的需求。文华谈到的几个下岗女工和女大学生整容的例子，侧面说明了在中国职场出现的性别化就业新趋势，新兴服务业的"青春饭"取代了衰落行业的"铁饭碗"，不少招聘广告有对外貌和身高有要求，要求女性品貌好、气质佳。而在婚姻市场上，与对男性更多是经济和品性方面的要求相比，对女性容貌的要求更多也更严厉，在诸如《非诚勿扰》等相亲节目中都有清晰的表现，"郎才女貌"的原则从来没有过时过。所以身体资本中的情色资本在当下中国，无论在职场还是在婚恋市场都是重要的资本，尤其这种资本对于女性而言更加重要。凯瑟琳·哈基姆（Catherine Hakim）把情色资本列为除经济、文化和社会资本外的第四大个人资产。哈基姆认为，美是情色资本的"主要元素"，普遍来说，女性拥有的情色资本远远超过男性，并且"在富足的现代社会，可以通过塑身锻炼、努力练习和技术帮助获得极高水平的情色资本"②。在

---

① 文华：《看上去很美：整形美容手术在中国》，刘月译，华东师范大学出版社 2019 年版，第 80 页。

② 文华：《看上去很美：整形美容手术在中国》，刘月译，华东师范大学出版社 2019 年版，第 95 页。

今天的中国社会,从职场到婚恋,一些人毫不避讳对情色资本的追逐。

此外,中国女性身体的改造及对这一现象的凝视也呈现出国族主义的角力。如同文华所说,郝璐璐的整形手术在西方本是普通手术,但引起西方广泛的关注,这一凝视本身就颇有后殖民的色彩,因为"整容的中国女人"这一形象挑战了西方对中国的刻板印象,因为西方对中国的印象还停留在这是一个压制女性美的国度。而中国人整容这一行为本身则宣示,与当代西方社会一样,身体也开始成为中国社会关注的焦点。这种西方殖民视角的认知与中国当下现实之间的背离,我们从一些学者的著述中也可见端倪。在阿雷恩·鲍尔德温的教材《文化研究导论》中,在谈到"身体"这一话题时,说道:"正如人的身体已经在当代西方社会成为大众关注的焦点。"[1]作者显然认为身体的兴起只是在西方,尽管这已经是一部宣扬多元的、总体上视野开放的论著。

在某种程度上,中国整容女性想要成为更好的自己这种自主性呼声与整个国家塑造现代形象是一体的。在改革开放以后的国家政治修辞中,"小康"的表述意味着富裕、舒适、繁荣,而美容业被认为不仅引领时尚,还能为人民带来更好的生活。国务院发展研究中心信息中心主任这样表述:"作为一种超过基本生活消费、迎合享受需求的消费需要,美容服务行业在这个转变过程中可能加速发展。"[2]这暗示一个社会所展现的美丽的人体形象也是社会发展的一个标志,这已经成为官方的认识。而且美容业不仅是美丽的表征,也为中国经济带来强大的动力,从1982年到2003年,美容业销售量已经从2亿元增加到520亿元,成为中国第五大消费产业。

整容业伴随着中国时尚产业的兴起,也伴随着中国进入全球化

---

[1] [英]阿雷恩·鲍尔德温等:《文化研究导论》,陶东风等译,高等教育出版社2004年版,第267页。

[2] 文华:《看上去很美:整形美容手术在中国》,刘月译,华东师范大学出版社2019年版,第169—170页。

浪潮这一过程。世界小姐选美大赛 2003 年落户中国，这个比赛被女性主义者诟病为是展现男性凝视，但对于彼时的中国而言，它在某种程度上通过现代自信美丽的形象宣告中国女性走出了西方所认为的压抑状态，并能勇敢地走出国门。似乎在美的标准上，通过现代女性身体的打造，中国展现了与西方积极对接和对话的意愿。1995 年，中国超模比赛获胜选手以短发、直接自信的眼神、充满活力的动作示人，被西方学者布劳内尔认为是具有"西方"的长相，而与传统的东方美：椭圆脸、弯眉、长发、眼神忧郁、举止克制形成对比。

这种对比当然还是在殖民框架中来进行的。当代中国的审美无疑受到了西方的一些冲击和影响，比如"洋气"与"土气"相对的词汇，以及"摩登"等表述，但是中国审美标准并不尽然完全是受到西方影响。比如整形手术中流行的双眼皮、大眼睛、高鼻梁、丰满的胸、白皮肤，并非全然与西方标准吻合，《诗经·卫风·硕人》中就有称赞美人"肤如凝脂"的诗句，中国从古至今，肤白是拥有不用从事体力劳动的身份和阶层的象征，而在小说和诗词中也有"杏仁眼"等对大眼睛的表述。在第三章谈到的西方人对中国人"眯眯眼"的印象，也是一种不客观的刻板印象。

近几年，一种"看起来像中国人"的国族情绪也正在出现。从 20 世纪 80 年代以来就声名鹊起的美妆师毛戈平在社交网络和短视频网站的崛起即可见一斑。毛戈平作为国妆的代表，曾经为《武则天》《孟丽君》等影视片创造了不少符合中国人长相的妆容。在时尚彩妆界，目前已经鲜明地区分出以突出轮廓为特点的欧美妆，以线条柔和自然为特点的日韩妆，在这种话语体系之内，中国彩妆尚无一席之地。而随着中国的繁荣富强，在各个话语领域拥有一席之地也已形成共识，在以女性身体为代表的时尚美容界也不例外。

所以，整容是通过身体实现现代个人的自我认同感的体现。尤其对于中国女性而言，女性身体形象重塑与个人身份重建是改革开放后在全球消费主义浪潮影响下的国家权力和市场力量重构。在世纪之交，经历了缠足、天乳运动等身体改造之后，女性身体再次承担了一定的表征国家形象的功能。

　　本章的身体述行实践主要基于中国女性来考察，一方面，是因为女性身体是身体政治的重要研究对象，无论古今中外，权力话语对女性身体的书写都更具代表性；另一方面，中国女性身体除了性别身份，也是国族身份的重要表征。所以中国女性的身体是复杂的权力话语交织作用的场所，更具有身体述行的代表性。尽管身体话语是随着现代性而兴起的，但是身体的述行由来已久。现代性话语对身体问题的阐发是一个重要的发现，看似抽象的主体身份建构最终落实于不可化约的肉体，肉身具现让我们可以清晰地看到身份述行如何具体运作。

第五章 述行与身份表演

述行理论集大成者巴特勒在《性别麻烦：女性主义与身份的颠覆》中，将扮装表演作为身份述行的策略之一。虽然后来有批评者称她为"嬉皮领袖"，批判她将身份仅仅视为换件衣服的表演。这种批判显然有失偏颇，但不可否认，身份述行本身就包含表演的成分，只是并非全然是表演。大致在述行理论在语言哲学兴起的同时，"表演"（performance）也作为中心概念出现在社会科学的新兴研究中。格雷格里·贝特森（Gregory Bateson）的开拓性论文《一种关于戏剧和幻想的理论》（1955年）确立了一种把行为当成各种框架内的表演的研究方法，他在其论文集《走向心智生态学》（*Steps to A Ecology of Mind：Collected Essays in Anthropology，Psychiatry，Evolution，and Epistemology*）①里继续探索该方法。欧文·戈夫曼（Erving Goffman）则在1956年的著作《日常生活中的自我呈现》中，采用了一种戏剧化行动的框架分析社会角色的表演，这些理论与述行理论形成互动和相互借鉴，有效地描述和补充了述行的表演维度。

述行理论早期对身份表演的关注点主要是在酷儿群体中，但在今天这个媒介日新月异的时代，新媒体的出现令身份表演也成为普通人的日常。在新媒体社会中，个人身份在某种程度上已成为"符号媒介"，身份普遍成为表演的重要前提。在他人引导社会，身份难

---

① Gregory Bateson，*Steps to A Ecology of Mind：Collected Essays in Anthropology，Psychiatry，Evolution，and Epistemology*，Chicago：University of Chicago Press，2000.

以构建一个稳定自我的情况下,自我被抛入焦虑当中。因而对于身份的短暂"表演"及其表演机制的研究,是我们了解身份焦虑的前提。前面几章从权力运作、身体建构等谈了身份的制造,这一章将来到大众文化领域见证更为短暂的身份建构与消解。

第一节 述行、表演与表征

因为语言上的同源关系,以及巴特勒的阐发和一些艺术家诸如盖文·巴特(Gavin Butt)的使用,"述行"和"表演"之间的联系一目了然。不过在身份的维度上,身份表演与"表征"的关联也是不容忽视的一环。前面几章通过阶级、性别、国族等身份的建构考察已经看到,内在身份的结构差异实际上往往是通过各种表征来呈现的。尤其是消费时代,通过外在消费品表征身份的行为变得尤其普遍。所以要思考身份表演问题,"表征"也是一个关键的入口。

一 述行与表演

从词源上看,"述行"(performative)的词源正是"perform",既有"执行"之意,也有"表演"之意。在"述行"这个概念诞生以来,无论是在概念的能指及所指方面都发生了较大变化。就"述行"本身,我们看到它跃出了语言哲学层面,被广泛用于文学研究和文化研究,最终系统阐释了文化身份的建构。从身份表演这一维度来看,身份的变迁与建构过程本身就是一个表演性的舞台,按照荣格(Carl Gustav Jung)的"面具"(persona)理论,他把面具作为内部世界和外部世界的分界点,身份就成为一种"面具",身份本身也有表演成分。在《性别麻烦:女性主义与身份的颠覆》1999年再版序言中,巴特勒表示，述行理论将言语行为视为权力话语的表征，述行同时兼具戏剧性和语言性的维度，身份某些时候呈现为社会角色，社会角色的认同与扮演和舞台上的角色扮演有相通之处。① 所以"述行"和身份"表演"形成一种互文关系，而且这种关系早已被注意到。

因而，不妨将身份的建构过程视为表演："表演是这样一个东西，它创造新的、僭越的政治身份，并且在这样做的时候，它拆解并揭露那些假装不是表演的身份。"② 从这个维度上，身份表演意味着身份的僭越及狂欢化。巴特勒在《性别麻烦：女性主义与身份的颠覆》中，通过解读电影《巴黎在燃烧》，指出扮装表演是性别的戏仿策略之一，舞台上的男演员身着女装立即显示出女性气质，这个画面戏剧性地展示了性别述行。批评者往往因此而认为巴特勒是在说服装的风格就可以颠覆性别身份，因而将她称为浅薄的"嬉皮领袖"，根据她的扮装理论认为她不过是给主体穿上另一套服装而已。③

巴特勒用扮装阐释述行理论，这在文化研究领域遭到了不少质疑，被称作激进的福柯主义和一种新的哲学行为论，其中没有实存（being），只有行为（doing）。但恰恰这一点反而在艺术界得到热烈响应，约翰·伯格（John Berger）在《观看之道》中指出，在今天，艺术的即时表演普遍代替了永恒的欣赏凝视，英国艺术批评家盖文·巴特正是用述行理论来解读实体艺术和即时表演，将其称为"述行艺术"（performantive art）。④ 正如加斯东·巴什拉（Gaston Bachelard）所说："任何科学工作，不论它的出发点是什么，除非它

---

① 参见［美］朱迪斯·巴特勒《性别麻烦：女性主义与身份的颠覆》序（1999），宋素凤译，上海三联书店 2009 年版，第 19 页。

② ［英］阿雷恩·鲍尔德温等：《文化研究导论》，陶东风等译，高等教育出版社 2004 年版，第 238 页。

③ 参见 Geoff Boucher, "Judith Butler's Postmodern Existentialism: a Critical Analisis", *Philosophy Today*, Vol. 48, No. 4, Winter 2004, pp. 355 – 369, 537。

④ 参见［英］盖文·巴特《批评之后：对艺术和表演的新回应》，李龙、周冰心、窦可阳译，江苏美术出版社 2009 年版。

跨越了理论和实践之间的界限，否则它就不会令人完全信服。"① 那么述行理论与表演论的结合可以让我们看到述行理论的生命力。

盖文·巴特在《批评之后：对艺术和表演的新回应》一书中回顾了当代艺术走向述行的过程。20世纪五六十年代以来，艺术领域发生了"剧场化转向"（Theatrical Turn），传统美术和表演艺术相交融，出现行为派绘画、即兴演出和环境艺术等新兴的"媒际艺术"（intermedia）实践。艺术家狄克·希金斯（Dick Higgins）提出的"媒际艺术"这个概念引发了表演、舞台、电影和视觉图像方面的混合、革新和创造。传统艺术以艺术家的创作为主，新的艺术方式则更强调观众的艺术体验，诸如要求观众和演员站在一起的沉浸式戏剧，以及近几年兴起的 teamLab 展览。以 teamLab 为例，这个在 2001 年成立于东京的机构，作为一个艺术团队，其成员有 400 多名程序员、工程师、数学家、建筑师和网页设计师，主体却并非传统意义上的艺术家，而是一个用科技手段来呈现艺术的团队。2019 年年初在上海举办的展览《油罐中的水粒子世界，消除作品的边界》，在油罐的空间里，巨大的瀑布从天而降。观众站在作品前时，瀑布的流动方向会应运而变，而每一位参与者都将创作出属于自己的唯一版本。所有作品的呈现都需要观众参与，画面随观众的动作而表现出不同的形态。这种剧场化式的艺术体验已然成为一种生产性的、述行性的艺术呈现方式。

另外，根据巴特勒的述行理论对艺术表演中的身份呈现的分析也日渐增多。比如 1998 年就出版的《性别与表演路特里基读本》（*Routledge Reader in Gender and Performance*）②，这本书展示了女性作为演员在舞台上的表演以及舞台上塑造的女性角色。所以，无

---

① 参见孙婷婷《性别跨越的狂欢与困境——朱迪斯·巴特勒的述行理论研究》，《妇女研究论丛》2010 年第 6 期。
② Lizbeth Goodman and Jane de Gay, *Routledge Reader in Gender and Performance*, London: Routledge, 1998.

论是传统艺术还是当代艺术的新近发展，述行理论以及艺术表演之间都有千丝万缕的联系。

而关于述行与身份表演的系统研究，目前在国内传播学领域出现频率颇高的戈夫曼拟剧论为我们思考这个问题提供了一个相对完整的理论。戈夫曼在《日常生活中的自我呈现》一书中系统阐述了拟剧理论。如同莎士比亚所说的"生活就是舞台"，戈夫曼从社会学的角度解释了这句话。戈夫曼用戏剧表演的观点，从舞台演出的艺术原理讨论了个体在普通工作情境中向他人呈现自己的方式。他将表演定义为：

> "表演"（performance）可以定义为，特定的参与者在特定的场合，以任何方式影响其他任何参与者的所有活动。以特定的个体和他的表演为参照点，我们可以把那些做出其他表演的人称为观众、观察者或协助参与者。在表演期间展开并可以在其他场合从头至尾呈现或表演的预先确定的行动模式，可称为"角色"（part）或"常规程序"（routine）……如果把社会角色（social roles）定义为对系于特定身份之上的权利与职责的规定，那么，我们便能说，一个社会角色总是包含一个或一个以上的角色，这其中的每一个角色都可由表演者在一系列场合下对各种同类观众或由同样的人组成的观众呈现。①

戈夫曼的拟剧理论基于社会学的视角，认为人要在社会上扮演社会角色，便难以避免会进入表演的状态。他将舞台表演的概念运用到社会角色的塑造中，将表演分为个体表演和群体式的"剧班"表演。个体表演是在"前台"通过外表（appearance）、举止（manner）来进行展示。这种表演在社交场合有一定的正面意义，这种意

---

① ［美］欧文·戈夫曼：《日常生活中的自我呈现》，冯钢译，北京大学出版社2008年版，第12页。

义首先体现在陌生人之间，个体的表演有助于定义情境，表演者本人有意无意地表达（expresses）自己，反过来，其他人又能够以某种方式接受他所造成的印象（impressed）。一般而言，普通人的表演大多与自我基本相符，所以通过社会角色的扮演以及观察有助于社交场合对陌生人作出基本判断，根据以往与类似的人交往的经验做出回应，有利于减少与陌生人交往的障碍。

戈夫曼对社会角色表演的情境性描述与述行理论之间有内在的关联。从奥斯汀最早阐述述行理论开始，情境性一直是述行理论的关键因素，无论是作为语言行为本身的情境性，还是身份塑造所受到的情境规约，身份都在情境中表达自身，受制于情境也在创造情境。

在述行理论中，存在理解的施话者不能完全让受话者领会的情形，在拟剧理论中同样存在，而且是戈夫曼着重分析的对象。个中原因首先就在于社会角色的表演并不完全与本人的自我相符。因为个体的表达包括两种根本不同的符号活动：他给予（gives）的表达和他流露（gives off）出来的表达。表演者给予的表达更接近他所拥有的个人公开的信息，而流露出来的表达或者是有意的谋划，或者是无意中的泄露，更接近于"表演"的实质：塑造自我。而后者正是拟剧理论要研究的重点。

流露出来的表达就是一个戏剧实现的过程。这个过程通常发生在个体处于他人面前时，个体在自己的行为中注入各种符号，借助这些鲜明的符号勾画原本含混不清的事实，这要求表演者"不仅要在整个互动过程中表现出自己声称的各种能力，而且，还需要在互动的某一瞬间表现出这种能力"①。所以这还是一个理想化的过程，因为这种表演是把表演者本身不具备的价值体现出来。

但这个理想化的自我表演往往对于身份的塑造是必备的，因为"身份、地位、社会声誉这些东西，并不是可以拥有后还可以将之展

---

① [美]欧文·戈夫曼：《日常生活中的自我呈现》，冯钢译，北京大学出版社2008年版，第25页。

示出来的实体性事物；它是一种恰当的行为模式，具有内在的一致性，不断地被人加以修饰润色，并且具有很强的连贯性"①。比如表演社会阶层，中下层通常存在通过符号抬高自己的情况（这个问题在阶层部分分析过），还有中下层人在招待客人的时候非常大方，这既是一种礼节的体现，同时也体现出中下层希望表现得超出自己阶层的意愿。而有些阶层则会刻意掩饰自己的智力和财富，比如有一些阶层会刻意表现得非常朴素来掩饰自身的财富及地位，位高权重者有时在底层阶级面前会刻意掩饰自身的地位，以确保不伤害底层阶级的自尊。此外，像申请贫困救助者也会刻意掩饰自己的财富以获得救助。而在性别方面的表演，比较常见的是女性刻意掩饰自己的智力，戈夫曼举的例子是美国一些女大学生，她们在约会的男孩子面前会降低自己的智力技能和自决性，通过这种方式来确保男性的优越地位，并确认女性的软弱角色。这种性别角色的表演在中国同样广泛存在，不仅仅是在约会的年轻男女中。性别表演对女性要求更多，而对男性而言限制相对较少。比如出席正式场合的女性打扮得比实际年轻和富有魅力也依然是社会约定俗成的期待。但这种表演对男性就没有太多要求。

而一些角色表演则是来自文化和阶层本身的需求。比如在西方人眼中，中国人在长辈面前庄重的行为举止是孝道文化的要求。在贵族和王室成员等拥有较多文化资本的阶层那里，举行各项礼仪活动时相应配上庄重的服饰和古典乐等才与其身份相符，倘若有流行乐和休闲装出现在这样的场合，那么就打破了身份的间隔。

但是身份和角色的表演也是一个充满危险的行为，表演本身要求我们的人性化自我（all-too-human selves）与社会化自我（socialized selves）相一致，但实际上这两个形象存在自我分裂，要二者保持相对稳定的状态几乎不大可能。观察者比表演行为的操纵者有更

---

① ［美］欧文·戈夫曼：《日常生活中的自我呈现》，冯钢译，北京大学出版社 2008 年版，第 61 页。

大优势，可以从各种蛛丝马迹当中判断表演者的真伪。戈夫曼总结了表演者外表与真实之间存在差异的五种情况：

　　一、私下享乐和经济状况，从事某种有利可图不能让观众知道；二、表演之前纠正错误；三、只向他人呈现最终成果而忽略其中的艰辛；四、隐瞒肮脏勾当；五、牺牲某些标准，比如精神病院假装没有虐待。①

有些差异需要"剧班"操作来完成，这指的是在表演一个程序的时候必须通过一组人相互协调配合，来维持一种特定的情境含义。比如君主制里君主权威及其神秘化实际上便是通过剧班的表演、保持公众限制接触等系统运作而造成的。在童话《绿野仙踪》当中，翡翠城神秘而力量巨大的君主实际只是一个不会魔法的魔术师，而他在公众当中的巨大力量正是因为他从未显身。这个童话无疑讽刺了君主的神秘化："神秘事物背后的真正秘密是：实际上根本就没有什么秘密；真正的问题是如何防止观众知道这事。"②

戈夫曼的理论对于我们理解述行与身份表演之间的关系提供了重要启示。基于社会学的观察和理论，他揭示了表演的必要性及其情境性，并展示了表演和身份制造之间的关联："自我作为演出来的角色，并不是一个具有专门定位的有机物，不是一个遵循出生、成熟和死亡这一基本过程的有机的东西；它是一种戏剧性的效果，是从被呈现的场景中渗透出来的效果。角色扮演和所产生的关键问题在于，它是被人相信，还是被人怀疑。"③ 身份表演机制是情境性的、生成性的，这与述行机

---

　　① ［美］欧文·戈夫曼：《日常生活中的自我呈现》，冯钢译，北京大学出版社2008年版，第35页。
　　② ［美］欧文·戈夫曼：《日常生活中的自我呈现》，冯钢译，北京大学出版社2008年版，第56页。
　　③ ［美］欧文·戈夫曼：《日常生活中的自我呈现》，冯钢译，北京大学出版社2008年版，第215页。

制相似。并且身份表演既有一定的社会正向意义，同时也存在身份表演失败被揭穿的可能，而这些也是身份述行的常见特点。

不过，尽管述行理论与扮装及戏剧之间不乏相似之处，但述行（performativeness）和戏剧表现（expression）之间存在关键区别：述行没有先在的身份，身份是意识形态控制下的虚构，是一系列行动。譬如性别就不是一个角色，不能表现或伪装自我。而舞台上的角色是先在的设定，具有稳定性。当然，在拟剧理论中，与舞台表演不同，日常生活中的身份表演并不能总是保持稳定，所以才会有表演者被观察者怀疑的情况，这一点又与述行取得了一致。

二 述行与表征

身份的外在表现除了身份主体的自我表演以外，还存在表征的维度，身份总是通过外在物来表征。比如不同阶级间内在经济结构的不平等为外部的消费品所表征，民族身份为民族的节日和庆典所表征等。

"表征"（representation），根据《牛津英语简明辞典》的阐释，它是通过语言生产意义：

> 1. 表征某物即描绘或摹状它，通过描绘或想象而在头脑中想起它；在我们头脑和感官中将此物的一个相似物品摆在我们面前；例如，下述句子中的情形："此画表征了该隐对亚伯的谋害。"
> 2. 表征还意味着象征，代表，做（什么的）标本，或替代；如在下述句子中的情形："在基督教里，十字架表征了极度的受难和受刑。"[①]

所以"表征"一词在汉语中实际有两层含义，一是意义功能的

[①] ［英］斯图尔特·霍尔：《表征：文化表征与意指实践》，徐亮、陆兴华译，商务印书馆2003年版，第16页。

"再现",二是包含权力冲突意义的文化研究意义上的"表征"。因为"表征"一词的特殊意涵,学者赵毅衡在《"表征"还是"再现"?一个不能再"姑且"下去的重要概念区分》一文中建议用汉语中的"再现"与"表征"两个词来对应英文的不同意义。① 在论及身份"表征"这一层意义上,汉语中更多是指涉包含权力冲突意义的"表征"而非"再现",所以按照斯图尔特·霍尔《表征:文化表征与意指实践》一书译者徐亮的建议,在此采用"表征"倒也恰当。

表征这个概念已经成为文化研究中一个重要概念,这个概念与述行理论有诸多的交叉关系。第一,从词源上说,这个概念与述行一样都与索绪尔以来的语言学相关,都探讨语言和世界的关系,表征理论认为语言也是通过表征来运作,表征是"生产文化的主要实践活动之一"②。第二,从运作方式上说,表征是构成主义、生成式的,表征具有历史性,述行亦有情境性。第三,表征理论对索绪尔的改造更接近于述行理论继承者对奥斯汀的改造,后来人都更关注现实的、外部的维度。索绪尔指明了表征是实践,但他更关注语言形式,而非权力。索绪尔启示了符号学,但随后符号学的发展也经历了向语言外的符号拓展以及添加权力维度的过程。第四,最重要的是二者对主体问题的认识都一致,索绪尔是废除主体,述行理论坚持主体的建构性,而表征的前提是认为各种事物都没有固定的意义。

和述行一样,表征首先打开了语言和世界的关联,表征是"某一文化的众成员间意义产生和交换过程中的一个必要组成部分。它的确包括语言的、各种记号的及代表和表述事物的诸形象的使用(这并不是一个简单和直接的过程)"③。它是概念和语言之间的联系,

---

① 参见赵毅衡《"表征"还是"再现"?一个不能再"姑且"下去的重要概念区分》,《国际新闻界》2017年第8期。
② [英]斯图尔特·霍尔:《表征:文化表征与意指实践》,徐亮、陆兴华译,商务印书馆2003年版,第1页。
③ [英]斯图尔特·霍尔:《表征:文化表征与意指实践》,徐亮、陆兴华译,商务印书馆2003年版,第15页。

并在我们头脑中通过语言生产意义。它面向两个世界：一个是"所指"的真实世界，另一个是虚构的物、人、事的世界。而这种复杂的关联"真实"与"虚构"的状况正是身份的处境，也是我们前一部分通过身份表演所看到的身份的复杂性。

表征也形成一个运作系统。霍尔认为，存在两个相关的表征系统。第一个系统是我们在"词"与"物"之间构建相似性或等价物，即俗称的符号，它使我们能赋予世界以意义。表征的第二个系统是靠我们把符号安排在各种语言中，"各种'事物'、概念和符号间的关系是语言中意义生产的实质之所在。而将这三个要素联结起来的过程就是我们称为'表征'的东西"[①]。

表征系统建构意义有一个过程，它通过信码在概念和语言间建立可转换性，经由说者传送到听者，并在一种文化内进行有效传播。所以和身份一样，表征不是自然如此，而是一套社会惯例的产物。由此形成一个文化共享系统，在一个共享系统中，一个群体通过同一个概念图来看世界并理解世界，共同进行文化实践和创造文化。比如我们通过风景画来进行国家领土的指认和民族意识的表达，通过共同的庆典来形成一个民族对时间的体认，通过这些表征进入一个系统共同运作，来形成民族意识。

因此表征具有生产性，具有和述行结构和身份系统一样的功能。它生产意义，这个生产系统的运作有三种途径：第一种是反映论的、意向性的和构成主义的或结构的途径。依据反映论来看，意义是先在的，语言则是像镜子一样反映真实的意义。一些视觉符号有这个特点，比如玫瑰的二维视觉形象，但即便是这种情况也不尽然能让视觉形象与真实的一朵玫瑰相符，比如"我的爱人是一朵红红的玫瑰"，玫瑰又总是有其他的溢出于植物本身的意涵。第二种意向性的运作则认为言说者是"通过语言把他或她的独特意义强加于世界的

[①] [英]斯图尔特·霍尔：《表征：文化表征与意指实践》，徐亮、陆兴华译，商务印书馆2003年版，第19页。

人。词语的意思是作者认为它们应当具有的意思"①。但语言的基础是交流,而且我们在第一章讨论述行意向的时候已经看到,言说者的意图完全传达到聆听者身上这种理想状态其实面临很多的障碍。第三种构成主义的途径认识到语言的社会属性,事物没有先在的意义,这种意义乃是由人构成的,所以传递意义的并非物质世界而是"社会的行动者们使用他们文化的、语言的各种概念系统以及其他表征系统去建构意义,使世界富有意义并向他人传递有关这世界的丰富意义"②。意义因符号功能来运作,但不是符号自身确定了意义,而是符号与概念间由信码所确定的关系来决定意义,所以意义是因关系而定的。

由此可见,在表征系统中,符号是关键性的因素。按照符号学的观念,"不仅各种词语和形象,而且各种物体本身均可担当产生意义的能指的功能"③。有的是事物本身作为符号以象征方法起作用,它们通过表征概念并意指,从而产生效应并被感知,比如红绿灯作为交通信号可以规范司机的社会行为。按照巴特的划分,符号的第一层是直接意指层、第二层是含蓄意指层,通过第二层,外部的文化深入表征系统。源于索绪尔和巴特的符号学方法成为代表表征的两种构成主义看法之一,它致力于阐释语言和意指的运作如何产生意义。而另一种致力于思考话语和话语实践生产知识的方法,主要依据来自福柯。

在表征系统中,最终依靠"差异"来产生意义,即通过"差异"制造与"他者"的对话建立意义,标出"差异"来界定符号边界。这个通过驱逐"差异"定型的过程便充满福柯式的权力运作,也让我

---

① [英]斯图尔特·霍尔:《表征:文化表征与意指实践》,徐亮、陆兴华译,商务印书馆2003年版,第25页。
② [英]斯图尔特·霍尔:《表征:文化表征与意指实践》,徐亮、陆兴华译,商务印书馆2003年版,第25—26页。
③ [英]斯图尔特·霍尔:《表征:文化表征与意指实践》,徐亮、陆兴华译,商务印书馆2003年版,第37页。

们看到与身份运作和述行理论相关的权力结构。

因此，表征这个概念给我们呈现了语言作为一种结构产生意义的方式。这个方式源自语言学，与述行同源。而且也是一个生成的结构，它对文化的表征与文化身份的运作结构近似，所以也可用于我们考察文化身份建构。在某种程度上，文化身份也是一种表征。

第二节 社交媒体与自我呈现

随着网络与移动网络的发展，安迪·沃霍尔（Andy Warhol）所说的未来每个人成名三分钟成为事实。当今社会的身份建构不仅体现在日常生活中，还体现于网络的虚拟平台。戈夫曼的拟剧理论不仅适用于日常生活中的身份建构，也适用于我们观察网络社会的身份建构。在今天，网络平台和社交媒体成为自我形象建构的更大领域，公众人物和普通人都可借用网络来建构身份，而且都可达到不同程度的公众传播的效果。由此诞生了"网红"、明星卖"人设"等新的现象，成为新的身份表征。

一 新媒体与自我表演

网络社会已然到来，信息的交流已经部分代替了商品和人员的交流。近年来，新媒体的发展给网络环境带来了更多变化。新媒体首先是技术变革，它运用数字存储、传播和再生产技术，带来了传播技术的革命。曼纽尔·卡斯特（Manuel Castells）认为，新的传播技术造就了新媒体的三个特征：集成（integration）、互动（interactivity）与数字信号（Digital Code）。集成意味着新媒体的传播路径结合了电信传播、数据传播和大众传播，结合了声音、数据、文本和图像。

新媒体带来的传播革命给人与人的交流环境和交流方式带来了深刻变革，它"推动了生活和沟通新媒体超越了'连接时空的媒介'这种界定"①。最大的变化是促进了线上媒介交流和生活中的人际交流的互动，新媒体不是将网络世界作为虚拟社区单独呈现，不是使之成为传统社会之外的法外之地，而是将二者相结合。以中国的社交媒体微信为例，微信"点赞"行为虽然是在网络媒体中呈现，但是背后依然是人际交往的一些原则在支撑。微信、微博及各类 web2.0 网站的出现，拓宽了线上线下的交流渠道。

中国的新媒体发展日新月异，除了普通人常用的微信、微博等社交媒体，短视频网站近几年的异军突起也是新媒体尤其是移动媒体崛起的另一个表征。根据张天莉、罗佳《短视频用户价值研究报告 2018—2019》的数据，据第 43 次中国互联网络发展状况统计报告显示，截至 2018 年 12 月，我国手机网民规模达 8.17 亿人，网民通过手机接入互联网的比例达 98.6%，短视频已赶超电视、网络视频，成为网民中使用频率最高的视频媒介。因其内容与形式短，具有社交化、碎片化、个性化等多重属性，52.4% 的短视频用户保持高黏度模式，成为娱乐、陪伴、社交的最佳视频媒介形式。②

"抖音""快手"等短视频网站的崛起与迅速发展体现了短视频市场及用户的繁荣。"抖音"短视频还推出了国际版 Tik Tok，2019 年 7 月 11 日，中央广播电视总台召开多语种网红工作室"抖音"海外传播专题会，邀请字节跳动公司有关负责人进行业务沟通、合作交流。短视频平台的发展不容小觑，在广大受众的基础上，成为 papi 酱、毛毛姐等网红活跃的重要平台。

网络社会的发展让居伊·德波（Guy Debord）1967 年提出的景

---

① ［英］曼纽尔·卡斯特：《网络社会：跨文化的视角》，周凯译，社会科学文献出版社 2009 年版，第 5 页。

② 参见张天莉、罗佳《短视频用户价值研究报告 2018—2019》，《传媒》2019 年第 5 期。

观社会成为现实。德波认为，发达资本主义社会已进入以影像物品生产与物品影像消费为主的景观社会，在这样一个社会里，人与人之间的社会关系以影像为中介，这是景观社会的本质。① 从摄影出现以来，20 世纪 30 年代，海德格尔就曾断言世界被把握为图像，本雅明则说我们从用手绘制图片变成了用眼睛捕捉用机械制造图片，到如今大量生产图像的新媒体，视觉时代的图片和影像已然成为不可忽视的现实。

在这样一个变革不断的时代，不乏各种焦虑和批判。首先是对于图片轰炸的焦虑，尼尔·波兹曼（Neil Postman）早在《娱乐至死》② 中就批判电视所制造的"沙发土豆"，他认为电视是另一个更为可怕的恶托邦。乔治·奥威尔（George Orwell）在《1984》中所呈现的老大哥式全景监视只是来自外部的压迫，而今天的媒体制造的图片轰炸更接近于赫胥黎（Aldous Leonard Huxley）在《美丽新世界》③ 中所说的，人们会渐渐爱上压迫，崇拜那些使他们丧失思考能力的工业技术。而大量制造图片的电视就是这样一个技术。比起电视的单向传播和专业团队电视台制造电视节目和图片，今天的新媒体时代，每个人都有制造和传播图像的机会与可能。

在今天看来，对图片时代的焦虑也许过于危言耸听。一方面，大众通过图片和资讯的传播也在感受现代生活的便捷；但另一方面，一个不容忽视的问题已经被提上日程，那就是在互动型网络社会，尤其是在移动互联网发展起来之后，身份建构的情况变得更复杂。戈夫曼的拟剧理论所描绘的普通人在人际交往过程中的自我表演，经由社交媒体的放大之后，每个人都可能出现在公众视野当中，身份因此具有二重性：网络身份与真实身份。我们正在利用更多材料

---

① 参见［法］居伊·德波《景观社会》，张新木译，南京大学出版社 2017 年版。
② ［美］尼尔·波兹曼：《娱乐至死》，章艳、吴燕莛译，广西师范大学出版社 2009 年版。
③ ［英］赫胥黎：《美丽新世界》，何超译，上海译文出版社 2017 年版。

来构建自身身份,甚至是利用专业的团队打造身份,而大众为此买单,消费幻象。身份建构的社会性和互动性越来越强,讨好型人格在社交媒体上似乎有更大的市场,因此不少人根据他人的期待来自我建构。

网络社会带来了全球化的深入,但也带来了本地化和个人化。大众社会的基础成分是家庭,网络社会的基础是个人,它让社会单位呈碎片化分布。如今随着新媒体的蓬勃发展,数字化生存成为我们构建自我的重要方式。但网络社会的不稳定性模糊了公共与私人的边界线,个人化的网页可以公开展示。这样一个环境也暴露出一些新的问题,比如个人隐私保护比较弱,国外的 facebook 网站和国内一些网站都不同程度地暴露出隐私丑闻。另一个不容忽视的问题是网络暴力,一个典型的例子是 2017 年的成都扔狗事件。2017 年 12 月 23 日,成都的吴女士丢失爱犬柯基,后来知道小狗被一何姓女教师带走。吴女士多次沟通讨还小狗未果,何某几次三番讨价还价,或索要钱财,或索要另一条小狗,吴女士无奈报警,但警察让当事人自己协商解决。最后在吴女士找到何女士家里的时候,何某将小狗扔下六楼摔死。事发后吴女士将事件始末发到微博,引起公愤,触发网络暴力,何某被网友人肉。线上暴力发展到线下,何某家被网友献花圈、喷油漆等,在国企高层任职的何某丈夫不堪压力与何某办理离婚。遭遇群体网络暴力后,何某持续两年监视骚扰吴女士,暴力行为形成恶性循环。普通人可能制造和遭遇网络暴力,公众人物更容易卷入其中。在 2019 年先后自杀的两位韩国演员雪莉和具荷拉生前都曾遭受不同程度的网络暴力。新媒体为生活带来便利,但也为犯罪和舆论暴力提供了新的平台,这些都应纳入我们反思新媒体的范畴。

新媒体为普通人构建了一个全新的身份扮演平台,这已是不争的事实。不过,由于社交账号上是比较熟悉的人,要扮演人设也不容易。英国学者伯尼·霍根(Bernie Hogan)运用了本雅明的光晕理论来阐明人设问题，即在网络上有光晕，而在现实生活中被破除。此外，在社交媒体上的人设成功与否也是需要情境性的，要求表演者与观众同时都契合。① 所以普通人在社交媒体进行身份表演时的"虚假陈述"（misrepresentation）相对容易拆穿。但无论如何，新的时代和新的潮流已经到来，在新媒体的双刃剑依然还在持续讨论的时候，一部分人已经利用网络建构数字身份，并利用这个新身份在现实世界获利，这就是各类"网红"。

二　网红与自我表演

网络在中国的大规模发展，带来了网络世界的新身份"网红"。按照《破壁书》中的界定，网红即"网络红人"，"从广义上看，借助互联网平台获取名声与粉丝支持的写手、段子手、时尚博主或视频达人等，都可以被称作'网红'"②。

通常把网红分为三代。第一代是以网络写手《第一次亲密接触》作者蔡智恒等为代表的网红。1998年，台湾蔡智恒以"痞子蔡"为笔名和网名创作的《第一次亲密接触》甫一问世就引起广泛关注。小说写的是源于BBS的网恋，最早在网络平台发表，1998年纸质版在台湾销售近60万册，2000年引入大陆，到2005年为止在大陆销售量达100万册。小说中的对白一度成为网络流行语："如果我还有一天寿命，那天我要做你女友。我还有一天的命吗？没有。所以，很可惜。我今生仍然不是你女友。如果我有翅膀，我要从天堂飞下来看你。我有翅膀吗？没有。所以，很遗憾。我从此无法再看到你。如果把整个浴缸的水倒出，也浇不熄我对你爱情的火焰。整个浴缸

---

① Bernie Hogan, "The Presentation of Self in the Age of Social Media: Distinguishing Performances and Exhibitions Online", *Bulletion of Science, Technology & Society*, Vol. 30, No. 6, December 2010, pp. 377–386.
② 邵燕君主编：《破壁书：网络文化关键词》，生活·读书·新知三联书店2019年版，第484页。

的水全部倒得出吗？可以。所以，是的。我爱你。"① 第一代网红崛起时逢中国网络发展初期，当时网络覆盖和电脑拥有率还相对有限，他们的走红主要依靠的还是个人作品，作品传播和走红的最初渠道在网络，但大量传播还是依靠纸质书的出版等方式。这代"网红"的特性与今日不尽相同。

第二代网红主要是通过 web2.0 网站、BBS、网络论坛、博客等走红，主要是以"丑"和奇观博眼球。2002 年，史恒侠在北大未名 BBS 上发布了她第一篇文章——《北大，你是我前世最深最美的痛》，讲述自己北大考研失利的经历。后来她因所发帖子言论大胆，照片的拍照姿势独特，帖子也登上 BBS 的十大热门话题之首，而被称为"芙蓉姐姐"。2005 年，史恒侠的帖子被人转贴到了"天涯"论坛，由此成为人们街谈巷议的热点人物和媒体报道的焦点。

在芙蓉姐姐之后，2009 年因雷人相亲而走红的"凤姐"罗玉凤引起更大的社会反响。从 2009 年 10 月下旬开始，各方面条件较为普通的罗玉凤在上海陆家嘴附近发征婚传单。自称懂诗画音乐，"9 岁起博览群书，20 岁达到顶峰，智商前 300 年后 300 年无人能及"，她研读经济类图书和《知音》《故事会》等书籍。征婚条件共有 7 条要求，其中包含有经济学专业毕业、"和北大清华齐名的重点院校我也考虑"等言论，此事经新浪微博转发有了名气，获得高度关注，当年在腾讯微博账号位居草根明星排行榜第二。2016 年 3 月 8 日，在 2015 年中国网红排行榜中排第 14 名。

在罗玉凤之后，程国荣也因颠覆性的形象而走红。2010 年，有摄影师偶然拍摄到正在流浪的程国荣，随后在蜂鸟摄影社区发布帖子《秒杀宇内究极华丽第一极品路人帅哥！帅到刺瞎你的狗眼！求亲们人肉详细资料》，后来帖子被天涯论坛转发引起关注。程国荣当时的造型虽然邋遢，但举止随意洒脱，而被网友称赞"那忧郁的眼

---

① 蔡智恒：《第一次的亲密接触》，万卷出版公司 2008 年版，第 203 页。

神，唏嘘的胡茬子，那帅到无敌的风衣，还有那杂乱的头发，迅速秒杀了观众"，因此获得"犀利哥"的称号。与此同时，日本、韩国、欧美各大媒体纷纷报道，在日本最大的BBS网站上，日本网友也认为他的造型酷似日本当红男星水岛宏，被评价引领了潮流时尚。

第二代网红较能体现"网络奇观"的特点，他们基本出身草根，因出位的言论和颠覆大众认知的举止而引起关注。不管是芙蓉姐姐、凤姐和犀利哥都引发了网络狂欢，网友模仿、恶搞他们的形象进行二次创作，进行网络狂欢。按照巴赫金的狂欢理论，狂欢的仪式使人能暂时脱离日常生活，从而由仪式建构的虚拟世界，暂时地取消了日常的禁令和限制。这些网红与2019年在上海因饱读诗书出口成章的"流浪国学大师沈巍"如出一辙，他们的自身语言与外在形象间存在巨大反差，本身具有"奇观"的特性，比如貌似好学上进的芙蓉姐姐却以独特身姿和奇葩审美示人，号称智商极高无人超越的凤姐却又有着与所称智商不相匹配的言论，看似邋遢的流浪汉却有落拓不羁的举止和有文化的言论，这些都挑战了普通大众的认知，造成围观的可能。此外这些网红的草根出身，会让大众有更强烈的认同感，也增加了这种"奇观"的亲和力，他们既是普通人，却又颠覆大众的认知；既具备"日常性"，又具备颠覆的"仪式性"可能，故而成为中国网络社会逐步成熟之时大众关注并进行狂欢化的对象。

在第二代网红出名之后，随着媒体采访报道的深入，也挖掘出一些有意思的具有身份表演性质的素材，只是这种"表演"更多非本人的预设，而是经过观众的消费所形成。比如流浪的程国荣，实际上害羞腼腆，当模特公司邀请他去站台表演时，观众认为当年走红的"犀利"已不再，而被视为"奶油小生"，在短暂红过一段时间之后又恢复了流浪和贫困的生活。流浪国学大师沈巍，在走红后每天被一两百人围观拍照拍视频。一些网红主播利用他蹭人气，但拍完之后甚至都不肯与本人握手。和"网红经济"时代的网红相比，二代网红总体上未能通过走红获取更多实利,除了"凤姐"做了一些不知名品牌的代言,以及"芙蓉姐姐"进军演艺圈担任主持,做歌手演电影之外,更多并未将流量变现。这一代网红的走红更多处于被动,而非自己炒作,更鲜有团队运作的情况。制造网红身份以及消费网红身份都是网友和公众的群体化行为,这些行为背后体现出消费幻象的旨趣。

当然,除了以"奇观"博出位外,第二代网红中也不乏以"美"出位,比如与京东总裁刘强东结婚的"奶茶妹妹",以复古风照片闻名后进入演艺圈的南笙,以及中戏毕业的张辛苑等。不过与"凤姐"和"芙蓉姐姐"等对亚文化的影响力相比,以"美"知名的网红影响相对单一,基本只是被凝视的对象。而且这一类网红往往落入审美同质化的窠臼而被诟病。比如各类"网红大会"上亮相的一些网红,往往都是区分度较低的锥子脸、双眼皮等,俗称的"网红脸"正因该类网红而得名。当然,"网红脸"并非完全来自网红自身的制造,更多还是反映了大众审美的单一,但最后的批判往往由网红自身来承担。另一个侧面也反映出大众对网红多出于"消费"及"狂欢"的心态认知网红,因而也难以做出客观的评价。

相比之下,2013年以后,第三代网红走上了更加多元化的路径。有美妆网红、时尚网红、搞笑网红、电竞网红、美食网红等更多的类型,还有不少所谓"正能量"网红,比如被共青团中央表扬的美食网红李子柒,以学历亮眼、三观正而受欢迎的papi酱等。网红从类型到人数总量都有较大变化,根据艾瑞咨询公司和微博联合发布的《中国网红经济发展洞察报告2018年》显示,2018年,粉丝数在10万以上的网红比2017年增加51%。

第三代网红的崛起有更好的网络传播平台。随着移动互联网的兴起和短视频网站等社交网络的兴起,传播平台更多元,网络活跃用户跨度更大,所以无论是网红的传播还是接受都有更好的技术条件支持。和第一代、第二代网红单打独斗或者被动传播相比,第三代网红更多借助团队运作，传播方式更多借助视频。借助各类视频平台的互动，网红可以与粉丝和受众直接互动。第三代网红借助了MCN①公司的培养模式，比如 papi 酱有自己的 papitube（帕皮图贝）公司，李佳琦和毛毛姐都有自己的团队。

借助更好的网络传播平台和更为成熟的运作，第三代网红的身份构建有着更为清晰的目标，不少网红已经成为 KOL②。

由此可见，单打独斗的第一代、第二代网红，网民以围观奇观的方式进行消费式的网络狂欢，虽然短期内势头强劲，但未能形成更为强大的潮流。但显然第三代网红在团队包装以及著书立说、理论、图片等强大的攻势下，它们迎合大众的心理需求，用高知的形象迷惑视听，起到了更大但也可能更危险的效果。这一代"网红"的身份打造依赖文化的支持，更为稳固和长久。即便有官方进行封杀等处理，它背后所裹挟的丑陋的价值观并不会在短期内消失。所以从另一个侧面看，网红之"红"所反映出来的是中国社会的部分状况。

然而，公众的审美和认知水平也在不断提升，随着官方管理和新晋网红的出现，网红的构成也在不断洗牌。被共青团中央赞扬的美食网红李子柒，截至 2019 年年底，微博粉丝数达到 2070 万个，在海外视频网站 YouTube 粉丝数达到 741 万个，YouTube 粉丝仅次于 CNN。李子柒本人的经历颇为坎坷，父母早亡，由于跟继母难以相处而与爷爷奶奶同住。14 岁辍学打工，2012 年因奶奶病重回乡照顾，2016 年开始拍摄美食视频。她的视频以乡村生活为背景，视频中展示自己亲手养蚕到做蚕丝被，养鸭子到做蛋黄酱的过程。因为浓郁的田园风味、回归传统的生活方式而广受好评。虽然她的视频

---

① MCN 模式源于国外成熟的网红经济运作，其本质是一个多频道网络的产品形态，将 PGC（专业内容生产）内容联合起来，在资本的有力支持下，保障内容的持续输出，从而最终实现商业的稳定变现。

② KOL 是传播学术语，是"关键意见领袖"（Key Opinion Leader）的缩写。

也遭到是否团队制造、是否卖惨营销，以及产品质量的质疑，但她的行为展现出的劳动及乡村美好的一面，以及她本人自力更生、孝顺的人设体现出颇为励志的内核。

另一位更为复杂的励志网红因与消费文化的结合而受到更高的关注，这就是被称为"口红一哥"的李佳琦。李佳琦的崛起得益于"种草经济"的繁荣。"种草"是通过分享物品使用心得和旅游体验来推荐物品和旅游地等的方式，是一种消费社交化的行为。在传统社会，熟人之间互相介绍商品和消费也是一种"种草"，但在网络时代，"种草"成为规模更大的公众行为，是日常消费与网络社会的结合。在网络社会，"种草"最早流行于美妆论坛和社区，而到了移动互联网时代，扩散到微信、微博、知乎、抖音、小红书等更多社交平台。根据《2019年中国消费趋势报告》，"种草"成为消费趋势，截至2019年5月，小红书成为拥有2.5亿用户的UGC平台，97%的内容由用户产出。网红联动霸屏营销路径是发起话题、网红炒作、粉丝互动、热门推荐、购买。种草经济的繁荣，从心理上来说，消费者拥有共同商品、有共同感和归属感，这当中"种草"网红承担了功不可没的KOL角色。李佳琦拥有极强的"带货能力"，3个月抖音吸粉5000万个，15分钟卖掉15000支口红，10秒钟1万只洗面奶，一场直播就给美妆品牌毛戈平带来1000多万元销售额。

李佳琦的成功首先与直播销售方式有关。他的身份是性别反转，男性涂抹口红有较强的视觉冲击力和话题度，他在直播中的语言和表情极有个性和感染力，"买它""所有女生注意了""Oh my god!"等已成为网络流行词，并被网友模仿。他的直播是多平台互动的模式，并进行差异化传播，在淘宝平台直播时长较长，其他则为短视频。他对商品的选择也覆盖了不同人群的需求，既有国际大牌奢侈品，也不乏平价消费品。在直播时李佳琦注意与粉丝互动，建立了良好的反馈机制。

但强大的营业能力背后还是源于团队的形象打造。李佳琦在直播平台售卖各类商品,但最主要的还是美妆产品,他精耕垂直领域,凸显专业性。在 2015 年从南昌大学艺术与设计专业毕业后,李佳琦就担任了著名美妆品牌欧莱雅的 BA(化妆品专柜美容顾问),所以在成为网红主播前就有较为专业的营业能力,只是将营业地点换到网络平台。在不少采访中,李佳琦都提到直播时间每天长达七八个小时、两小时要试 380 只口红等数据。而且他的直播中虽然是跨性别式的口红营销,但他注意小心翼翼与"娘"划清界限。在直播间打造具有亲和力的形象,在公众场合与粉丝见面热情合影,宣称自己不是明星,这些线上线下的经营共同打造出一个靠自己打拼努力做事业的励志形象,因而大众不仅仅将他作为销售者,更作为一个散发正能量的网红来看待。

类似于李佳琦这样的网红,虽然反映了消费时代网络营销的成功,但另一个层面,他和李子柒的走红都在体现出当下网红的一个趋势:专业型、知识型网红更受受众欢迎。近几年包括高校教师的网红化也一样,早年的网红教师因其颜值而受关注,但近年来如华中师范大学戴建业教授等高校教师开始走红,表明大众对同质性的审美已趋于疲劳,对颠覆性的奇观猎奇心态也有所消减,大众的网红审美开始逐步走向成熟。

这样的契机以网红 papi 酱为代表。papi 酱毕业于中央戏剧学院导演系,2015 年开始发布短视频,2017 年 4 月被授予中国互联网推广大使称号。从出道开始,papi 酱就有良好的公众形象,外貌出众,在视频中针砭时弊充满幽默,给人以"集才华与美貌于一身"的印象。"三观正"是 papi 酱的重要标签,在视频和在各类采访中,papi 酱表现出现代独立女性的婚恋观。比如在湖南卫视的一档节目中,她表示结婚五年双方家长都未见面,原因是原生家庭和小家庭应该保持相对独立。类似的这些言论在年轻人中引起强烈共鸣,因为对家庭结构的认知不清晰、界限不分明正是导致中国家庭矛盾的重要原因。

从第一代网红到今天的第三代网红，新的网红还在不断出现，但我们可以看到不少清晰的变化。从第一代到第三代，大众对网红身份的认知已经从"猎奇"变得更为日常生活化，尽管对"奇观"的要求不会消失，但是总体而言，大众对网红的身份的认知更加多元，而网红自身的形象打造也日益专业化，也出现了更多流量变现的情况，这些都表明"网红经济"的崛起。而这些变化背后，更重要的是审美提高，中国日新月异的大众文化呈现出走向成熟的趋势。需求制造市场，观看网红身份表演这个过程实际也是普通大众折射自身的过程。从"审丑"、猎奇到内容为王，大众对网红的消费也在逐步走向理智和更高层次，其中或多或少也反映出中国社会的变迁。

三 明星人设及崩塌

如果说网红身份的表演性更多带有草根的特点，表演的身份相对与自我相符，粉丝观看网红的心态也相对简单，那么明星的身份表演就带有更多"表演"的特征。这种特征，我们今天普遍称之为"人设"。

和中国不少粉丝文化圈的概念一样，"人设"这个概念来自日本动漫。它指的是人物形象设定，包括人物造型、身材比例、服装样式、不同的眼神以及表情，并表现出角色的外貌特征、个性特点等。后来这个概念被用于娱乐圈，用于指明星的职业形象和非职业形象、私人形象的捆绑。通常指明星戏里戏外的风格运作形成一个系列，而且角色与形象合一。

明星的人设与工商业结合更为紧密，有资本运作、团队运作，经常是为了满足大众对明星的消费期待，比如日本偶像团体AKB48规定不能谈恋爱，因为女子偶像组合通常走的是清纯少女路线。同时她们也是日本的养成系偶像，为了迎合观众将养成系少女偶像视为自己的家人"看着她长大"一样的独特情感，各位成员的私人形象也要满足粉丝的这种期待。

　　人设是典型的自我奇观化，说到底还是与戈夫曼的拟剧论相符合，娱乐圈的明星将自己的舞台完全延伸到生活中，要做到明星的人性化自我、社会化自我以及舞台上的角色三者合一。但根据拟剧理论来看，普通人的人性化自我与社会化自我二者就经常会出现分裂的情况，就明星而言还要将三者合而为一，这种操纵就更有难度，也更容易"人设崩塌"。"人设崩塌"也是来自动漫的一个概念，泛指虚拟人物形象变化，比如《火影忍者》动画版第387集，从热血少年类型画风成为毕加索立体主义。现实生活中的人设崩塌有两层意思：一是指公众人物的人物形象扮演不到位；二是公众人物形象因某事而颠覆。对于明星来说，这个情况更加复杂，因为明星日常形象的扮演有粉丝买单，所以明星的人设崩塌意味着明星本身发生一些事件使其形象崩塌，比如明星吸毒或者家暴等，还有一些明星因不符合消费者、粉丝的消费期待，出现明星人设被反噬的情况。比如香港著名的歌唱组合"twins"，娱乐公司及粉丝对两位成员形成"清纯"人设，但在两位成员先后爆出不雅照和离婚事件后，局面变得对两位明星极为不利。明星人设被反噬最极端的例子是披头士成员约翰·列侬被粉丝枪杀事件。杀手根据列侬在歌曲中的"人设"认定列侬像歌里唱的那样"抛开一切，放开归零"，却发现列侬过着住别墅有游艇的生活，对此不满酿成仇杀。

　　在社交网络发达的今天，明星人设的渠道更多，不仅可以通过作品，还可以通过真人秀、脱口秀、访谈、社交媒体等渠道在互动网络中建构身份。在社交媒体中，明星的本雅明式光晕消失了，公共和个人界限模糊了。明星在社交媒体和综艺节目尤其是真人秀中展示私人生活固然也不免有泄露隐私的危险，但是如果运作得当，通过文化工业的运作拥有稳定人设便可获得更多资源，也会收获更多粉丝，就是俗称"吸粉"，进而可以达到"吸金"的目的，获取更多演艺或者代言机会。

一些明星深谙此道，试图利用团队和网络平台自己打造人设。其中较为极端的例子是演员翟天临的学霸人设。2000年就出道的演员翟天临在2017年参与浙江卫视"演员的诞生"而再度翻红。翟天临因在综艺节目中出色的表现而重新引起大众关注，此后在各类采访和社交媒体中，翟天临的学霸人设逐步形成。他先是在一次采访中声称自己"高考超过一本线，但是我数学才考19分，小三门能力非常强，基本快满分了"。事后有网友找到2006年翟天临的高考成绩为348分，未超过山东当年一本线568分。翟天临后来在北京电影学院获硕士和博士学位，在2019年被录取为北京大学博士后。翟天临以高学历为傲，在社交媒体上晒博士后录取通知书，但随后在采访中被问及"知网"，表示完全不知"知网"为何物。此言一出，引起学术圈极大震动，不知知网却已经拿到了硕士和博士学位实属罕见。翟天临进而被网友扒出硕士学位论文抄袭等劣迹，最终被撤销博士后入学资格，博士学位也被撤销。

翟天临的人设崩塌事件较为典型，中国明星相对学历层次不高，也鲜有毕业于综合性大学的演员，所以一般演员的刻板印象是文化层次相对较低。明星偶然表现得有学识便比较讨喜，比如会读萨特的台湾演员陈柏霖就有比较好的观众缘。因此在娱乐圈，如果有学霸人设、文化人人设就相对容易"标出"。但这种"标出"比较危险，文化和学术水平有一定专业门槛，要长期保持这个人性化自我与社会性自我的一致需要真才实学，所以容易出现戈夫曼说的失控，也就是人设崩塌。明星的学霸人设跨界到学术界，就同时成为学术界的公众人物引起学术圈关注，受众的改变及其专业性就让这种建立在造假之上的人设一触即崩。另一个与翟天临相近的例子是演员江一燕，2019年江一燕晒出自己获美国建筑师大奖，事后被建筑师网友扒出这个奖实际是颁给德国设计师托勒·加伯（Thore Garbers）为江一燕设计的房子。江一燕同样是做了跨界的人设，这样的人设面临的就不只是粉丝的检验而是专业人士的检验，因而倘若人设不是建立在真相上，就可能马上崩塌。

这两个人设崩塌的例子显示出人设面临专业人士检验的危险，从侧面也可以看出，随着社交媒体的发展，明星的"表演"面向的是更多的受众，而不仅仅是粉丝。在这样的语境下，其实受众的能动性更大。人设受益于社交媒体，也崩塌于社交媒体。从根本上说，明星哪怕冒着人设崩塌的危险也热衷于打造各种"人设"迎合受众的行为，也说明了受众的主动性在增加。人设本身是为了符合受众的心理，它是消费时代的产物，"对符号的消费满足了受众的文化消费需求，满足了受众呈现自己品味、彰显价值观的要求"。①

如果说跨界人设的崩塌反映了消费时代明星困境的话，那么另一种人设反映的情况更为复杂。"明学"成为2019年度热词之一，源于明星黄晓明在综艺节目"中餐厅"中的表现。黄晓明说过的"听我的""我不要你觉得，我要我觉得""好了，不要闹了，就按我说的做"成为"明学语录"。虽然"明学"这个概念2019年才出现，但这个概念与黄晓明一贯的"霸道总裁"人设相关。黄晓明与其前妻杨颖都为明星，二人婚姻长期受到关注。夫妻二人的相处细节也在不少节目中被透露，在婚姻中黄晓明也扮演"宠妻狂魔"式"霸道"人设，比如妻子想吃哈根达斯冰淇淋，就把整条街的都包下来。"明学"的流行及遭到群嘲，这背后反映的是对男权至上的反思，梁文道发文指出"'明学'的流行，其实说明正在掌握信息潮流和话题热度最关键的那一群年轻人，对'霸道总裁'人设背后反映出的社会现象已有所警觉。正因为对这种现象普遍性的巨大不满，才会出现讽刺的'梗'以及流行语"②

---

① 聂妍：《基于受众视角的公众人物"人设"传播学解读》，《科技传播》2019年第11期。
② 梁文道：《"明学"的流行，其实不关黄晓明的事》，豆瓣网看理想，https://www.baidu.com/link?url=GYnL4qUbDhAgcRm4VWsV9MvXVTH0cNHGPYSD1hQWgTB82_yB4g3j L66 Sm _ o3Y-T1&wd=&eqid=9d78f210000565ac00000006601e28c9，2019年9月4日。

所以从网红的更新换代以及明星人设及其崩塌，透过中国日新月异的大众文化中文化身份建构的一个小小角落，看到的却是大众对自我及公众人物认知的进步。虽然不乏狂欢式的发泄情绪，但是透过这一个缺口，我们看到公众通过对公众人物的批判或戏谑，其中严肃的内核却是发生了对自我和他人身份认知的一点变化，而这些变化在朝着可喜的方向前进。

第三节　身份焦虑：年龄与阶层

面对网红和明星的身份建构，普通大众有狂欢和消费的性质，有更多情绪释放色彩，普通人日常生活中的身份焦虑则意味着沉甸甸的现实。如同德波顿（Alain de Botton）在《身份的焦虑》当中所断言的，今天的身份焦虑比以往任何时候都强烈，因为每个人获得成功的可能性比任何时候都大。① 德波顿说的是英国，这个状况在今天的中国更为明显。处于社会转型期的中国，一方面给人以阶层固化的假象，另一方面阶层的上升和下降尚有不少空间，通过奋斗改变命运仍然是可行的，但同时也意味着身份上升和下降的通道都没有关闭。所以不管对于哪个阶层而言，身份的隐忧都存在。而在性别身份方面，中国社会对性别的认知也在发生各种方式的变化，一方面是诸如"好嫁风"这样的言论还能大行其道，另一方面是"霸道总裁"已开始引起警觉。而在民族身份方面，我们在前面看到，我们面临中国崛起的语境，但西方也还未完全丧失其话语霸权。中国身份问题面临如此多的困境，但也面临如此多的建构机会。这一节我们聚焦于三个曾经或者正在流行的词语："剩女""大妈""凤凰

---

① ［英］阿兰·德波顿：《身份的焦虑》，陈广兴、南治国译，上海译文出版社2007年版。

男"来一窥中国人日常的身份焦虑。

一 "剩女"的焦虑

"剩女"是教育部公布的 2007 年汉语新词之一，甫一问世，就被媒体和大众广泛采用，至今依然畅行不衰。而且，"剩女"和"大妈"一样，已经冲出国门进入英语词汇，产生了对应的翻译"shengnu"以及"leftover women"，又被称为"3s 女性"（Seventies, Single, Stuck）。众所周知，它所指涉的群体是已经过了社会所认为的适婚年龄，但仍然未结婚的女性。在国外，主要是东方国家，对这一群体也有一些相应的称呼，比如日本的"败犬"，因酒井顺子《败犬的远吠》一书而闻名，"败犬"指大龄未婚女性，与已婚已育子的"胜犬"相对。不过相对而言，因"剩"在汉语中的"多余"之意，因而当与"女"结合，其含义较之"败犬"之"败"，以及英语中指涉大龄未婚女性的"old spinster"更为微妙和敏感。故而 2012 年第六版《现代汉语词典》发布时尽管已经大量吸收了"山寨""雷人"等流行词语，但仍然拒绝了"剩女剩男"，修订者宣称这些词语"不够尊重人"。"剩女"在中国已成为家喻户晓的词语，很少见有词语被如此广泛使用然而其命名的合法性又长期遭受质疑，譬如中国妇联网站改用"大龄未婚女青年"代替"剩女"，另外一些知名的持女性主义立场的专栏作家如庄雅婷建议用"单身女性"来代替。语言本身的社会性促使我们去思考"剩女"这个符号携带着什么样的现实？它反映出来的焦虑是被命名的这个群体本身的焦虑还是社会的焦虑？

自语言学家奥斯汀提出述行理论以来，便深刻让我们意识到语言符号的强大力量：通过社会符号能够建构社会现实。这种建构通过不断地重复所完成，并且在不断重复的过程中，语言本身的意义可能被改写，譬如在纳粹集中营中作为同性恋标志的粉红色三角，本是耻辱标记，后来被同性恋采纳为自身的标志，便带有自我宣示的骄傲气息。自"剩女"一词问世以来,就不断以各种方式见诸公众视野。既有让"剩女"最终步入幸福婚姻的《钱多多嫁人记》《败犬女王》等电视剧,也有《剩者为王》《做个优质剩女也不错》等为"剩女"正名的书籍,还有《我是剩女,我快乐》《剩女的别样称呼》等电视节目问世。然而这个词语本身,无论采用什么样的目的去使用,它本身的歧视与矮化意义不大可能被改写,"剩女"的重复使用所创造的焦虑依然如故。

"剩女"创造了什么样的现实?总体而言,与其他指涉未婚女性的词语相比,"剩女"首先暗含了一条"适婚年龄"的界限,这条界限通常被认为是27岁以上。同时,"剩女"被认为具有"三高"特征:职位高、学位高、收入高,但也有一些自身条件较差。媒体建构的"剩女"形象有几个共通的特点:性格特征被贴上"挑剔"标签;心理特征被贴上"焦虑"标签;道德特征被贴上"不孝"标签。因此,本来具有优势的"三高"特征被转化为"三低",为此找不到伴侣。普遍认为,这些大龄女青年多数择偶要求比较高,导致找不到理想的婚姻归宿,而变成"剩女"。2011年,中国妇联官方网站还发文《有多少剩女值得我们同情》,指出"造成很多女孩子成为'剩女'的根本原因在于自己的择偶要求太过,而不是社会对她们的关爱不够"。最后得出"大多数'剩女',不值得我们同情,她们更需要的是教育和反思"的结论。①

在铺天盖地的"剩女"话题中,"剩女"的现身说法较为少见,多是荧幕上的"剩女"及娱乐圈女明星为构建"剩女"形象提供了素材。娱乐圈最知名的莫过"台湾四大剩女":林熙蕾、徐熙媛(大S)、林志玲、徐若瑄。如今,所谓"四大剩女"都已进入婚姻。其中,结婚最晚的林志玲在2019年45岁时步入婚姻,最符合"三高"条件:家境优渥,保养甚佳,并在加拿大多伦多大学获得西方美术

---

① 《有多少剩女值得我们同情》,中华全国妇女联合会官网,http://www.women.org.cn/allnews/0707/3417.html,2011年3月14日。

史和经济学双学位。尽管各方面条件较好，但媒体论及未婚时的林志玲依然甚表唏嘘：":与事业上不断突破自己的状态相比，单身的林志玲却与好姻缘绝缘，让不少粉丝惋惜。"无怪乎林志玲数次表示："父母没有逼我，倒是媒体逼得很紧。"虽然 2019 年 6 月她与日本艺人 AKIRA 结婚，AKIRA 是日本一名成功的艺人，二人论事业条件相当，但仍有一些网友顶着网络民族主义的幌子攻击这一段婚姻。

电视剧中的这一类女性角色也几乎如出一辙，比如《咱们结婚吧》当中高圆圆饰演的角色年届三十，形象亮丽，生活独立，但在爱情道路上屡遭不幸甚至被骗，因迟迟未婚甚至导致失业。《钱多多嫁人记》中，女主角在年近三十之际同样遭遇爱情和事业的双重瓶颈。影视剧及娱乐报道不断制造"剩女"群体"三高"转"三低"的话语：哪怕漂亮，也孤独；有事业，终究靠不住。不过在电视剧中，多让这些情路和事业不顺的女主角步入幸福的婚姻，尽管幸福的指标局限于婚姻，但影视剧及娱乐报道主要还是对"剩女"群体表达同情和惋惜。

而当面对普通的"剩女"时，同情论调并不多见，多在批评女性因挑剔拜金和性格缺陷而被"剩"，甚至有人用"A 女 D 男"说来解释"剩女"现象，即按照财富和地位将人分为 ABCD 四等，由于女人拜金，故而 D 女嫁 C 男，C 女嫁 B 男，B 女嫁 A 男，剩下 A 女，当然就只有 D 男与之相匹配，A 女不愿下嫁 D 男，故而成为"剩女"。有一些人则认为"剩女"们自身条件的优质与主见让她们成为男人的竞争对手，因而落入单身的境地，只能将婚姻让与广大男性喜闻乐见的"傻白甜"女性。在这方面，不仅政协委员罗必良提出"女博士贬值论"予以佐证，甚至大洋彼岸的美国畅销书作家麦可·古里安（Michael Gurian）也在畅销书《女孩的神奇——发掘女儿的天性》[①] 中提出类似的观点，他主张父母不要过于鼓励女孩的野心，

---

① Michael Gurian, *The Wonder of Girls: Understanding the Hidden Nature of Our Daughters*, New York: Pocket Books, 2002.

以免导致未来的单身不快。

媒体及普罗大众眼中的"剩女"群像多大程度上能够代表真相？早有人依据男女性别比例提出"剩女是个伪命题"，中国性别比例失衡，男多女少已是存在数十年的事实。英国学者艾华在其著作《中国的女性与性相：1949年以来的性别话语》中已指出，自20世纪50年代以来，中国的男性就多于女性，这个数字在近年来逐步拉大，中国出生人口男女比例已连续30年超过107：100。

与总体上男多女少相应的情形是城市中的女性要比农村多。这与世界大多数国家的情况相类似，城市中普遍是女性比男性多，在农村则是男性比女性多。西方学者从经济学角度研究这一现象，发现这是城市化和社会发展的结果。美国学者莉娜·埃德隆德（Lena Edlund）于2005年发表的《性与城市》（Sex and the City）①，用瑞典289个地区的25—44岁人口数据来做实证数据研究，结果证明当一个城市的平均男性收入越高，相对应的女人数量就比男人越多。无独有偶，中国经济学家金岩石也在经济论坛上提出"剩女多，则城市兴"的观念。这在一定程度上反映了男女平等与女性外部市场生产力提高的必然关联。

所以，随着女性生存状况的改观，女性的单身潮流实际上是全球共有的现象。根据美国人口普查局2010年9月28日公布的数据，在25—34岁的人群中，从未结婚的人数高达46.3%，已婚的仅占44.9%，单身人群首次超过已婚人群。无独有偶，亚洲也开始出现了这样的趋势，如中国台湾"妇女婚育就业调查"的最新结果显示，2010年台湾省的单身女性有144万人（占女性总人口的15%），其中持独身主义的女性有25.8万人，占18%。而在中国大陆，目前已经进入第四次单身潮：第一次是在20世纪50年代，受首部《婚姻法》影响所致；第二次是70年代末，知青为了返城而离婚；第三次

---

① L. Edlund, "Sex and the City", *The Scandinavian Journal of Economics*, Vol. 107, No. 1, 2005, pp. 25–44.

是在 90 年代，因家庭观念转变而引发单身潮；如今第四次单身潮已经显现，在广东省妇联 2010 年举办的"华人社会和谐家庭论坛暨第九届全国家庭问题学术研讨会"上，上海社会科学院文学所助理研究员陈亚亚在提交的大会论文《都市单身女性的生存状态考察》中，提出主动选择单身的"单女"明显增多，而且还带动了"单身经济"，据调查，30.35%的单女在"攒钱买房"，比例超过了"买衣服和美容"。

这些研究指出一个重要事实：单身与社会发展之间的必然联系，因此"剩女"折射出社会的变迁。并且单身女性的组成及其单身的原因也是复杂的。与出现在大众媒体中单一化的"老姑娘"不同，单身者既有未婚单身，也不乏大量离婚后单身者。而单身女性的生活也并非终日愤愤"恨嫁"，陈亚亚的不少研究对象表示她们出于自主生活的需求选择单身，投身工作，大部分经济条件尚可，并且拥有稳定的房产。此外，由于性观念的逐步多元化，不能将单身女性简单等同于"老处女"，一夜情及色情业等的存在为单身女性提供了多样选择。最少见诸媒体的情况还有一些单身者由于性取向而选择单身，据《男人装》调查，单身女性因性取向而单身的比例达 4%。

刘倩的文章《"剩女"经济学》，则从经济学角度得出结论："剩女"问题，不在两性数量的失衡，而是在婚姻市场中的结构性不匹配。一方面，女性由于教育和就业方面的条件跟男性趋于平等，女性对男性的期待由传统的"赚钱养家"型向"暖男"等其他多元类型转变。另一方面，不少男性对结婚对象的期待还停留在女性"上得厅堂下得厨房"，而不愿意在家庭中分担家务。① 两性对婚姻的需求不一致，在婚恋市场难以一拍即合，各自背道而驰便继续保持单身状态。

---

① 刘倩：《Sex and the City：剩女经济学》，百度，https://www.baidu.com/link?url＝3KMZsGC8NohTnC5y0q46yLGgHBxt1cDmHt0cy68YFkIYzXJlyGXecGY-OMRXs7NIqlB0bvMK2-jGL0tpVIt1Fa&wd=&eqid=b38bfb190001e90f000000065f47d030，2018 年 2 月 18 日。

2013年,香港大学杜先致的论文表达了"剩女"不婚背后的另一个深层原因正来自传统与现代的碰撞。杜先致调查了来自海峡两岸及香港、澳门的50名单身女性,在论文《不做剩女:中国剩女4大类型和她们的择偶策略》(Shengnu "leftover women" and Strategies of Marriage Partner Choice)中指出,"剩女"选择单身主要是由于其伴侣或者追求者"大男子主义"和"男性主导"的思想,使她们没法达成婚姻的目标。这项研究表明,阻碍女性进入婚姻更多的是传统期望而不是个人选择,或者说,来自社会的因素及男性的相对保守是"剩女"选择单身的重要原因,同时还因为女性有一定经济基础,所以能够做到宁缺毋滥,而不必急于降低要求进入将就的婚姻。

媒体构建的"剩女"形象与学者实地调查研究之间的反差意味深长,但这似乎并不影响"剩女"一词的传播及使用。不过,"剩女"背后的男人终于渐渐浮出水面,在真实的数据面前,"剩男"一词应运而生。大众调侃未来的成功人士标准之一便是能娶到老婆,尽管这种调侃依然落入将成功人士局限为男性的窠臼,但还是传达了男性可能具有的焦虑。据2015年8月《成都商报》的报道,为应对这种焦虑,针对男性的恋爱培训班已经悄然走红,收费从几百元到两万元不等,已经吸收了3.8万人为此付费。

但仅仅看到"剩女"背后的"剩男"是不够的。"剩女"一词的政治不正确显而易见,仅仅反对这个词语本身,或者加上诸如"优质"等修饰词并不能根本改变它的含义。我们需要去寻找是什么样的语境和话语制造了这个词语,令其成为代替现实的符号。

从以上分析我们看到,"剩女"单身的原因远非单身女性自身能够负责,但为何舆论几乎一边倒地将源头归于女性?美国人洪理达于2014年7月写成《剩女:中国性别不平等死灰复燃》一书,指出"剩女"一词昭示了性别不平等的事实。洪理达指出了支持"剩女"的话语所在,但这里她所用的"死灰复燃"(Resurgence)一词还不够准确,"剩女"不仅是历史性倒退,它还较为集中地体现了长期存在的性别霸权。

制造"剩女"焦虑，这首先是让女人来承担社会转型的压力。如前所述，出现单身潮的直接原因是结构性不匹配，要解决这个问题既需要国家层面的运作，也需要男性和女性共同作出调整应对新的社会变化，譬如改变"男高女低"的婚姻结构，男性需要开始接受洗菜做饭等家庭事务，低眉顺眼也并不是贤妻良母的必要条件，而女性也要开始接受收入没有自己高的丈夫。然而，社会舆论将单身潮一边倒地归罪于女性的挑剔拜金。这种话语运作方式我们并不陌生，女性往往成为社会问题的罪魁祸首，在中国的各个社会转型期更是如此。比如近几年沉渣泛起的"女德班"，让女性重返"打不还手，骂不还口，逆来顺受，绝不离婚"的模式，以此维护家庭稳定。因此像让女"小三"来承载了离婚率升高的罪责一样，"剩女"必须承担组成家庭的责任。"剩男"并不是问题，责任全在于"剩女"的挑剔和拜金。

沿着这个思路，我们会发现让女人承担社会转型的压力来自规训女人的古老传统。尽管城市"剩女"有相对较好的生活保障，而在偏远地区的"剩男"多因贫困而单身，他们当中很多人通过拐卖妇女和"买"越南新娘等方式来完成婚姻，然而舆论依然仅仅批评女性，而选择性无视男性自身诸如贫困、价值观念与女性冲突等问题。"剩女"将单身女性羞耻化，这是典型的厌女症，它反复宣扬女性是卑下的，需要在整个社会的监督下进行改造，甚至女性在事业上的成功与追求都成为缺陷。最悲哀的是，最终女性对此也信以为真。"剩女"的厌女症规训是奏效的，洪理达的研究显示因为"恨嫁"的羞耻心理，有一些女性的确放弃了婚姻中的应得权利，比如房产证上的署名等。

这种厌女症式的规训最终目的还不仅仅是让女性"脱单"，而是让已经走向社会的女性重回男主外女主内的传统伦理格局当中，让相夫教子的婚姻成为判定女人成功与幸福的最高标准。为此不仅制造悲惨的未婚女性形象，而且制造了"女性最佳生育年龄"的医学话语。值得一提的是，舆论一再夸张地渲染高龄产妇的危险性，但是几乎回避了男性的生育能力亦受精子活性及质量制约的问题。生育话题的制造一方面体现了中国传统的伦理观，如同伊沛霞在《内闱：宋代妇女的婚姻和生活》一书中所表示的："中国的家庭价值观由于如此推崇母亲这个角色，因此把老年妇女看得比青年女子更尊贵，多子女的女人比子女少或未生育的女人更尊贵。通过从每一种可能的角度激励女人当一个好妈妈，中国的家庭体系鼓励女人经心、慈爱地养育子女。"① 另一方面，在中国现有的制度下，合法生育的前提是组建家庭，这就要求男性女性要履行生育功能，都必须步入婚姻、组建家庭。按照通行的观念，女性一旦进入家庭成为妻子和母亲，就意味着比男性要承担更多的责任、更多的付出。如同女性主义者所指出的那样，家庭能够限制女性的生存空间，并通过添加一系列的道德需求来固化女性自身的性别角色，比如"贤妻良母"的社会期待。所以马克思将家庭视为男权压迫的最终场所，福柯也和马克思一样将家庭视为一个特殊的体制，将家庭视为权力机制实施的最细微场所。大部分女性主义者也持相同的观点，认为性和婚姻的结合形成更加深厚的性别压迫，所以恩格斯认为，妇女解放的第一个先决条件就是一切女性重新回到公共的事业中去。

但"剩女"这个词语狭隘地要把女性的幸福限定在家庭中，完全无视女性在事业上及其他方面的收获和价值。从恩格斯的这句话说开来，倒也可谓"剩女"是严重的历史倒退。自中华人民共和国成立以来，官方曾经通过国家立法等途径来反传统父系家庭，确立女性在家庭中的继承权及在公共中的教育权、同工同酬等权利。并且，自中国现代性启蒙以来直到后来的社会主义女性主义，都极为重视女性进入公共空间，因此当单身潮在中国再次涌现之时，社会

---

① ［美］伊沛霞：《内闱：宋代妇女的婚姻和生活》，胡志宏译，江苏人民出版社2004年版，第165页。

舆论呼吁未婚女青年放低身段顺从男性，从独立自主的现代女性做回贤妻良母，从公共空间撤到家庭空间，这种倒行逆施的话语终究将被已然发生的社会转型证实为穷途末路。

所以，我们需要做的是在未来让"剩女"一词没有未来，但是这个梦想实现的前提是为单身者创造多元化的生存条件，创造更为多元的幸福观。"剩女"一词更多暴露的是未婚女性的生态环境而非她们自身的缺陷，这一群体所面临的问题与我们整个社会的转型息息相关，如果单纯为了"男大当婚女大当嫁"逼婚"剩女"，那么结果很可能不是提高了结婚率，却只会让"未婚单身女性"慢慢变成"离婚单身女性"而已。应当停止制造"逼婚"的焦虑，或者可更好地打造男女自由交往的公共空间，以此来代替公园相亲角式的婚恋市场；或者当为单身者解除后顾之忧，创造更好的收养子女、养老等条件。性别进步不应当让单身群体承担集体性的羞耻焦虑，也不应该让单身者的亲友倍感压力，选择单身与否、何时婚恋应当只是个人选择，而非公众话题。

"剩女"这个身份的制造与述行，表面上看是"催婚"甚至"逼婚"，但实际上它携带的依然是由来已久的性别霸权。在中国，实际上女性在总人口中占比更低，单纯从性别比例来看，女性貌似在婚恋市场还占有一定的优势。"剩女"的焦虑更主要的是社会的焦虑而非来自未婚的女性群体，而这些焦虑背后体现出的是社会对女性的规训，在婚恋话题中，以年龄为界限的女性焦虑再次承载了社会转型期的中国社会焦虑。

二 "大妈"的调侃

和"剩女"被一起妖魔化的是"大妈"这个女性群体。自2012年开始，广场舞扰民的新闻开始见诸报端，在广场舞事件一再升级之后，媒体对广场舞"大妈"的调侃逐渐演变为声色俱厉的谴责。其中较典型的事件有武汉广场舞现场被泼粪，北京市民鸣枪并且放出藏獒冲向人群等。随后还有广场舞冲出国际社会的报道，如在纽约中央公园中国舞者被抓事件，乃至有"大妈"到莫斯科红场、巴黎卢浮宫跳舞等含有不实信息的报道。根据镇涛在《"妖魔化"的广场舞：广场舞媒介形象建构与反思》一文中作出的统计，新浪网在2014年1月1日到7月1日期间，关于广场舞的报道有164个，负面报道占比42%，正面报道仅为17%，其余40.8%为中性报道。负面报道多集中于三个方面：噪声扰民；占领公共空间；参与者素质低下，动辄打人骂人。①

在媒体的相关报道中，广场舞的污名化主要涉及代际冲突和女性问题。"广场舞大妈"他者形象的建构首先体现了代际冲突。国内的代际冲突最初体现为"一代不如一代"的论调，在相继批判"70后""小资""80后"独生子女娇惯及"90后"叛逆之后，矛头突然由一贯的批判年轻人转向了老年人。从2013年开始，关于老年人素质堪忧的报道屡屡见报，除了一般的吐痰、骂街、插队等社会道德问题外，更严重的还有老人摔倒后反而讹诈施救者等。在这些报道中，冲突的双方往往是老年人与年轻人甚至儿童，这些负面报道呈现出老年人与年轻一代泾渭分明的二元对立：未受过良好教育、道德和法律观念淡薄的老年人——受过良好教育、具有强烈现代公民意识的年轻人。网络红文《不是老人变坏了，而是坏人变老了》，试图从历史角度对老年人的问题给予解答。网文认为，这一代出生于20世纪50年代前后的"新晋老人"幼年经历了三年自然灾害的匮乏时期，青春期恰逢"文化大革命"，精神和物质的双重匮乏造就了他们的丛林价值观。一方面，他们远不如他们80岁以上的前辈那般"德高望重"；另一方面，较之年轻一代，他们则显得愚昧和野蛮。②

---

① 镇涛：《"妖魔化"的广场舞：广场舞媒介形象建构与反思》，《中外企业家》2015年第1期。

② 参见《不是老人变坏了，而是坏人变老了》，http://news.21cn.com/today/a/2013/1120/09/25101128.shtml。

这种"坏人变老了"的论调看似理性，然而和以往斥责"70后""80后"的言论并无本质不同，依然是对社会问题简单粗暴的代际阐释。不过这在一定程度上反映出，在今天的中国，老年人的权威正在瓦解。儒家观念中的以老为尊的观念正在遭受时代的挑战，老年人以及他们的生活方式，成为落后的代表。在中国的空间结构与社会结构趋于稳固的过程中，老年人所代表的一切被认为是低级的，自然他们所跳的广场舞同样被认为是低级的。

然而另一个突出的现象是，在这场代际冲突的批判声中，站在风口浪尖承担污名的主体是女性"大妈"而非男性"大爷"。由于大众普遍认为广场舞者多为中老年女性，于是对舞者概以"大妈"呼之，形成"广场舞大妈"这一合成词。不难发现，广场舞的污名化与"大妈"的污名化是一体化过程。在广场舞被推上风口浪尖之前，"大妈"先行出现。2013年4月，在黄金价格下跌期间，大量中年妇女疯狂抢购黄金首饰，促成"中国大妈"一词的流行，随即《华尔街日报》创造"dama"一词来进行相关报道。"大妈"成为2013年社会十大热词，而后随着广场舞扰民的报道，"大妈"成为长盛不衰的媒体热词，它已经由原本指中年女性的中性内涵逐步被赋予了较多负面的意义：盲目投资的无知者、爱占便宜、素质低下等。

豆瓣网友"蔡要要不吃药"网文：《你大妈已经不是你大妈了，你大爷还是你大爷！》较有代表性，在该文中，塑造了"大妈"称霸菜场、掌控家庭的身姿："在傍晚的广场上，噢，大妈们更是耀眼的发烫，她们灵动的身姿配上最时髦的音乐，以及庞大的大妈群体，让整个城市、乡镇都为之颤抖。"而"大爷"们静谧安宁，朴素低调："他们对国际形势了如指掌，他们博古通今，只要你留意，就会发现，大爷们偶尔站在一棵歪脖子柳树下，谈论上下五千年的文采风流，那份旁征博引，简直是文采风流巧舌如簧。"①

---

① 蔡要要不吃药：《你大妈已经不是你大妈了，你大爷还是你大爷！》，豆瓣网，https://www.douban.com/note/360976786/，2014年6月20日。

在这样的舆论声浪中,我们看到中国历史上,女性再一次充当了污名的靶子。在中国,每当社会转型期出现各种社会问题,历来不缺乏让女性承担责任的历史传统。近代提出解放女性之始,便历数传统女性的缺陷,让她们承担愚蠢落后的骂名,成为弱国民的代表之后再来施之改造。梁启超等思想家们思考国贫民弱的原因,最终指出根源在于女性:"吾极推天下积弱之本,则必自妇人不学始。"① 这个问题我们在第四章谈过。到了新时期,20世纪90年代以来婚外恋问题增加,又出现"小三"等主要面向女性的词语。而今中国正步入老龄化社会,同时由于城市化进程的加快等因素,在城市中数量日渐庞大的老年人群体自然与年轻人一起抢夺公共空间,不断发酵与升级的广场舞事件便是这种空间焦虑的表现之一,它集中地表现在"广场舞大妈"这一污名化的老年女性厌女症称谓中。

一些基于田野考察的报道为我们提供了更为广泛和包容的理解广场舞的视角。2014年《南方人物周刊》第33期以"中国大妈"为封面,该期的专题报道为广场舞,集合了国内多个广场舞的研究者及记者参与。这批报道提出了一个与大众舆论迥异的观点,以王芊霓的文章《从暗黑到粉红》为代表,对广场舞大妈给予认同,认为她们通过广场舞来重拾自己的少女时代。其他人的文章和相关采访也让我们看到风口浪尖上的广场舞的另一面:"大妈"们通过广场舞,形成了自己的社交圈,某种程度上在孤寂的晚年重新找到了自己的寄托。

基于"大妈"自身的视角,在污名化的调侃之外,我们看到广场舞为"大妈"们提供了一个空间,在这个空间之内,她们完成了少女时期未能完成的女性气质塑造。根据社会学者的调查,广场舞者以退休和一些在职妇女为主。她们当中,有大部分经历了上山下

---

① 转引自乔以钢、林丹娅主编《女性文学教程》,河北教育出版社2007年版,第44页。

乡及红卫兵等运动。在"大妈"的少女时代,时逢中国社会主义妇女解放理论的集中实践期。毛泽东1964年6月在十三陵水库游泳同青年谈话时提出"时代不同了,男女都一样"。这种消除性别差异的修辞造成了深远的社会影响,其后亦成为社会主义妇女理论的重要组成部分。到了"文化大革命"时期,女性与男性同一的言论就外化为女性同样参与"抓革命促生产",同时在装束上也不许体现女性特征。"性别"被遮蔽了,使得女人无法表达自己的经验,女性自身的身体特征被遮掩。妇女解放似乎超前了,但这在一定程度上是一种"异化",是将女人强行作为男性来实现劳动价值的结果。

关于男女都一样的性别话语对女性身体造成的伤害,20世纪80年代以来就遭到了女权主义者的批判。但是80年代关于女性意识的讨论主要局限在精英知识妇女阶层,而普通大众阶层的性别意识觉醒已在她们步入中老年以后,广场舞便是她们展示女性意识的舞台之一。这种觉醒既与时代有关,也与其生活状态有关。广场舞的参与群体主要是年纪较大的退休的空巢老人,在职的中年妇女也占了一定的比重,她们相对工作负担较轻,家庭也较少需要照管。她们表示,广场舞的主要功用除了健身以外,最大收获往往是找到了团体。广场舞如同一个异托邦,在这里可以暂时摆脱家庭琐事,如少女般展现自我。

"大妈"不仅面临着"女性时间"的错位和尴尬,还要面对中国家庭结构的变迁。在她们的少女时期,时逢社会主义妇女解放理论兴起之时,彼时重新整合了中国近代以来的性别理论及实践,并取得了巨大进步,但理论和实践脱节的一些缺陷也逐步显现出来。比如提出让女性走出家庭,但中国家庭结构并未根本改变,所以虽然给女性提供了外出工作的机会,但繁重的家务劳动依旧主要由女性承担,并且在社会主义发展初期并未承认家务劳动的价值,所以女性既要有自己的事业,又是家务的主要承担者,负担很重。

而到了这一代人的老年时期,中国家庭结构再次深入变革:从以代际关系为主的主干家庭向夫妻关系为主的核心家庭转变。根据艾华对中国婚姻法的研究,她发现1950年和1980年的《婚姻法》对女性作为妻子和母亲的角色有着相同的定义,它是以重新定义丈夫—妻子的关系为中心的。根据这个新的定义,理想地说,维持家族整体性的重要关系是一夫一妻制的婚姻。这一重点意味着家庭中心从几代人之间垂直结构的传统轴心关系(在这种关系中家族的权威在于性别和辈分),转移到了由男女作为平等伙伴构成的关系上。①核心家庭结构逐步取代传统的主干家庭在中国是一个缓慢进行的过程,并且地区之间不平衡。不过变化已经在悄然发生,它的直接后果之一便是削弱了老年人尤其是老年女性的权威。在传统社会当中,在"男主外,女主内"的格局之下,虽然女性有"三从四德"的规约,不过实际上,在家庭中女性作为母亲的地位依然是有保障的。伊沛霞在《内闱:宋代妇女的婚姻和生活》一书中表示:"中国的家庭价值观由于如此推崇母亲这个角色,因此把老年妇女看得比青年女子更尊贵,多子女的女人比子女少或未生育的女人更尊贵。通过从每一种可能的角度激励女人当一个好妈妈,中国的家庭体系鼓励女人经心、慈爱地养育子女。"②伊沛霞的研究材料主要来自宋朝,但是尊重家庭中身为母亲的老年妇女是中国家庭悠久的传统。在传统主干家庭中,老年妇女拥有较大的权威,比如《红楼梦》中的贾母,这种结构当然也间接造就了中国家庭中常见的婆媳矛盾等现实问题。但是随着核心家庭结构的深入人心,目前中国家庭的主体结构正在向核心家庭过渡,以夫妻关系为中心。尤其是在大城市,年轻一代普遍在婚后不与上一辈同住,直接的后果是造就了空巢老人,间接地则是削弱了以往老年人对子女的权威性。即便是在代际同居的家

---

① 参见[英]艾华《中国的女性与性相:1949年以来的性别话语》,施施译,江苏人民出版社2008年版,第113页。
② [美]伊沛霞:《内闱:宋代妇女的婚姻和生活》,胡志宏译,江苏人民出版社2004年版,第165页。

庭，由于两代人之间的知识差异、经济地位差异等客观差距，老年人的权威也自然被削弱。

参与广场舞的两大群体：一为从农村进城与子女同住的群体，二为子女离家在外工作的空巢老人，他们都切实参与和见证了中国家庭结构向核心家庭的过渡，处于时代夹缝中的老年群体面临前所未有的孤独，于是纷纷通过广场舞找到了同伴和打发闲暇时间的方式。所以借助广场舞的异托邦空间，"大妈"们实际上实现了双重的异托时：在老年之际释放少女时期未能充分展现的女性气质；同时广场舞作为暂时的社交场所，又缝合了在中国的家庭结构转换所造成的时间裂缝中，"大妈"们难以排遣的空虚与寂寞。

然而，"广场舞"作为在公共空间中展开的社交娱乐行为，"大妈"的举动既触动了"女人隶属家庭"的传统心理，同时也触发了公共空间的焦虑，这种焦虑不是来自"广场舞大妈"，而是来自对社会转型猝不及防的整个社会。在广场舞甫一成为众矢之的时，有媒体试图理性分析矛盾之后的社会原因。《羊城晚报》分析到了关键一点，广场舞冲突折射出来的问题正是国家在政治层面上鼓励广场舞，但是地方政府相应的在公民健身上的财政投入并不足。而且在出现扰民之后缺乏较好的协调机制，因而，管理上的不完善转变成了广场舞者与普通市民的冲突。而这种冲突被各种报道演化为两代人的冲突。确切地说，主要是年轻一代与老年女性的冲突。①

有数据表明，中国人健身的公共资源较为稀缺。2005年第五次全国体育场地普查的数据显示，中国人均体育场地面积1.03平方米。所有场地中，65.5%为学校体育设施，其向社会开放率为29.2%。②在2008年奥运会之后增加了部分体育运动设施，但是也仅为美国的

---

① 陈广江：《规范广场舞，功夫在舞外》，《羊城晚报》，http：//opinion.people.com.cn/n/2015/0325/c1003-26748792.html，2015年3月25日。

② 参见杜修琪《广场舞思密达》，http：//q.dance365.com/topic/view/datasid/10000923/userid/226051。

1/16，日本的 1/19。在 2011 年，中国的城镇化率已达 51.27%，而且这个数字还在以每年 2% 的速度递增。而健身房一直数量不足，并且相对于广场舞等健身形式而言，健身房动辄千元的年费显然高昂得多。

另一个现象被大众传媒长久忽略，与大城市剑拔弩张的情势相比，在小城镇和乡村，广场舞成为新农村建设的重要成果。在一些地区，广场舞成为地方政府建设和保护地方文化的重要方式。如在云南玉溪通海县每年春节均进行的民俗展演中，官方邀请各个村镇广场舞助兴大型活动。在云南玉溪新平彝族傣族自治县，县文化馆专业老师指导群众通过广场舞的方式推广彝族、傣族的民族舞。① 在小城镇，"广场舞"可能更名副其实，大城市的广场舞之所以扰民报道层出不穷，主要因为她们活动的场地占据了较多的小区公共空间，周围民居密集，更容易扰民。相对而言，小城镇的广场舞活动场地更大，更多集中于公园和大型广场等。尤其在乡村当中，相对娱乐文化活动较少，广场舞倒成为新奇热闹的景象。并且在小城镇，核心家庭、主干家庭的转换尚无大城市这般激烈，相对也还处于熟人社会，广场舞本身承担的社交功能相对弱于健身娱乐功能。

为何一面是勃兴的广场舞，一面是广场舞的污名化？扰民只是其中的一个原因，从数据上来看，其根源不在"大妈"本身，而是公共资源不足。另外，在公共场所锻炼可能造成扰民的不只是跳舞的"大妈"，比如在公园中较为流行的合唱演奏等活动，参与的主体有较多老年男性。在不少城市曾经兴起过老年男性打陀螺等活动，声音也较刺耳，并且动作幅度较大，有一定的危险性，但并没有成为媒体追逐的对象。究其根本，根源不在于广场舞，在于跳广场舞的是"大妈"，这充分体现出对女性进入公共空间的敌意。

---

① 参见郑玲玲《云南新平县民族广场舞的文化研究》，《云南民族大学学报》（哲学社会科学版）2014 年第 2 期。

在当今这个时代，女性的处境曾经有所改观，但在女性进入公共空间的问题上存在历史性倒退。中华人民共和国成立后"男女都一样"的性别话语固然在一定程度上抹杀了女性的生理特性，但这样的舆论为女性进入公共空间创造了条件，尽管并未从根本上改变女性的处境。而目前更糟糕的是，鼓励女性回归家庭的话语层出不穷，并且未遭到大众摒弃，反而有不少支持者。改革开放以来，中国发生过四次"让妇女回家"的全国性大讨论，第一次是20世纪80年代末，《中国妇女》杂志发起"就业还是回家"的讨论；第二次是90年代中期，郑也夫、孙立平发文谈"以减少妇女就业来解决中国就业问题，是一种代价最小、最可行的方法"；[1] 第三次是2001年两会；第四次是2011年两会代表张晓梅提出女性回家是中国幸福的基础。这些论调无一不是通过让女性牺牲和让步的方式来解决社会转型的问题，其思想基础便是传统的性别空间格局。

所以，跳广场舞的中老年女性从家庭空间出走到公共空间当中，首先挑战了"女内男外"的传统空间想象。并且，更具话题性的是，中老年女性在广场舞活动中以"高龄"的生理状态重塑女性形象，以活跃靓丽的姿态舞动，试图在公共空间中创造她们自己的"异托邦"，这俨然是对公共空间与性别空间的双重僭越。社会舆论对中老年女性的审美期待是"优雅老去"，中老年妇女韬光养晦、深居简出是一种刻板印象。在广场舞"大妈"被污名化的同时，就连步入中年还在娱乐圈继续开辟新事业的女明星也遭到了同等待遇。经过几次婚姻和事业起伏的刘晓庆，至今依然在荧幕上尝试少女角色，媒体时常拿她和同年龄段的林青霞相比较。在《女人要像林青霞一样优雅老去，别变成污染眼球的老妖精》等文章中，已退居幕后、回归家庭的林青霞被视为守住家庭、守住本分，而刘晓庆开拓事业的行为则招致媒体的辱骂。这其中暗含的逻辑是

---

[1] 参见孙立平《重建性别角色关系》，《社会学研究》1994年第6期；郑也夫《男女平等的社会学思考》，《社会学研究》1994年第2期。

女人的成功是拥有稳定的婚姻和家庭，这种逻辑也常常用来套在现代女作家丁玲和冰心身上，一个戎马一生，一个家庭稳定。所以这些到了老年不能安守于家庭的女性，一旦她们还要继续活跃在公共空间，便招致社会的剧烈反应。同样，2014年，著名影星张曼玉在息影数年之后首次以歌手身份登上草莓音乐节的舞台，遭到了观众及网民的攻击。姑且不论本身演唱水平如何，媒体及大众关注的焦点在于以优雅与否来检验曾经红过的大龄女星。如同媒体人侯虹斌所说，社会评判"女神"优雅与否的标准是"有钱，漂亮，不工作，不动脑，最好一动也不动，保持一个优美而僵硬的姿态，直到老死"①。这为女人的生命历程设置了一个陷阱，中年女人就应在家相夫教子，跃出公共空间便是罪过，这动用了和污名化"大妈"同样的修辞。

所以归根到底，如同王芊霓在《污名与冲突：时代夹缝中的广场舞》一文中所说："通过把广场舞大妈塑造为文革一代的'他者'，不少人轻松完成了他们对现代和优越的自我标榜。"② 而污名者此举实际上恰恰暴露出他们陷入性别和空间的双重刻板印象中，反而是"大妈"们走出家庭步入广场、舞出"女性味"的姿态打造了僭越性别和空间的双重异托邦。

三 "凤凰男"的越位

通常在反映社会身份焦虑的词语中，女性是被攻击的主体，但"凤凰男"是一个例外。从前面我们看到，"剩女"的攻击和"大妈"的调侃，背后更多折射的是社会矛盾，"凤凰男"与"孔雀女"这一组对立的词语同样表征了中国社会转型期的城乡矛盾和阶层矛盾。"凤凰男"是一个对特定群体的歧视性的称呼，和"剩女"一样，但

---

① 侯虹斌：《张曼玉：不服老的女神——她站立危崖，但自有分寸》，腾讯大家专栏，http：//dajia.qq.com/blog/378268129713588。
② 王芊霓：《污名与冲突：时代夹缝中的广场舞》，《文化纵横》2015年第2期。

是公然在媒体上使用，未加禁止，这背后的原因值得反思。

"凤凰男"本为歧视性称呼，指出身贫寒、几经辛苦考上大学后留在城市工作的男性；"孔雀女"则指在父母溺爱下长大的娇娇女。有不少影视剧诸如《新结婚时代》《相爱十年》等表现这两种人及两家人之间的矛盾。但如果仅以城乡对立来理解"凤凰男"和"孔雀女"的矛盾是远远不够的，应当说它在一定程度上表现了刘倩所说的社会转型带来的结构性不匹配，这种不匹配既有经济因素，还有价值观等多重原因。[①] 为理解这两个词语，我们不妨先将"凤凰"和"孔雀"视为两种婚恋观："凤凰"代表的是旧式的中国婚姻和主干家庭结构，原生家庭的直接及间接介入更多，并且以男性的原生家庭为主，在这种以男性为中心的家庭结构中，要求女方三从四德，无条件为男方及男方的整个家庭付出；"孔雀"则象征着以感情为基础的现代婚恋观，以男女组成的现代核心家庭为中心，原生家庭退居幕后。两种婚恋观影响下的男女很难走到一起，而一旦结合，必然埋藏着诸多矛盾甚至引发家庭战争。

（一）刻板印象

"凤凰男"的称谓是因"鸡窝里飞出来的金凤凰"而得名，百度百科词条解释：

> 指出身贫寒、努力拼搏的男性。具体是说那些出身贫寒，几经辛苦考上大学，毕业后留在城市工作生活的男子。没钱抢着买单，总要表现出比同龄人强出人头地，妻子和父母发生争执时常站在父母一边，总有亲戚朋友来投靠且愿意帮助亲戚朋

---

① 参见刘倩《Sex and the City：剩女经济学》，百度，https：//www.baidu.com/link？url＝3KMZsGC8NohTnC5y0q46yLGgHBxt1cDmHt0cy68YFkIYzXJlyGXecGY-OMRXs7NIqlB0bvMK2-jGL0tpVIt1Fa&wd＝&eqid＝b38bfb190001e90f000000065f47d030，2018年2月18日。

友,经常或者有时被那些眼高手低的兄弟姐妹烦扰生活又下不起狠心狠手拒绝的男人。①

"凤凰男"题材最早由媒体及电视剧的推波助澜而产生,基本的特点也符合百度百科的总结。"凤凰男"题材电视剧很多,社会影响力较大的有《金婚》《双面胶》《新结婚时代》《新上门女婿》《王贵与安娜》等,甚至在《父母爱情》这部经典国产剧中,男主角也有"凤凰男"的影子。2020年的热播剧《三十而已》中,从小地方来到上海成家立业的男性角色陈屿也符合"凤凰男"的一些特征。在这些影视剧中,"凤凰男"的特点几乎与百度百科描述的一致,但是在剧情上对他们的行为有合理化的解释,到最后家庭矛盾以和解告终。比如在较早也较有影响力的"凤凰男"话题剧《新结婚时代》中,男主角何建国极端照顾原生家庭的原因就是因为家里贫穷,无力同时供给他和哥哥同时上学的费用,于是抓阄决定。在抓阄的时候,何建国作弊于是有上学机会,而哥哥后来只能去工地工作,所以何建国一直愧疚于心,就试图靠牺牲自己的家庭来补偿自己的原生家庭。

天涯情感论坛和猫扑成为讨伐婆婆与"凤凰男"的重要阵地。以天涯论坛《嫁了农村"凤凰男",我打掉了六个月的孩子》这样的帖子为代表,网络上与"凤凰男"关键词相关的几乎都是负面的消息。与电视剧相对温和以及对人物的行为有合理性解释相比,网络论坛更加不留情面地批判"凤凰男"。他们通常在婚前对恋人温柔,勤劳肯干,而在婚后摇身一变,完全陷入传统的价值观念当中去,可以为了照顾原生家庭不管不顾自己的小家庭,还要求妻子做好贤内助,把家务活全部甩给妻子做,讲起三从四德,将农村老家父母和各种亲戚接到家里面住,毫无隐私概念等。这些帖子更极端地放大了"凤凰男"的缺点,不过总体上大同小异,颇有专业写手操盘

---

① "凤凰男",百度百科,https://baike.baidu.com/item/%E5%87%A4%E5%87%B0%E7%94%B7/8643639? fr=aladdin。

的嫌疑。

与"凤凰男"相对的是"孔雀女"这个概念。

> 孔雀女是一个汉语词汇,是城市女孩的别称,她们是在父母溺爱之下长大的娇娇女,从没经历过大风大浪,从小到大生活顺风顺水。她们内心单纯,崇尚并向往纯真的爱情,更看重男人的能力,并注重男人的家庭责任感。①

我们不难从上述电视剧和论坛帖子当中看出,"凤凰男"大多与"孔雀女"结合。这种家庭模式存在巨大的差异,更容易达到戏剧化的效果,而且家庭经济状况单一:农村男皆是家境贫寒,城市女则家境优越。这显然简化了农村内部和城市内部可能存在的阶层和收入划分。而刻板印象式的单一描绘,公众一边倒讨伐"凤凰男"的言论,这值得我们深思"凤凰男"与"孔雀女"的话语背后呈现出来的症候是什么?

相比起"凤凰男"的刻板印象,"孔雀女"的刻板印象不受关注。"孔雀女"的刻板印象是对城市独生女的刻板印象,而且是来自中上层家庭。这些女性在事业上没有太多能力,家庭生活方面注重生活品质,是小资女的典型代表。在论坛帖子和影视剧中都可以看到这样单一化的身份描写,"孔雀女"工作不是特别努力,与"凤凰男"的反哺原生家庭形成强烈对比;"孔雀女"往往是啃老族,房产首付包括家用都还在由自己的父母甚至兄弟来补贴。这其实也涉及我国长期对独生子女的污名化认知:父母不好好控制"孔雀女"的消费行为,只要女儿要钱,父母就会给,并没有形成很好的理财观念。所以在婚姻中,"凤凰男"勤俭持家,"孔雀女"奢靡浪费。所以媒体和舆论在"凤凰男"与"孔雀女"的事业和家庭结构中,建

---

① "孔雀女",百度百科,https://baike.baidu.com/item/%E5%AD%94%E9%9B%80%E5%A5%B3/4165。

构出能干的男人和娇弱的妻子这种格局，它总体上依然符合我们对传统婚姻"男强女弱"的想象。

这种对男女性别对立的刻板印象还增加了一些其他虚构元素来进一步弱化"孔雀女"的力量。比如在电视剧《新结婚时代》和天涯论坛的一些帖子中设定"孔雀女"是传统的乖乖女，她们还有一个弟弟，农村男让"孔雀女"陷入婚姻困局，最后由城市兄弟惩恶扬善，富足的弟弟还在经济上补贴姐姐，把姐姐救出火海。其实按照我国的计划生育政策，在这个年龄段的城市家庭有二胎应该是与国情不符。但这些近乎雷同的情节设定更进一步弱化了"孔雀女"的力量，她们看似时尚现代却单纯盲目，毫无自救能力，成为婚姻关系中的"完美受害者"。

根据《婚姻市场中的青年择偶》[1]《中国婚姻研究报告》[2]《社会文化变迁中的性别研究》[3] 这些文献来看，目前的家庭结构如果以户籍出身划分的话，恐怕"凤凰"和"孔雀"的组合未必是最多的，但是媒体对此却津津乐道，它满足了我们对男女气质和城乡结构的二元划分的刻板印象。但悲哀的是，不仅大众媒体和影视剧污名化这个群体，连学术界对这些言论和"凤凰男"形象也较少批判，不少研究照单全收，按照影视剧的逻辑去进一步阐释这个群体。比如林慧在《家庭伦理剧中的"凤凰男"形象研究》一文中描述，"虽然知识改变了凤凰男们的命运，但知识并不能改变他们生于农村的这一事实，他们身上所携带的乡土精神并没能在城市中被洗刷透彻。他们在文化血脉上仍然是传统的，他们的人格特征、价值观念与行为方式都是在传统的农耕文明中培养出来的，他们的人格、心理与思想仍然是农民式和传统式的"[4]。接着说凤凰男在成长过程中，"父

---

[1] 李煜、徐安琪：《婚姻市场中的青年择偶》，上海社会科学院出版社2004年版。
[2] 徐安琪、叶文振：《中国婚姻研究报告》，中国社会科学出版社2002年版。
[3] 徐安琪：《社会文化变迁中的性别研究》，上海社会科学院出版社2005年版。
[4] 林慧：《家庭伦理剧中的"凤凰男"形象研究》，硕士学位论文，南京师范大学，2014年，第12页。

为子纲、夫为妻纲、男尊女卑、家庭本位等思想在潜移默化地影响着他们……愚孝，男尊女卑，为了物质欲望心理扭曲"①。姜英的《"凤凰男"的主观幸福感与社会支持的相关研究——以上海地区为例》也有"凤凰男心态畸形"② 这样的表述。

实际上，"凤凰男"就其阶层而言，这个知识移民的群体是存在的，但这个群体恐怕并无媒体建构的统一身份表征。"凤凰男"是个伪命题，为话语所制造，所谓"凤凰男"群体的社会共性也是话语制造。但与"剩女"引发国际媒体的普遍关注不同，"凤凰男"在华语世界之外似乎遇冷。这是彻头彻尾的中国文化的产物。

（二）社会问题：阶层流动的威胁

"凤凰男"问题产生于城乡二元结构之中。

农村和城市之间的巨大差异由很多因素造成。与其他国家相比，中国的农产品相对价格低廉，这与中华人民共和国成立后为了保证工业发展，压低农产品价格有一定关系。此外，城市家庭基于相对良好的经济条件，可以为孩子创造向上流动的机会。而农村家庭由于一些客观条件及社会观念等原因，相应地形成了培养子女、向子女索取资源的观念及现实。

"凤凰男"是中国式的灰姑娘，农村人口往城市迁移，这在城市化的进程中是必然发生的现象。中国"凤凰男"经由教育的途径从农村进入城市，是一个很重要的跨越过程。这当中经历了社会流动、代际流动（引发婆媳矛盾的隐患）、代内流动、知识迁移等几个范式。在西方社会也有类似的"凤凰男"穷小子往上爬现象，在19世纪末的法国现实主义小说中，最常见的人物活动轨迹就是一个来自

---

① 林慧：《家庭伦理剧中的"凤凰男"形象研究》，硕士学位论文，南京师范大学，2014年，第14页。
② 姜英：《"凤凰男"的主观幸福感与社会支持的相关研究——以上海地区为例》，硕士学位论文，华中师范大学，2014年，第38页。

小地方的穷小子要拼命往上爬,最后来到巴黎飞黄腾达,但是最终结局悲惨的故事,比如司汤达的《红与黑》。狄更斯的小说中也有较多穷小子的故事,但是西方社会中的穷小子之穷是穷在经济上,出身的阶层一般是小市民之类,但是中国的"凤凰男"出身比较明确地特指"农村青年",而且这个标签哪怕扎根城市、获得城市户籍也无法改变。

媒体和影视剧对"凤凰男"的形象塑造比较复杂,一方面是污名化的,另一方面论及他们的优点也比较武断,比如孝顺、体贴"孔雀女"(娶了城市女较有面子)、能干、婚姻观念传统(不愿离婚),在城市女面前有些自卑。但我们要追问,"凤凰男"的自卑是真自卑还是来自大众的制造?

在大众媒体的话语中,自卑与其被标出的农村身份有关,这背后与"凤凰男"一起被刻板塑造并被污名化的,是"农村"和"农民"。在这些影视剧中,"凤凰男"背后的农民家庭是落后的表征,比如男权意识强烈,生孩子有男孩偏好,邋遢,过于节俭等,将中国社会尚存的一些落后意识形态全部加之于农村家庭。将性别不平等的意识、男权问题全部放到农村,这恐怕不能概括中国当下的性别状况。

这是将整个社会的一些问题二元对立地归结到某个群体及个体身上,由某个群体来承担社会矛盾的全部污名,自然是不公平的。另外,这些对"凤凰男"及其农村的刻板印象式描述还会带来一个极大的负面效应:读书无用论。一些错误观点鼓吹阶层之间难以逾越的障碍,放大阶层固化,应清醒抵制。在第三章第二节阶级述行部分,已经谈过中国阶层问题的特殊性,中国社会自古缺乏阶级对立的土壤,在阶层流动上总体呈现出开放的状态。尽管今天由于基尼系数扩大等客观原因,似乎出现了一些阶层固化的端倪,但总体上中国的阶层状况与西方相对阶层固化不尽相同,在现阶段鼓吹和放大阶层固化并不符合中国的国情。

（三）家庭变迁

"凤凰男"话题之所以引起长期深入的讨论，是因它涉及城乡、传统与现代大家庭、小家庭等问题，引起更多关注的是家庭矛盾问题。因为多数问题的爆发均是在"凤凰男"进入婚姻当中以后，由于老一辈公婆和其他家庭成员的介入产生的。在影视剧当中往往会以比较夸张的方式表现"凤凰男"开出的海量相亲条件，包括房产证写父母名字，女方家境要好，还必须和公婆及没结婚的大姑子同住等。

这种话语其实反映的是当下社会转型期的中国家庭观念的矛盾及变迁。目前，中国以代际关系为主的主干家庭和以夫妻关系为主的核心家庭两种结构并存，相对而言，城市家庭进入核心家庭结构的更多，这种转换也更容易。安丽莉在《宿舍劳动体制中的家庭观念》中谈到，城市家庭容易转换，背后的原因是"孔雀女"的父辈源于宿舍劳动体制，集体化生活无条件与父母同住，自然地隔断了与农村父辈的一些联系。"孔雀女"普遍伴随家庭的流动，较少有像"凤凰男"那样紧密的亲缘关系。[①] 而凤凰男是在传统的村庄亲人支持环境中成长，经过城乡移民后，如同宋峰在《"凤凰男"婚姻问题的社会学分析》一文中分析的，在目前的婚姻中，凤凰男的社会支持薄弱，一个是社区支持薄弱，缺乏传统的村庄亲人支持；另一个就是社会支持薄弱，在网络上严重被污名化。[②]

这二者的结合实际上带出了两种不同的家庭结构，同时在这种家庭结构中双方父母都会有较多的介入：男方因为男权，女方因为更关注独生女儿。这种家庭结构间的矛盾在影视剧中多表现为现代独立的年轻女性与传统的婆婆之间的矛盾，这背后反映了男权至上

---

① 参见安丽莉《宿舍劳动体制中的家庭观念》，硕士学位论文，沈阳师范大学，2013年。

② 参见宋峰《"凤凰男"婚姻问题的社会学分析》，硕士学位论文，沈阳师范大学，2013年。

与平权家庭的矛盾以及代际价值更替间必然会存在的矛盾,但让农村家庭全然承担这种污名是相当不公平的。此外,实际上不只是农村移民家庭会有老人与子女同住的情况,目前在普通的中国家庭中,尤其是有小孩的家庭,因为社会抚养孩子的制度不成熟,大多需要老人带孩子,所以短期内难以避免三代同室的情况。而农村因为养老制度的不健全,医疗条件相对较差,年迈父母也会面临随同子女迁移到城市的情况。

综上所述,凤凰男的问题不是在个体,通过这个群体的污名化实际上是折射了当下中国的诸多身份焦虑。第一是不可避免的城市化进程中,会出现越来越多的"进城"者,对这些"进城"者的焦虑可见于农民工、城市回迁房、"凤凰男"等群体。当下中国城市化加剧,但目前出现的矛盾是城市资源有限,高房价、就业等压力一直存在,而"凤凰男"作为知识移民的群体,在城市中可借助自身的教育资本占据相对不错的就业机会,这在影视剧中也有所体现,他们多被塑造成事业上小有成就的形象。作为"入侵者"的设定,必然超越原生家庭的阶层,这势必引发一些社会焦虑。第二是对当下中国家庭关系转型的焦虑,在媒体的设定中,"凤凰男""孔雀女"是错位婚姻,女性职业能力低于男性,而家庭地位高于男性。这种家庭结构折射了部分社会现实:一是核心家庭与主干家庭之间的矛盾;二是传统的"男强女弱"结构,民间所谓"抬头嫁人、低头娶妻"的家庭模式已经不再是家庭结构的主流,相反,女性在家庭中的地位有所提高。这些影视剧中比较鲜明地限定了女性的职业能力,而实际上可能在大多数家庭中发生的是女性不仅家庭地位提高,在职场上的地位也在提高,工作能力超出男性的也不少。而这些转换,是思维模式还停留在传统的人难以一下子消化的现实。"凤凰男"这个群体有学历资本、经济资本,但略显不足的文化资本和相对较差的原生家庭就招致如此大规模的歧视,在中国城市化进程中,他们显然作为"落后"与"传统"的代表,被迫与"现代"相对立,这种策略我们在新文化运动中建构所谓"封建妇女"与"现代女性"的对立时就已用过。而今天，是在另一个社会转型期爆发的身份焦虑被实现了阶层流动、城乡流动的这个群体承担。

在电视剧中，"凤凰男"的社会冲突和婚姻冲突以妥协收场；在网络论坛中，则以离婚收场。在现实中，这些被放大的矛盾有待社会转型的阵痛结束才能真正收场。收场的标志，是从"剩女"到"凤凰男"这样污名性的称呼消失，当我们真正能以轻松的姿态同时调侃"大妈""大爷""年轻人"的时候。

结语　身份

——过去与未来

述行理论从发轫至今，走过了半个多世纪的历程。身份话语的兴起也从 20 世纪末持续至今。述行理论和身份话语都是在危机当中诞生及散布，述行理论在各个学科和全球范围的兴起伴随着解构思潮的传播，伴随着对同一性的质疑，而身份话语则与世纪之交的身份焦虑息息相关。

述行理论诞生在语言哲学领域，为"语言转向"写下浓墨重彩的一笔。作为全方位打开语言与现实关联的思维范式，它对言语行为的深入思考在多个学科领域开辟了新的领地。在哲学领域，诞生于分析哲学母体的述行理论，将维特根斯坦以来分析哲学发扬光大，将哲学从讨论事物本质转向关注语言之外的实在现象，深入地将哲学拉回日常生活中。在语言学领域，由述行理论发展出的语用学研究"话语怎样在情景中获得意义"①，让语言与现实语境之间关系的考量成为语言研究的重点，语用学背靠哲学研究和符号学研究的成果，在短短几十年间成为语言学研究的重要方法。在文学领域，文学述行理论整合了"作家""作品""读者"和"世界"的文学四要素，深入探讨文学与现实的总体性关联，打开了文学研究当中文化操作的面具，进一步打通了文学研究与文化研究共通的理路。在文学研究向

---

① 左思民：《汉语语用学》，河南人民出版社 2000 年版，第 13 页。

外转的趋势中，述行理论打开了文学内部研究和外部研究的通道，形成文学理论的概念重组。

述行理论真正大放异彩是在文化研究领域，以巴特勒为首的学者对身份述行的研究与实践揭示了身份被大规模制造的秘密，酷儿理论最早打开了这个潘多拉盒子，性别身份述行揭开了身份述行的序幕：身份不是既定的，而是被话语制造。其后，布尔迪厄等学者展示了阶级述行。而结合安德森等人的理论，国族身份的制造也显而易见。当然，与述行理论在性别研究领域大张旗鼓地开疆拓土相比，在阶级和国族身份领域述行理论不再能够所向披靡。阶级身份和国族身份的建构受到更为复杂的社会系统的制约，权力话语的述行显而易见，身份主体的自我构建变得更为隐蔽。但布尔迪厄对"习性"的研究依然有效地揭示了阶级身份如何养成，安德森"想象的共同体"概念和霍尔的"表征"也向我们阐明了国族身份的建构性。不管是性别身份、阶级身份还是国族身份，身份述行的主体都以自身的身体参与了这个过程，这是权力话语不可化约的最后场所，顽强的身体虽然不免打上话语的烙印，但在权力重压下也未必沦为被书写的白纸。西方的身体政治学为身体唱赞歌，缠足和整容的中国女性则以独特的方式展现了身份主体对自身身体的占有。

述行理论与身份研究的结合，分别从两方面拓展了各自的理论及实践，并合流为身份述行话语：一方面，对当下文化实践的深入拓展；另一方面，重拾古老的哲学传统话题，身份实践事关人类生存，它根植于也深刻体现在我们自己以及我们所赖以生存的整个世界中。如同伊格尔顿在《理论之后》中所说，文化理论将左派曾经藐视的"艺术、愉悦、性别、权力、性欲、语言、疯狂、欲望、灵性、家庭、躯体、生态系统、无意识、种族、生活方式、霸权"[①]这些事关人类生存的东西确立为值得研究的对象。这些对象也正是身

---

① [英]特里·伊格尔顿：《理论之后》，商正译，商务印书馆2010年版，第30页。

份研究所面对的对象，身份研究所涉及的新的文化观念同样是"在民权运动、学生运动、民族解放阵线、反战、反核运动、妇女运动的兴起以及文化解放的鼎盛时期就深深扎下了根"①。就其研究对象来看，身份研究显然更为关注现实领域、大众文化领域层出不穷的身份制造。这让身份研究有极强的实践特征，也充满活力。

但身份研究背后是消解建构的狂欢还是充满身份被强权书写的痛苦？拨开大众文化喧嚣的迷雾，身份研究最终回到作为主体的"我是谁"来解答身份的建构之谜，而述行理论清晰地为我们揭示了文化身份的生产机制。系统整合了文学、哲学、语言学的述行理论将身份研究拉回哲学的传统问题：主体建构，在质疑主体的实存之后，既提供了身份主体如何在权力话语系统中生产的框架，也探讨了在这个生产框架中主体能动性的可能，展示了身份生产机制的运转及主体的自我建构。

根植于深厚的思想传统，面向当今世界的纷繁变化，这样的碰撞让述行理论和文化身份研究都迸发出无穷的活力。今天，身份述行的场域发生了巨大的变化。现实时空中的身份变化已令人目不暇接，在新媒体时代的虚拟网络世界还在不断制造新的身份形态，在这样的世界，普通人拥有线上线下双重身份，它们互相影响甚至会反噬。"人"的边界、身份的边界还在继续刷新的过程中，蓬勃发展的AI人工智能不断挑战我们对身份的认知。全球首个虚拟偶像初音未来已问世十年，衍生出数十个亚种，在全球范围举办演唱会，拥有庞大的粉丝群体。在这样一个日新月异的社会，我们不仅要继续追问"我是谁"这个古老的身份问题，还加上了新的困惑"什么是人"？

在这样一个身份边界不断被突破的时代，文学和文化研究的学者却也面临几分尴尬：一方面是日新月异的文化实践；另一方面却是在西方整个人文学科的式微。

---

① [英]特里·伊格尔顿：《理论之后》，商正译，商务印书馆2010年版，第25页。

文化理论从20世纪60年代在西方兴起，到90年代已经式微。曾经目睹文学及文化理论辉煌的西方学者，如伊格尔顿、米勒、卡勒等都纷纷宣告，文学理论的黄金时代已经逝去，连文化理论的黄金时代也逝去了。在一个不断宣告"死亡"的时代，文学研究何为？文化研究何为？

这不是一个能够简单回答的问题，但身处中国或许能够让我们提供一些不一样的解答。述行理论最早在西方产生，也在西方发展，近年来随着文学述行理论的介绍以及巴特勒学说在国内的传播，述行理论在国内受到重视，近十年开始有一些系统研究的专著出现，尽管数量不多。而身份研究，伴随文化研究在国内的兴起，已经有较多的论述，只是尚不成系统。本书随着述行理论的发展路径，追随从述行到身份的范式转换，看到述行理论与文化身份之间的关联，二者的结合有效地解释了身份在权力话语中的建构与解构。研究的初衷，本想总体观照述行理论及文化身份研究的理论建构及中西方的文化实践，但面对中国文化实践的时候，却意外地发现，在述行理论的观照下，述行理论与当下中国种种复杂而多元的文化身份建构高度契合，中国的当下和过去是身份述行的绝佳场域。

在中国，作为同时从事文学和文化研究的学者，不难发现这样一个现象，相对而言，我们缺乏创造理论的热情，但是不管是文学还是文化的实践领域，却有着丰富而别具一格的文化实践。2016年，米勒在由中国学者王逢振和周敏编纂的《J.希利斯·米勒文集》前言当中说："在中国的经历让我感到，文学研究，包括英国文学和美国文学研究，在中国比在美国要繁荣得多……有时候我甚至觉得严肃的英美文学研究已经迁移或者被'转包'到中国了。"[①] 米勒说的情形还有一点需要补充，中国的文学和文化实践不仅为国内的学者所关注，不少问题也成为海外学者的研究对象，对一些中国议题的

[①] ［美］J.希利斯·米勒著，王逢振、周敏主编：《J.希利斯·米勒文集》，周敏译，中国社会科学出版社2016年版，前言第9页。

研究国外甚至比国内做得还更为深入,这从江苏人民出版社出版的"海外中国研究丛书"可见一斑。

出现这种"出口转内销"的研究现象,有几个重要原因。在当今中国社会,由于社会转型,随之而来的文化身份的转换可能比以往更加激烈。本书讨论到的多部著作论及世纪之交的中国社会变迁,比如文华的《看上去很美:整形美容手术在中国》,剖析了整形在中国的兴起;海外学者张鹂的《寻找天堂:中国都市中的中产阶级》(*In Search of Paradise: Middle-Class Living in a Chinese Metropolis*),解读了21世纪中国的中产焦虑。整形和中产阶层在中国的兴起,从时间节点上看比西方略晚,但中国的情况并不尽然是对西方的复刻,相反,从其文化实践的内容来看,体现出比西方更为丰富和复杂的内容,其中与西方最明显的差异在于,中国这些文化变迁承载了更多的国族话语。遗憾的是,海外华人学者对这些话语更为敏感,而身处国内的研究者对我们国家发生的巨大变化及其背后各个层面的话语运作的关注度还远远不够。改革开放四十多年来,中国社会各个方面的变化触及的不仅是政治经济的总体环境,对于在文化研究领域耕耘的学者而言,中国人日常生活的变迁是文化研究的富矿。

再把视角拉得更远一点,中国社会变化之快从近代、晚清就开始了。短短一百多年时间,中国的社会模式经历了诸多转换,在此过程中,中国人的文化身份无疑被打上了时代转换的烙印。身处其中,我们总是还未来得及深刻审视中国的文化身份实践,历史又已经翻过新篇。在国内,我们对于中国历史变迁"大历史"的书写蔚为大观,但对于"大历史"变迁之后的"小历史"的挖掘和探讨还严重不足。在日常生活层面,对譬如缠足、才女文化这些话题的深入探讨同样是比较集中地出现在诸如高彦颐、曼素恩这些海外学者的著作中。

所以即便是对中国文化实践的研究,在不少领域我们似乎也是亦步亦趋地跟在了西方学者后面。反倒是身处海外的华人学者率先注意到了其中的危险性，周蕾、刘禾等海外华人学者不无忧虑地表示了理论话语"被殖民"的危机，并且以自身的文学和文化实践来反抗"西方凝视"的霸权。因而从事文学和文化研究的学者责无旁贷地既要面向世界，也要回头观照我们的过去及未来，梳理自身的话语体系。

当然以本书的体量及水准，要参与这样树立自身话语体系的工程，尚显得微不足道。所以这里既是结语，也是新的开始。对于过去，当从文化身份的角度切入中国历史时，这是一个新鲜而又振奋的发现之旅。无论是古代的性别建构，抑或是近代的国族建构，还是缠足时尚的历史，对于中国历史，我们还有很多领域尚未充分发掘。对于当下，整容还在方兴未艾，时尚不断变迁，网红不断推陈出新，时代的变化太快，既有待时间的洗礼，更有待学术界从快速的变迁中看到严肃的表达。

或许在即将结束之时，就像球王贝利那样说一句，期待自己的下一个球踢得更好。

参考文献

一 中文著作

(一) 专著

曹文轩：《中国八十年代文学现象研究》，作家出版社 2003 年版。

陈嘉映：《语言哲学》，北京大学出版社 2003 年版。

陈绶荪：《社会问题词典》，民主书局 1929 年版。

陈思和主编：《中国当代文学史教程》，复旦大学出版社 2005 年版。

陈永国编译：《游牧思想：吉尔·德勒兹、费利克斯·瓜塔里读本》，吉林人民出版社 2003 年版。

陈越编：《哲学与政治：阿尔都塞读本》，吉林人民出版社 2004 年版。

邓小南、王政、游鉴明主编：《中国妇女史读本》，北京大学出版社 2011 年版。

冯芷芷、郑岩芳主编：《社会性别与社会读本》，龙彦等译，上海三联书店 2010 年版。

贺桂梅：《女性文学与性别政治的变迁》，北京大学出版社 2014 年版。

金天翮：《女界钟》，上海古籍出版社 2003 年版。

李煜、徐安琪：《婚姻市场中的青年择偶》，上海社会科学院出版社 2004 年版。

梁漱溟：《中国文化要义》，上海人民出版社 2018 年版。

林少雄编：《镜中红颜：华语电影的性别体认》，中国电影出版社 2013

年版。

孟悦、戴锦华：《浮出历史地表：现代妇女文学研究》，中国人民大学出版社 2004 年版。

乔以钢、林丹娅主编：《女性文学教程》，河北教育出版社 2007 年版。

任裕海：《全球化、身份认同与超文化能力》，南京大学出版社 2015 年版。

邵燕君主编：《破壁书：网络文化关键词》，生活·读书·新知三联书店 2019 年版。

孙康宜：《文学经典的挑战》，百花洲文艺出版社 2002 年版。

孙骁骥：《购物凶猛：20 世纪中国消费史》，东方出版社 2019 年版。

涂纪亮主编：《语言哲学名著选辑》，生活·读书·新知三联书店 1988 年版。

涂靖：《文学语用学纲要》，湖南人民出版社 2005 年版。

汪民安、陈永国编：《后身体：文化、权力和生命政治学》，吉林人民出版社 2011 年版。

王建香：《当代西方文论中的文学述行理论》，中国广播电视出版社 2009 年版。

王晓路等：《文化批评关键词研究》，北京大学出版社 2007 年版。

王寅：《语言哲学研究：21 世纪中国后语言哲学沉思录》，北京大学出版社 2014 年版。

王政：《女性的崛起：当代美国的女权运动》，当代中国出版社 1995 年版。

王政：《越界：跨文化女权实践》，天津人民出版社 2004 年版。

王政、陈雁主编：《百年中国女权思潮研究》，复旦大学出版社 2005 年版。

文华：《看上去很美：整形美容手术在中国》，刘月译，华东师范大学出版社 2019 年版。

夏晓虹：《晚清女性与近代中国》，北京大学出版社 2014 年版。

谢少波、王逢振编：《文化研究访谈录》，中国社会科学出版社 2003 年版。

徐安琪：《社会文化变迁中的性别研究》，上海社会科学院出版社 2005 年版。

徐安琪、叶文振：《中国婚姻研究报告》，中国社会科学出版社 2002 年版。

杨兴梅：《身体之争：近代中国反缠足的历程》，社会科学文献出版社 2012 年版。

杨杨：《金莲迷踪：探访中国最后的缠足部落》，安徽文艺出版社 2012 年版。

杨玉成：《奥斯汀：语言现象学与哲学》，商务印书馆 2002 年版。

云南省通海县史志工作委员会编纂：《通海县志》，云南人民出版社 1992 年版。

曾越：《社会·身体·性别：近代中国女性图像身体的解放与禁锢》，广西师范大学出版社 2014 年版。

张进：《文学理论通论》，人民出版社 2014 年版。

张京媛主编：《新历史主义与文学批评》，北京大学出版社 1997 年版。

张念：《性别政治与国家：论中国妇女解放》，商务印书馆 2014 年版。

张岩冰：《女权主义文论》，山东教育出版社 1998 年版。

张瑜：《文学言语行为论研究》，学林出版社 2009 年版。

朱国华：《权力的文化逻辑——布迪厄的社会学诗学》，上海三联书店 1998 年版。

左思民：《汉语语用学》，河南人民出版社 2000 年版。

（二）译著

［英］阿兰·德波顿：《身份的焦虑》，陈广兴、南治国译，上海译文出版社 2007 年版。

［英］阿雷恩·鲍尔德温等：《文化研究导论》，陶东风等译，高等教

育出版社 2004 年版。

［德］埃德蒙德·胡塞尔：《逻辑研究》，倪梁康译，商务印书馆 2015 年版。

［法］埃马纽埃尔·勒维纳斯：《塔木德四讲》，关宝艳译，商务印书馆 2002 年版。

［法］埃马纽埃尔·列维纳斯：《从存在到存在者》，吴蕙仪译，江苏教育出版社 2006 年版。

［英］艾华：《中国的女性与性相：1949 年以来的性别话语》，施施译，江苏人民出版社 2008 年版。

［英］安东尼·吉登斯：《现代性与自我认同：晚期现代中的自我与社会》，夏璐译，中国人民大学出版社 2016 年版。

［英］安东尼·吉登斯、克里斯多弗·皮尔森：《现代性：吉登斯访谈录》，尹宏毅译，新华出版社 2001 年版。

［英］安吉拉·麦克罗比：《文化研究的用途》，李庆本译，北京大学出版社 2008 年版。

［美］贝蒂·弗里丹：《女性的奥秘》，程锡麟、朱徽、王晓路译，广东经济出版社 2005 年版。

［美］贝尔·胡克斯：《女权主义文论：从边缘到中心》，晓征译，江苏人民出版社 2001 年版。

［美］本尼迪克特·安德森：《想象的共同体：民族主义的起源与散布》，吴叡人译，上海人民出版社 2005 年版。

［法］布尔迪厄、［美］华康德：《反思社会学导引》，李猛、李康译，商务印书馆 2015 年版。

［加］查尔斯·泰勒：《现代性之隐忧》，程炼译，中央编译出版社 2001 年版。

［英］丹尼·卡瓦拉罗：《文化理论关键词》，张卫东等译，江苏人民出版社 2005 年版。

［德］恩格斯：《家庭、私有制和国家的起源》，中共中央马克思恩格

斯列宁斯大林著作编译局译，人民出版社 1999 年版。

［德］恩斯特·贝勒尔：《尼采、海德格尔与德里达》，李朝晖译，社会科学文献出版社 2001 年版。

［法］弗朗索瓦·多斯：《从结构到解构：法国 20 世纪思想主潮》（上），季广茂译，中央编译出版社 2004 年版。

［德］弗里德里希·尼采：《权力意志：重估一切价值的尝试》，张念东、凌素心译，中央编译出版社 2000 年版。

［奥地利］弗洛伊德著，车文博主编：《弗洛伊德文集》，长春出版社 1998 年版。

［法］福柯：《不正常的人》，钱翰译，上海人民出版社 2003 年版。

［法］福柯：《词与物》，莫伟民译，上海三联书店 2001 年版。

［法］福柯：《规训与惩罚》，刘北成、杨远婴译，生活·读书·新知三联书店 2003 年版。

［英］盖文·巴特：《批评之后：对艺术和表演的新回应》，李龙、周冰心、窦可阳译，江苏美术出版社 2009 年版。

［日］冈本隆三：《缠足史话》，马朝红译，商务印书馆 2011 年版。

［荷兰］高罗佩：《中国古代房内考：中国古代的性与社会》，李零等译，商务印书馆 2012 年版。

［美］高彦颐：《缠足："金莲崇拜"盛极而衰的演变》，苗延威译，江苏人民出版社 2009 年版。

［美］葛尔·罗宾等：《酷儿理论》，李银河译，文化艺术出版社 2003 年版。

［德］海德格尔：《荷尔德林诗的阐释》，孙周兴译，商务印书馆 2000 年版。

［德］海德格尔：《形而上学导论》，熊伟、王庆节译，商务印书馆 1996 年版。

［美］汉娜·阿伦特：《人的境况》，王寅丽译，上海人民出版社 2009 年版。

［英］赫胥黎：《美丽新世界》，何超译，上海译文出版社 2017 年版。

［美］J. 希利斯·米勒著，王逢振、周敏主编：《J. 希利斯·米勒文集》，周敏译，中国社会科学出版社 2016 年版。

［法］吉尔·德勒兹：《尼采与哲学》，周颖、刘玉宇译，社会科学文献出版社 2001 年版。

［法］吉尔·都鲁兹：《解读尼采》，张唤民译，百花文艺出版社 2000 年版。

［法］居伊·德波：《景观社会》，张新木译，南京大学出版社 2017 年版。

［美］凯特·米利特：《性政治》，宋文伟译，江苏人民出版社 2000 年版。

［美］凯文·奥尔森编：《伤害＋侮辱：争论中的再分配、承认和代表权》，高静宇译，上海人民出版社 2009 年版。

［法］科耶夫：《黑格尔导读》，姜志辉译，译林出版社 2005 年版。

［美］L. 德赖弗斯、保罗·拉比诺：《超越结构主义与解释学》，张建超、张静译，光明日报出版社 1992 年版。

［法］拉康：《拉康选集》，褚孝泉译，上海三联书店 2001 年版。

［澳］雷金庆：《男性特质论：中国的社会与性别》，［澳］刘婷译，江苏人民出版社 2012 年版。

［美］李湛忞：《全球化时代的文化分析》，杨彩霞译，译林出版社 2008 年版。

［美］理查·罗蒂：《偶然、反讽与团结》，徐文瑞译，商务印书馆 2005 年版。

［法］吕克·布里松：《古希腊罗马时期不确定的性别：假两性畸形人与两性畸形人》，侯雪梅译，广西师范大学出版社 2005 年版。

［美］M. H. 艾布拉姆斯：《镜与灯：浪漫主义文论及批评传统》，郦稚牛、张照进、童庆生译，北京大学出版社 2015 年版。

［德］马克思、恩格斯：《马克思恩格斯选集》第 1 卷，人民出版社

1995年版。

［英］曼纽尔·卡斯特：《网络社会：跨文化的视角》，周凯译，社会科学文献出版社2009年版。

［美］曼素恩：《缀珍录：十八世纪及其前后的中国妇女》，定宜庄、颜宜葳译，江苏人民出版社2005年版。

［法］米歇尔·福柯：《临床医学的诞生》，刘北成译，译林出版社2001年版。

［法］米歇尔·福柯：《性经验史》，佘碧平译，上海人民出版社2005年版。

［法］莫里斯·梅洛-庞蒂：《知觉现象学》，姜志辉译，商务印书馆2005年版。

［美］尼尔·波兹曼：《娱乐至死》，章艳、吴燕莛译，广西师范大学出版社2009年版。

［美］欧文·戈夫曼：《日常生活中的自我呈现》，冯钢译，北京大学出版社2008年版。

［美］佩吉·麦克拉肯主编：《女权主义理论读本》，广西师范大学出版社2007年版。

［美］乔纳森·卡勒：《文学理论入门》，李平译，译林出版社2013年版。

［美］乔纳森·卡勒：《理论中的文学》，徐亮等译，华东师范大学出版社2019年版。

［美］乔纳森·卡勒：《论解构》，陆扬译，中国社会科学出版社1998年版。

［美］萨义德：《东方学》，王宇根译，生活·读书·新知三联书店2019年版。

［英］斯图亚特·霍尔、保罗·杜盖伊编著：《文化身份问题研究》，庞璃译，河南大学出版社2010年版。

［美］苏珊·桑塔格：《疾病的隐喻》，程巍译，上海译文出版社2003

年版。

［美］汤尼·白露：《中国女性主义思想史中的妇女问题》，沈齐齐译，上海人民出版社 2012 年版。

［英］特里·伊格尔顿：《理论之后》，商正译，商务印书馆 2010 年版。

［英］特里·伊格尔顿：《文学事件》，阴志科译，河南大学出版社 2017 年版。

［美］薇妮斯蒂·马丁：《我是个妈妈，我需要个铂金包：一个耶鲁人类学博士的上东区育儿战争》，许恬宁译，中信出版集团 2018 年版。

［德］乌尔里希·贝克：《风险社会》，何博闻译，译林出版社 2004 年版。

［法］雅克·德里达：《文学行动》，赵兴国等译，中国社会科学出版社 1998 年版。

［美］伊沛霞：《内闱：宋代妇女的婚姻和生活》，胡志宏译，江苏人民出版社 2004 年版。

［美］詹姆斯·米勒：《福柯的生死爱欲》，高毅译，上海人民出版社 2005 年版。

［美］朱迪斯·巴特勒：《权力的精神生活：服从的理论》，张生译，江苏人民出版社 2009 年版。

［美］朱迪斯·巴特勒：《身体之重：论"性别"的话语界限》，李钧鹏译，上海三联书店 2011 年版。

［美］朱迪斯·巴特勒：《消解性别》，郭劫译，上海三联书店 2009 年版。

［美］朱迪斯·巴特勒：《性别麻烦：女性主义与身份的颠覆》，宋素凤译，上海三联书店 2009 年版。

（三）学位论文

安丽莉：《宿舍劳动体制中的家庭观念》，硕士学位论文，沈阳师范大学，2013 年。

林慧：《家庭伦理剧中的"凤凰男"形象研究》，硕士学位论文，南京师范大学，2014年。

刘芳：《时尚杂志与中产阶级女性身份：以〈世界时装之苑——ELLE〉为个案》，博士学位论文，上海大学，2006年。

宋峰：《"凤凰男"婚姻问题的社会学分析》，硕士学位论文，沈阳师范大学，2013年。

王雅楠：《希利斯·米勒述行理论研究》，博士学位论文，山东大学，2018年。

王月：《希利斯·米勒文学言语行为理论研究》，博士学位论文，山东大学，2012年。

易臻真：《"凤凰男"的社会认同研究——以上海地区为例》，硕士学位论文，华东师范大学，2010年。

（四）期刊论文

常精彩：《小脚与中国妇女：浅析脚的解放与人的解放》，《中华女子学院山东分院学报》2005年第4期。

何莲珍：《论塞尔的言语行为理论》，《浙江大学学报》1996年第4期。

黎燕珍：《女性是怎么告别"三寸金莲"的》，《中国社会科学导刊》2006年第15期。

李为香：《从缠足到高跟鞋：中国近代女性身体审美符号的变迁》，《山东女子学院学报》2011年第1期。

刘涛：《图像社交的兴起及其"视频转向"》，《教育传媒研究》2019年第2期。

陆扬：《论大卫·哈维的空间文化理论》，《贵州大学学报》2015年第3期。

陆扬：《德里达与塞尔》，《哲学研究》2006年第11期。

聂妍：《基于受众视角的公众人物"人设"传播学解读》，《科技传播》2019年第11期。

宋素红、杨立奇、余冰玥：《社交货币化的身体呈现价值观——基于两性修图软件使用的访谈》，《教育传媒研究》2020年第3期。

孙康宜：《明清文人的经典论和女性观》，《江西社会科学》2004年第2期。

孙立平：《重建性别角色关系》，《社会学研究》1994年第6期。

孙婷婷：《性别跨越的狂欢与困境——朱迪斯·巴特勒的述行理论研究》，《妇女研究论丛》2010年第6期。

孙薇：《时尚杂志消费主义倾向的符号学阐释》，《合肥师范学院学报》2009年第2期。

王建会：《种族操演性——族裔文学批评范式研究》，《国外文学》2014年第3期。

王建香：《保罗·德曼文学修辞观中的述行之维》，《外国语文》2009年第4期。

王建香、王洁群：《阶级身份述行：布尔迪厄社会学理论的言语行为视角》，《国外社会科学》2011年第6期。

王芊霓：《污名与冲突：时代夹缝中的广场舞》，《文化纵横》2015年第2期。

王汶成：《作为言语行为的文学话语》，《文学评论》2016年第2期。

王政：《"女性意识"、"社会性别意识"辨异》，《妇女研究论丛》1997年第1期。

徐连明：《意识形态语境里的时尚杂志评析》，《福建论坛》（人文社会科学版）2005年第1期。

杨扬：《时尚杂志对青年女性美学观的影响》，《当代青年研究》2013年第4期。

张天莉、罗佳：《短视频用户价值研究报告2018—2019》，《传媒》2019年第5期。

张习涛：《社交货币与新媒体人设传播》，《新媒体研究》2020年第13期。

赵毅衡：《"表征"还是"再现"？一个不能再"姑且"下去的重要概念区分》，《国际新闻界》2017年第8期。

郑玲玲：《云南新平县民族广场舞的文化研究》，《云南民族大学学报》（哲学社会科学版）2014年第2期。

郑也夫：《男女平等的社会学思考》，《社会学研究》1994年第2期。

［美］朱迪斯·巴特勒：《论雅克·德里达》，何吉贤译，《国外理论动态》2005年第4期。

二　英文文献

（一）专著

Austin, J. L., *How to Do Things with Words*, Oxford: Oxford University Press, 1980.

Bateson, Gregory, *Steps to A Ecology of Mind: Collected Essays in Anthropology, Psychiatry, Evolution, and Epistemology*, Chicago: University of Chicago Press, 2000.

Bergmann, Gustav, *Logic and Reality*, Madison: The University of Wisconsin Press, 1964.

Brooks, Ann, *Postfeminisms: Feminism, Cultural Theory and Cultural Forms*, London and New York: Routledge, 1997.

Butler, Judith, *Giving an Account of Oneself*, New York: Fordham University Press, 2005.

Butler, Judith, *Frames of War: When Is Life Grievable*, London and New York: Verso, 2009.

Butler, Judith, *Antigone's Claim: Kinship between Life and Death*, New York: Columbia University Press, 2000.

Butler, Judith, *Subjects of Desire: Heglian Reflections in Twentieth-Century France*, New York: Columbia University Press, 1987.

Cowan, Bainard and Joseph G. Kronick, eds., *Theorizing American

Literature: *Hegel*, *The Sign*, *And History*, Baton Rouge and London: Louisiana State University Press, 1991.

Derriad, Jacques, *Margins of Philosophy*, trans. Alan Bass, Chicago: University of Chicago Press, 1982.

Derrida, Jaques, *The Works of Mourning*, trans. Pascale-Anne Brault, Chicago: University of Chicago Press, 2003.

Derrida, J. Jacques, *Limited Inc.*, trans. Jeffrey Mehlman and Samuel Weber, Evanston: Northwestern University Press, 1988.

Dijk, T. Van., *Pragmatics of Language and literature*, Amsterdam: North Holland Publishing Company, 1976.

Dollimore, Jonathan, *Sexual Dissidence*: *Augustine to Wilde*, *Freud to Foucault*, Oxford: Oxford University Press, 1991.

Felman, Shoshana, *The Literary Speech Act*: *Don Juan with J. L. Austin, or Seduction in Two Languages*, trans, Catherine Porter, Ithaca: Cornell University.

Gilroy, Paul, *The Black Atlantic*: *Modernity and Double Consciousness*, London and New York: Verso Books, 1993.

Goodman, Lizbeth and Jane de. Gay, *Routledge Reader in Gender and Performance*, London and New York: Routledge, 1998.

Lacan, Jacques, *Ecrits*: *A Selection*, trans. Alan Sheridan, New York: W. W. Norton & Company, 1982.

Loxery, James, *Performativity*, Abingdon: Routledge, 2007.

Man, Paul De, *Aesthetic Ideolog*, Minneapolis: University of Minnesota Press, 1996.

Miller, J. Hilli, *On Literature*, London and New York: Routledge, 2002.

Miller, J. Hillis, *Literature as Conduct*: *Speech Acts in Henry James*, New York: Fordham University Press, 2005.

Miller, J. Hillis, *Speech Act in Literature*, California: Stanford University Press, 2001.

Miller, J. Hillis, *Versions of Pygmalion*, Cambridge: Harvard University Press, 1991.

Pratt, Mary Louis, *Toward a Speech-Act Theory of Literary Discourse*, Bloomington: Indiana University Press, 1977.

Rorty, Richard Mckay, *The Lingustic Turn: Essays in Philosophical Method*, Chicago: The University of Chicago Press, 1967.

Salih, Sara, *Judith Butler*, London and New York: Routledge, 2002.

Schwichtenberg, Cathy, *The Madonna Connection: Representational Politics, Subcultural Identities, And Cultural Theory*, Oxford: Westview Press, 1993.

Searle, John R. , *Speech Acts: An Essay in the Philosophy of Language*, Cambridge: Cambridge University Press, 1970.

Sedgwick, Eve Kosofsky and Andrew Parkered, *Performativity and Performance (Essays from the English Institute)*, London and New York: Routledge, 1995.

Sedgwick, Eve Kosofsky, *Touching Feeling: Affect, Pedagogy, Performativity*, Durham: Duke University Press, 2003.

Sedgwick, Eve Kosofsky, *Tendencies*, London and New York: Routledge, 1994.

Selden, Raman, *The Cambridge History of Literary Criticism*, Vol. 8: *From Formalism to Poststructuralism*, Cambridge: Cambridge University Press, 2008.

Zhang, Li, *In Search of Paradise: Middle-Class Living in a Chinese Metropolis*, Ithaca: Cornell University Press, 2010.

(二) 期刊文献

Antonello, Pierpaolo and Roberto Farneti, "Antigone's Claim: A Conversation With Judith Butler", *Theory & Event*, Vol. 12, No. 1, 2009.

Bell, Vikki, "On Speech, Race and Melancholia: An Interview with Judith Butler", *Theory, Culture & Society*, Vol. 16, No. 2, 1999.

Boucher, Geoff, "Judith Butler's Postmodern Existentialism: A Critical Analisis", *Philosophy Today*, Vol. 48, No. 4, Winter 2004.

Butler, Judith, "Foucault and the Paradox of Bodily Inscriptions", *The Journal Philosophy*, Vol. 86, No. 11, Eighty-Sixth Annual Meeting American Philosophicial Association, Eastern Division, Nov. 1989.

Butler, Judith, "Performative Acts and Gender Constitution: An Essay in Phenomenology and Feminist Theory", *Theatre Journal*, Vol. 40, No. 4, Dec. 1988.

Ellison, Nicole, Heino, Rebecca and Gibbs Jennifer, "Managing Impressions Online: Self-Presentation Processes in the Online Dating Environment", *Journal of Computer-Mediated Communication*, Vol. 11, No. 2, January 2006.

Fish, Stanleym, "Speech-Act Theory, Literary Criticism and Coriolanus", *Centrum*, 1975 (2).

Hirsch, E. D., "What's the Use of Speech-Act Theory?" *Centrum*, 1975 (2).

Hogan, Bernie, "The Presentation of Self in the Age of Social Media: Distinguishing Performances and Exhibitions Online", *Bulletion of Science, Technology & Society*, Vol. 30, No. 6, December 2010.

Ohmann, R., "Speech Acts and the Definition of Literature", *Philosophy and Rhetoric*, Vol. 4, No. 1, January 1971.

Rendall, Steve, "The Ethics of Reading: Kant, de Man, Eliot, Trollope and Benjamin by J. Hills Miller Review", *Comperative Literature*, Vol. 42, No. 1, 1990.

Scholes, Robert, "The Pathos of Deconstruction", *A Forum on Fiction*, Vol. 22, No. 2, Winter 1989.

Sealre, John R., "Literary Theory and Its Discontents", *New Literary History*, Vol. 25, No. 3, Summer 1994.

Smith, Barbara Herrnstein, "Actions, Fictions and the Ethics of Interpretation", *Centrum*, 1975 (2).

Steinmann, Martin Jr., "Perlocutionary Acts and the Interpretation of Literature", *Centrum*, 1975 (2).

Zhang, Xiaoxing, Yu Xiangand Lei Hao, "Virtual Gifting on China's Live Streaming Platforms: Hijacking the Online Gift Economy", *Chinese Journal of Communication*, Vol. 12, No. 3, Jan 2019.

后　　记

　　我们被如此多的身份刻板印象所包围。身为云南人，在"骑大象""养孔雀"的问题中对此感受颇深。在网络世界，引发关注的言论和现象经常来自刻板印象，比如"大妈"，比如读海德格尔的农民工。这些刻板印象令人看到身份认知的局限，也让我们切身感受到时代的变迁。

　　所以尽管本书缘起于国家社科项目，但成书的过程中却充盈着日常经验的体悟，也是对我自己近年来研究方向转变的一个阶段性总结。毕业后回到故乡云南工作，当我在名校工作的同行们能够纯熟使用法语、德语等多语种材料在理论的七宝楼台下庖丁解牛之时，身处远离学术中心的昆明的我似乎很自然地就转向了文化实践，这种转向部分源于阅读兴趣的转移。一是海外学者的跨文化实践，比如江苏人民出版社出版的"海外中国研究丛书"系列，身处海外的学者们对诸如缠足、古代才女等问题的深度探讨令人耳目一新。比如缠足问题，缠足在中国存在千年，我已过世的外婆和奶奶就曾经缠足，我既从来没有和她们交流过作为一个女人的生命体验，更未思考背后广袤的文化命题。美国学者高彦颐在《缠足："金莲崇拜"盛极而衰的演变》中的研究，对于一个曾经目睹过缠足余绪的年轻女性学人来说，无疑是振聋发聩的。二是学者们的学术地图中对云南的关注。老一辈学者詹承绪等的纳西族阿注婚姻和母系家庭研究，海外学者杜杉杉的拉祜族两性合一研究，海外学者罗安清的《末日松茸：资本主义废墟上的生活可能》，等等，这些研究中越来越清晰的云南地图，促使身处云南的学人反思：是不是我们对身边的事物过于熟视无睹？近年来，随着大众文化中一些与云南有关的话题进入人们的视野，从"老司机"到傈僳族兄弟蔡总魔性的"我是云南的"，都让我们意识到民族文化仅是云南文化资源的冰山一角。

阅读的转移与我在复旦的经历相关。在做博士后期间，我的导师陆扬教授建议我做中国性别研究，为一直从事西方理论研究的我打开了另一扇大门。当时正值我与共同走过求学路的丈夫步入婚姻，突然间和我的女性长辈们多了关于婚姻的话题。我第一次感受到，同为女人，我和长辈们的生命还有这一种关联，而且如此相似。当我看到中国古代女人的婚姻与家庭状况时，深觉任何人为的"新女性"与"旧女性"之分并不能将我们和古代女性的生命纽带扯断。现代女性的诸多困扰并非完全来自现代，一些遥远古老的文化元素渗透到我们的现代生活当中。在这个过程中，我深切感受学术并非诗和远方，而是最为直接地集结了历史与现实的生命体验。

从文学到文化，从理论到实践，也未尝没有过困惑。如同普希金在《叶甫盖尼·奥涅金》中所说："按照上天的意愿，我将不再做一个诗人，新的魔鬼已潜入我的心坎，我降低身份写朴素的散文。"这种"降低身份"的困惑也曾长期萦绕心头。对文化实践的关注到底是远离学术中心的不得已而为之，还是独辟蹊径的开拓？的确，身处边陲的普通本科院校，教学及各项建设任务繁重，貌似深耕学术的条件有先天的欠缺。但长期从事教学，尤其是通识教育，却也打开了另外的一条进入学术的通道。鉴于研究兴趣和教学需求，我开设了一门视觉文化的选修课。这门课紧密结合当下的文化实践，是我所有课程中内容更新最快的一门。书中的部分内容，一些灵感和材料，是授课过程中积累和总结的。在探究广场舞、杀马特、时尚变迁这些议题的深层逻辑时，往往看到太阳底下无新事，我们无法脱离中国文化的背景及当下语境来单独看待这些现象的出现。探究的过程仿若拼图,只有打开古老中国与当下的秘密通道,才能窥一斑而知全豹。

或许这正是文化研究的魔力。20世纪90年代,西方学者编写的 The Madonna Connection: Representational Politics, Subcultural Identities, and Cultural Theory 一书成为后女性主义的重要文本,有力彰显了大众文化是观察社会的重要窗口,它能照进现实,也能透视历史。当然,齐美尔、罗兰·巴特等思想家也早已证明大众文化背后的深层逻辑。所以在学术的中心之外,我们如何关注现实、开辟研究路径?当下的文化实践映照了什么?尽管理论如何深入实践,或者实践如何进入理论的困扰于我而言依然存在,却也日渐显示出曙光。

这部书的部分材料和讨论要感谢我选修课学生的贡献。课堂的讨论往往能让我获知一些年轻人会关注的信息,比如几年前某次课上做网红调查时,铺天盖地的"李佳琦"和"毛毛姐"让我看到了网红主播的盛大影响力和西南网红的崛起。怀着不同目的进入选修课的庞大人群中,每年尚能"打捞"几个登堂入室的学徒。有些同学阅读面颇广,会在课后与我讨论《岂不怀归:三和青年调查》这样的作品。总有女同学与我讨论性别议题,我很欣慰地看到一些同学的性别意识比当年的我好太多。

这是一条充满趣味的研究路径,也让我与有趣的灵魂相逢。在本书的出版过程中,与编辑王小溪老师的沟通非常顺畅。小溪老师给予我很多鼓励,虽未谋面,但给予我很多温暖的力量。因为涉及大量的当代文化现象,修改的过程当中,有时候网红"翻车"了便要适当调整内容。当改到某位明星因离婚而需将"妻子"改为"前妻"的时候,隔着手机屏幕都能感受到会心一笑。这是我在中国社会科学出版社出版的第二部书,很幸运一直能遇到这么专业严谨的出版团队。在暑气熏蒸的七月,上海交通大学韩振江教授为本书出具了专家评审意见。彼时韩老师刚到上海安顿不久,疫情尚未完全解除,出门办理打印邮寄颇多不便,但仍毫不犹豫地承接此事,以确保编辑流程完备。

　　从开始写作到最后成书出版，这几年间经历了结婚生子，而今伴随整部书一起成长的女儿已进入幼儿园。从一个人到一家人，在一个城市慢慢安顿，在繁杂的日常事务之后，尚能有著作问世，感谢父母分担了大部分家务，一直鼓励我勇往直前。感谢丈夫承担了育儿的大部分工作，感谢女儿健康活泼，却也愧疚从她出生以来就只能陪伴她不多的时光。

　　这几年间能潜心学术的时间于我而言是奢侈的，在有限的时间中无暇抱怨科研之苦，这点时间恰好只够感受思维撞击的幸福。昆明的生活节奏缓慢，在"不消慌"的云南节奏中，坐在阳台落地窗前，看天光云影，华灯初上，在光影变幻中完成学术的阅读、思考与写作，这是一个女性属于自己一个人的小小房间，难以分清是学术点亮生命，还是生命照亮学术。

孙婷婷
2022年11月于昆明